本著作受到国家社科基金重大项目
"构建更加紧密的上海合作组织命运共同体的法治保障研究"
（项目编号：22ZDA129）的资助

国际法与涉外法治文库

上海高水平高校（学科）建设项目资助
上海高水平地方高校创新团队"中国特色社会主义涉外法治体系研究"项目

中国参与的"区域"环境治理

以国际法为视角

China's participation in the international seabed
Regional environmental governance:

from the perspective of international law

王勇——著

上海人民出版社

目录
CONTENTS

导　言

一、研究意义及国内外研究现状述评

（一）研究背景与意义

"国际海底区域"（以下简称"区域"）不仅有 2.2 亿平方公里的广阔面积，而且蕴藏着非常丰富的资源。随着人类进入 21 世纪，"区域"的环境加速恶化，主要表现为："区域"生物多样性锐减；深海油污、深海噪音、深海微塑料的数量日益增多且危害日益明显；"区域"采矿活动造成的环境损害日益明显等。[①]但是，目前"区域"的环境法治建设尚处于起步阶段：不仅单边主义、自由主义和保护主义等理念喧嚣尘上，而且现有法律制度薄弱，各国分歧巨大。中国是"区域"的先驱投资者，已经在"区域"拥有 5 块矿区，面积达 23.4 万平方公里，是拥有矿区数量最多和矿产种类最全的国家。[②]中国高度重视"区域"的环境治理。例如，从 2016 年起，中国提出了做国际海洋法治的维护者，做和谐海洋秩序的构建者，做海洋可持续发展的推动者的立场。[③]2018 年 1 月，中国政府郑重作出承

[①] 《深海海底采矿（IUCN 报告）》，https://www.iucn.org/resources/issues-brief/deep-sea-mining，2022-11-21。

[②] 中国在"区域"拥有的五块专属勘探区包括：中国大洋矿产资源研究开发协会在 2001 年获得的东太平洋多金属结核勘探矿区、2011 年获得的西南印度洋多金属硫化物勘探矿区、2014 年获得的西太平洋富钴结壳勘探矿区、中国五矿集团公司在 2017 年获得的多金属结核勘探合同区、北京先驱高技术开发公司在 2019 年获得的多金属结核勘探合同区。参见国际海底管理局网站，https://www.isa.org.jm/exploration-contracts，2022-11-21。

[③] 《中国代表呼吁建立和维护公平合理的海洋秩序》，http://www.gov.cn/xinwen/2016-12/08/content_5145107.htm，2022-11-21。

诺：中国始终把解决全球性环境问题放在首要地位，积极承担海洋环境保护责任。①2019 年 4 月，习近平主席在青岛会见出席中国海军成立 70 周年多国海军活动外方代表团团长时，首次提出"海洋命运共同体"理念。②2020 年 12 月，中国常驻联合国副代表耿爽大使在《联合国海洋法公约》第 30 次缔约国会议上指出，中国将始终做全球海洋治理的建设者、海洋可持续发展的推动者、国际海洋秩序的维护者。③2022 年 10 月 16 日，在中国共产党第二十次全国代表大会开幕会上，习近平总书记指出："保护海洋生态环境，加快建设海洋强国。"④在上述背景下，"区域"环境治理已经成为中国国际法研究的一个"新疆域"，涉及一系列的国际法问题，例如：（1）中国在"区域"环保立法进程中如何发挥"海洋命运共同体"的指导作用；（2）中国应该在"区域"环保立法中采取何种环保标准；（3）中国对于是否设立"区域"环保基金以及如何分配基金责任应该采取何种态度；（4）中国对于正在参与的关于"区域"海洋生物多样性养护和可持续利用、海底噪音防治、海底油污治理、海洋酸化治理、海底采矿等国际环保立法应该采取何种立场与哪些对策。因此，研究中国深度参与治理"区域"环境的国际法问题，具有重要的理论意义与实践价值：

第一，有助于中国政府积极履行国际义务，彰显大国责任。作为"海洋宪章"的《联合国海洋法公约》给中国设置了保护"区域"环境的义务。《公约》第 12 部分海洋环境的保护和保全特别是第 192 条规定"各国有保护和保全海洋环境的义务"，已经成为习惯国际法，对于中国具有约

① 《中国的北极政策白皮书》，http://www.scio.gov.cn/zfbps/32832/document/1618203/1618203.htm，2022-11-21。

② 《习近平集体会见出席海军成立 70 周年多国海军活动外方代表团团长》，http://www.gov.cn/xinwen/2019-04/23/content_5385354.htm，2022-11-21。

③ 耿爽：《完善全球海洋治理，共建美丽海洋家园》，http://un.china-mission.gov.cn/chn/zgylhg/flyty/202012/t20201210_8354818.htm，2022-11-21。

④ 习近平：《高举中国特色社会主义伟大旗帜　为全面建设社会主义现代化国家而团结奋斗——在中国共产党第二十次全国代表大会上的报告》，http://www.gov.cn/xinwen/2022-10/25/content_5721685.htm，2022-11-21。

束力。进一步而言，国际海底管理局分别在 2000 年、2010 年和 2012 年通过《"区域"内多金属结合探矿与勘探规章》《"区域"内多金属硫化物探矿与勘探规章》《"区域"内富钴铁锰结壳探矿与勘探规章》。这三个规章明确规定中国作为缔约国应该承担"最佳环境做法"、"风险预防原则"等诸多保护海底环境的义务。因此，中国需要从国际法角度深入研究如何有效地履行上述义务，从而彰显大国责任。

第二，有助于中国政府推动国际社会构建"海洋命运共同体"，并且在"区域"环境法治建设方面积极发挥引领国的作用。海洋命运共同体理念是习近平法治思想的重要内容，它既把握住了新时代世界发展的大趋势，也为全人类海洋事业发展和中华民族海洋文明伟大复兴指出了前进的方向。中国以海洋命运共同体理念为基本指导，研究促进"区域"环境法治建设的基本方法、具体实施领域与难点问题等，既能推动"区域"环境法治建设，又能积极发挥引领国的作用。

第三，有助于中国实现海洋强国战略。当前全球治理体系和国际秩序变革加速推进，制度性权力和未来秩序主导权之争成为大国博弈的主战场，关于"区域"国际法规则的制定和实施正在持续走深走实。在上述背景下，我国积极推进"区域"环境法治建设，既能维护和确保我国在"区域"的合法权益，又能够获得更多制度性的权利，是我国加快建设海洋强国的必然要求和重大使命。

(二) 国内外的研究现状与述评

1. 国内研究现状分析

至 2022 年 12 月，我国国内尚没有专门的著作从国际法角度研究中国如何深入参与"区域"的环境治理。国内研究"区域"环境保护的法律文章有 40 余篇，主要分为以下三种类型：第一种类型主要从深海资源开发角度研究"区域"环境保护法律问题，这类文章约有 30 余篇，代表性作者是薛桂芳（2020）、杨震（2019）、王超（2018）、蒋小翼（2018）、沈灏

（2017）、王岚（2016）。第二种类型主要从担保国责任角度研究"区域"环境保护法律问题，这类文章约有5篇，代表性作者是魏妩媚（2018）、张辉（2017）。第三种类型主要研究中国参与"区域"环境治理的法律问题，这类文章约有5篇，代表性作者为王勇（2019）、杨泽伟（2018）、沈灏（2017）、张湘兰（2012）。总结分析国内的研究成果可以发现：第一，国内从国际法角度研究中国如何推进"区域"环境法治建设的文章数量太少，只有10篇左右。第二，国内的研究成果缺乏深度，没有从中国推进"区域"环境治理所涉及的指导思想、法理基础、基本方法、主要实施领域与难点问题等方面进行深入研究。第三，国内的研究成果缺乏广度与系统性，没有从中国深度参与"区域"环境治理所涉及的生物多样性保护，深海噪音、深海油污与深海微塑料治理，海底采矿的环境保护等方面进行全方位和系统性的研究。第四，国内既有的研究缺乏时效性，没有紧跟"区域"最新的环保立法与实践活动，及时提出中国的应对策略。

2. 国外研究现状分析

国外研究"区域"环境治理的法律文章数量较多，至2022年12月，我通过 WestLaw，LexisNexis，HeinOnline 检索到，国外涉及"区域"环境治理的法律文章约105篇。国外的研究成果分为三种类型：第一种类型重点研究"区域"采矿规章制定，附带谈到"区域"环保法律问题。这样的论文60多篇，且80％文献形成时间主要集中于2015年之前，具有一定的滞后性。主要作者有艾琳·杰克尔（Aline Jaeckel，2018）、戴维·哈特利（David Hartley，2012）、拉尔·苏尔（Lahrs Suhr，2008）、杰森·C. 尼尔森（Jason C. Nelson，2005）、图里奥·斯科瓦齐（Tullio Scovazzi，2004）、戴安娜·L. 托伦斯（Diana L. Torrens，1993）、苏泽特·D. 斯泰纳森（Suzette D. Stenersen，1993）、杰弗里·D. 威尔逊（Jeffrey D. Wilson，1982）。2016年"区域"第一部开发规章草案出台以后研究"区域"采矿与环境保护法律问题的文章仅10篇，主要作者有普拉纳蒂·卡鲁图里

（Pranathi Karuturi，2020）、范多恩·埃里克（van Doorn Erik，2018）、蒂尔·马库斯和普拉迪普·辛格（Till Markus & Pradeep Singh，2018）、沈灏（2017）、孙林林（2017）、博隆·卢兹·丹尼尔（Bolong Luz Danielle，2016）。第二种类型重点研究"区域"矿产开发过程中的担保国责任问题。此类文章大约有25篇，且有一半以上重点研究国际海洋法法庭海底争端分庭于2011年发表的"担保国责任与义务咨询意见"，而只是附带研究"区域"的环保法律问题。研究该问题的主要学者有范特马·玛西亚·基南提（Fatma Muthia Kinanti，2020）、伊利亚斯·普拉口可法洛斯（Ilias Plakokefalos，2018）、安娜·多利兹（Anna Dolidze，2012）、蒂姆·波塞尔（Tim Poisel，2012）、唐纳德·K. 安东（Donald K. Anton，2011）、罗伯特·A. 马吉尔和西米·R. 佩恩（Robert A. Makgill & Cymie R. Payne，2011）、戴维·弗里斯通（David Freestone，2011）、哈斗·冈瑟（Handl Gunther，2011）。第三种类型重点研究"区域"内探矿与勘探、国际海底管理局的责任与作用等问题，只是附带研究"区域"的环保法律问题，此类文章约有20篇。主要作者有特罗坎·劳拉·玛格达莱纳（Trocan Laura Magdalena，2018）、凯瑟琳·塞格森和戴尔·斯奎尔斯（Kathleen Segerson & Dale Squires，2017）、迈克尔·W. 洛奇（Michael W. Lodge，2017）、劳拉·E. 拉利尔（Laura E. Lallier，2016）、艾琳·杰克尔（Aline Jaeckel，2015）、迈克尔·洛奇（Michael Lodge，2014）、狄俄尼西亚-西奥多拉·阿夫杰里诺普卢（Dionysia-Theodora Avgerinopoulou，2005）、托马斯·门萨（Thomas A. Mensah，2001）、伊丽莎白·曼·博格斯（Elisabeth Mann Borgese，1980）。总结国外的研究成果可以发现：（1）国外专门研究"区域"环保法治建设的成果数量很有限。（2）国外的研究成果也具有一定的滞后性，主要研究成果集中于2015年之前。（3）国外的研究成果几乎没有着眼于如何发挥中国在"区域"环境治理方面的引领国作用，反而充斥着保护主义、单边主义、自由主义的政治偏见或学术偏见。

综上，从国内外的研究现状分析，本书都具有新颖性和重要的现实
意义。

二、主要研究内容和基本思路

（一）主要研究内容

本书分为五章，第一章中国深度参与"区域"环境治理的基础理论问
题；第二章主要国家和国际组织参与"区域"环境治理的实证分析；第三
章中国深度参与"区域"环保立法的对策研究；第四章中国深度参与"区
域"环境治理的具体法律问题研究；第五章中国深度参与"区域"环境治
理的难点法律问题研究。

（二）基本思路

本书以国际法为主要视角，融合了政治学、环境学、生态学与海洋
学等多个学科，研究中国如何深度参与治理"区域"环境的法律问题：
本书在指导原则上坚持构建"海洋命运共同体"的思想；在宏观问题上
主要解决中国深度参与治理"区域"环境的原则与目标、角色定位、方
式与手段等所涉及的法理基础、法律依据和法治完善等；在微观问题主
要解决中国参与治理"区域"的生物多样性保护与可持续利用、深海噪
音、深海油污、海洋酸化、深海微塑料、海底采矿等环境保护活动涉及的
诸多具体法律问题；在难点问题上主要解决中国在构建"区域"活动担保
国责任制度、"区域"环境影响评价制度、"区域"环境责任信托基金制
度、"区域"环境管理与监测制度等法律问题方面的立场与对策。通过上
述研究，增强我国在"区域"环境治理方面的话语权和影响力，逐步成为
引领国，从而保障中国作为核心主体在"国际法的新疆域"谋求更加有利
的地位并且实现海洋强国战略，进而推动国际社会构建海洋命运共同体。
（见图 1）

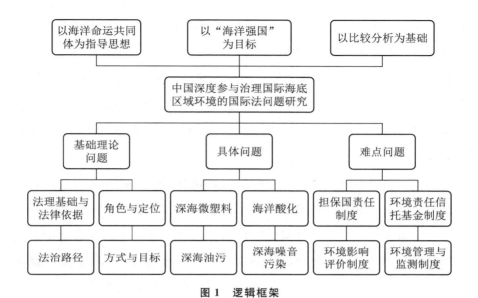

图 1　逻辑框架

三、重点问题和难点问题

第一，海洋命运共同体理念对于"区域"环境法治建设具有理论价值与实践意义。海洋命运共同体作为中国提出的海洋法治理念在"区域"环境法治建设处于困境下具有鲜明的时代特征，既为构建新型国际海洋秩序提供了中国方案，也是实现"区域"环境法治的有效路径。其一，海洋命运共同体理念秉持和平、主权、普惠、共治原则，为构建新型"区域"海洋秩序提供了目标指引；其二，海洋命运共同体理念坚持共商、共建、共享原则，有利于维护"区域"环境多边体制的稳定，为创新"区域"环境治理创造了良好的法治环境；其三，海洋命运共同体的价值与内涵符合国际法的基本原则，有利于塑造一个基于公平正义的"区域"环境新法治秩序。总之，该问题具有基础性地位，值得重点研究。

第二，中国推进"区域"环境法治建设的法理基础与法律依据、角色定位、目标与责任等问题需要从国际法角度进行重点研究。其一，可持续发展原则、国际合作原则、人类共同继承财产原则、共同但有区别责任原则、风险预防原则、损害预防原则等为中国推进"区域"环境法治建设提供了扎实的法理基础。其二，中国要坚持"区域"环境立法与《联合国海洋法公约》的继承与发展的关系，即"区域"环境立法应该在《公约》框架的基础上寻求一定的突破，而不能完全跳开《公约》另搞一套。其三，作为世界上最大的发展中国家，中国仍然应当继续坚持发展中国家的政治站位，支持广大发展中国家的利益诉求。上述均属于基础性问题，需要重点研究。

第三，中国推进"区域"环境法治建设的基本方法。其一，通过设立公平正义的"区域"环境法治最终目标，并在此目标下充分顾及各方利益，形成新的"区域"环境法律体系，来替代过去由西方发达国家主导制定的旧的"区域"环境法律制度。其二，通过倡导和维护真正的多边主义，实现"区域"海洋法治的机制路径，通过多边路径，健全"区域"环境法律体系和机制，完善"区域"环境治理。其三，通过共商、共建、共享作为实现"区域"环境法治的具体方式。其四，通过坚持和平、主权、普惠、共治的"区域"环境法治原则，积极应对"区域"环境治理出现的各种问题，有效加以解决。以上均属于基础性问题，需要深入研究。

第四，中国如何在推进"区域"环境法治建设过程中发挥引领国的作用。其一，中国在"区域"环境法治建设过程要积极倡导和推广"海洋命运共同体"理念，使其成为基本指导思想。其二，中国要勇担大国责任，在"区域"环境法律规则制定过程中提出具有前瞻性的立法议题或立法倡议，并且积极争取规则制定过程中的话语权，从而将海洋命运共同体理念融入"区域"环境治理的新规则中，进而构建"区域"环境法律新秩序。其三，中国要积极推动将海洋命运共同体理念融入"区域"环境执法与司法的过程中，在共商、共享、共建的过程中改进甚至重塑"区域"环境治理规则。其四，中国要不断丰富并完善海洋命运共同体理念的内涵，积极推动海洋命运共同体理念上升成为海洋命运共同体理论，从而更好地发挥指导作用。以上属于本著作的重点内容，值得深入研究。

第五，"区域"的环境问题不仅影响面广，专业性强，技术标准复杂，而且涉及环境学、生态学、海洋科学、地球物理学等多方面的知识，如何能够在融会贯通的基础上，对"区域"的环境问题有深入的认识，在此基础上用国际法进行深入的分析，是一个难点问题。

第六，中国关于"区域"矿物开采的环境规章究竟采取何种环保标准。在环保标准问题上，若中国单方面采用西方科技强国的环保标准则不利于广大发展中国家参与到"区域"的开发活动当中，而仅采用发展中国家的污染防治标准，又有可能不利于"区域"的环境保护，所以中国必须深入研究国际社会关于"区域"环保问题的各种态度立场，结合本国和广大发展中国家的实际情况向国际海底管理局提出中国的环保建议方案。

第七，关于"区域"开发活动的担保国责任制度。"区域"内活动者如果为自然人或法人的应当获得《联合国海洋法公约》缔约国的担保。但是目前国际法关于担保国责任规定不仅非常模糊，而且国际社会对此的争议也非常激烈。在"区域"担保国责任制度上，到底是担保国以"尽职义务"为行为标准，只承担过错责任，还是应该承担"无过错责任"，中国应该采取何种立场，也是一个难点问题。

四、主要创新之处

第一，选题的新颖性。"区域"的环境治理是当前海洋法领域的热点与前沿问题，而当前国内外的研究着重于其中的某一个具体法律文件或某一个具体法律问题，忽视了在宏观和综合层面对于该问题的研究。本书从宏观综合与微观具体两个层面研究中国深度参与治理"区域"环境的国际法问题。

第二，主要观点的创新性。其一，关于"区域"环境治理的单边主义、保护主义与自由主义等理念均无法作为"区域"环境治理的指导思想，只有海洋命运共同体理念才能凝聚国际社会的广泛共识，确立包括国家、国际组织在内的多元治理主体的责任担当与合作意识。其二，深度参与"区域"的环保立法应当既是一种客观的状态，又是一种参与的动态过程，二者统一于整个"区域"环保立法的进程。从"区域"环保立法的特定议题而言，深度参与是一种深层次参与的客观状态；从"区域"环保立法的整体过程而言，深度参与又是指全过程保持参与的动态过程，且这个深度参与的过程应当是连续的和不断发展进步的。其三，中国深度参与治理"区域"环境的目标必须是坚持在保护"区域"环境与可持续利用"区域"资源之间寻找平衡点，既反对种种破坏"区域"环境的行为，积极采取措施治理各种"区域"污染，又反对脱离实际的苛刻环保标准，反对脱离国家利用的"空泛"的环境保护。

第三，材料的创新性。本书立足于中国正在积极参与制定的 7 个有关"区域"国际法文件（即《国际海底区域内矿物资源开发的环境保护规章》《关于减少船舶温室气体排放的综合战略》《降低北极水域船舶使用和运输重质燃料油作为燃料的协议》《防止海洋垃圾和微塑料排放的执行计划》《针对特定产生海洋噪声活动的减缓准则》《世界环境公约》《BBNJ 协定》）的大量会议资料与谈判记录；也积累了美英俄日、欧盟、重要国际环保组织治理"区域"环境的大量法律文件与资料，从而为研究分析中国的立场态度，进而提出更加有针对性的意见和建议奠定了扎实的资料基础。

五、研究方法

第一，实证分析的方法。以中国正在参与的有关"区域"矿物开采过程中的环境保护、防治海洋酸化、深海微塑料治理、控制深海噪音以及治理深海油污活动等为研究对象，以国际法为主要研究视角，进行具体问题具体分析。本书在阐述具体观点时，将充分采取事实、案例与法理相结合的方法进行实证分析。

第二，综合性与系统性的方法。一方面以国际法为基础，融合了政治学、环境学、生态学、海洋学等学科进行综合研究。另一方面以中国治理

"区域"环境为主要着眼点，在"中国的大国责任""中国的国家利益"
"人类共同利益""海洋命运共同体"之间建立起系统分析的框架，力求对
中国深度参与治理"区域"环境的各种因素进行系统研究。

　　第三，从经验到理论的分析方法。研究注重从已经发生或正在进行的
中国治理"区域"环境活动中提炼出经验，并且上升到理论的高度，然后
运用科学的方法对理论加以验证。在方法上，将归纳和演绎结合起来，先
归纳后演绎，即先通过归纳发现主权国家参与"区域"环境治理的一般规
律，然后再通过演绎的方式对这些一般规律进行验证。

第一章　中国深度参与"区域"环境治理的基础理论问题

第一节　中国深度参与"区域"环境治理的法理基础和法律依据

一、中国深度参与"区域"环境治理的法理基础

（一）人类共同继承财产原则

在"区域"环境治理中应当适用的原则方面，人类共同继承财产原则是首屈一指的。该原则最早提出是在 1967 年第 22 届联合国大会上，马耳他驻联合国代表团向联合国秘书长提出"关于专为和平目的保留目前国家管辖范围外海洋下的海床洋底以及为人类利益而使用其资源的宣言和条约"的建议，这是"人类共同继承财产"概念在国际社会的正式提出；随后，在第 22 届联合国大会上通过决议设立了"联合国和平利用国家管辖范围以外海床洋底委员会"，用以专门研究此项问题。[①]在 1970 年第 25 届联合国大会通过《关于各国管辖范围以外海床洋底及其底土的原则宣言》，明确将"人类的共同继承财产"作为确认"区域"及其资源的法律地位和海底活动的基本原则。[②]

---

①　李汉玉：《人类共同继承财产原则在国际海底区域法律制度的适用和发展》，《海洋开发与管理》2018 年第 4 期，第 71 页。

②　同上，第 72 页。

由此我们可以看出，人类共同继承财产原则要求将处于国家管辖范围外的"区域"环境和自然资源视为全人类的共同继承财产，由国际社会来共同管理、保护和享有。中国很早就开始参与"区域"的开发和"区域"环境的治理，并且十分重视人类共同继承财产原则，尤其强调"区域"资源开发利用和生态环境保护之间的平衡，对该原则在"区域"的适用和发展作用显著。①2016 年《中华人民共和国深海海底区域资源勘探开发法》颁布，从国内法的层面践行了该原则。②

（二）国际合作原则

国际合作原则对于国际环境法具有特别重要的意义。如前所述，在"区域"的环境治理中国际合作既是治理目标也是治理方法。环境没有国界，环境问题包括海洋污染等海洋环境问题需要国家之间的合作；如果没有国家间的合作，一个国家或地区的环境污染很可能就会演化成全球性的污染，想要保护全球环境只有通过国际合作才能完成。③正是出于此种共识，有关环境保护的国际性法律文件均无一例外地对国际合作进行了明确的规定，如《斯德哥尔摩宣言》《里约环境与发展宣言》《生物多样性公约》等。

"区域"内进行的矿产资源开采活动、海洋中的石油污染、海洋酸化和垃圾沉积等均会影响整个海洋生态系统的健康。而且，我们对于深海环境尚缺乏充分详实的数据资料；专门针对深海采矿的海洋环境保护技术也仅仅处于初步的应用阶段，以上这些因素更是加剧了"区域"内矿产资源开发活动对于海洋生态系统乃至整个地球生态系统的潜在威胁。因此，在"区域"活动中广泛开展国际合作，从而最大可能地削减人类活动对海洋环境的威胁是十分必要的。

---

① 李汉玉：《人类共同继承财产原则在国际海底区域法律制度的适用和发展》，《海洋开发与管理》2018 年第 4 期，第 75 页。

② 2016 年《中华人民共和国深海海底区域资源勘探开发法》第 3 条："深海海底区域资源勘探、开发活动应当坚持和平利用、合作共享、保护环境、维护人类共同利益的原则。"

③ 王虎华主编：《国际公法学》，北京大学出版社 2015 年版，第 299 页。

（三）可持续发展原则

1987 年，世界环境与发展委员会在《我们共同的未来》的研究报告中提出可持续发展（Sustainable Development）的概念，可持续发展是指既能满足当代又不损害后代的发展。①一些国际条约直接或间接地支持了可持续发展的思想。1992 年《里约环境与发展宣言》、1992 年《生物多样性公约》、1995 年《建立世界贸易组织协定》等国际性法律文件都把可持续发展列在其序言之中或作为其宗旨之一，从而体现了可持续发展原则的重要性。

可持续发展原则强调环境的整体性，"区域" 作为全球环境不可或缺的一部分，自然也必须遵守该原则，从而维护人类的整体和长远的利益。环境与发展一体化的理念要求将环境与发展这两种在某种情境下存在一定冲突的价值进行整合，正如《斯德哥尔摩宣言》中前瞻性地要求各国 "在发展规划中采用一体化的、协调的方法，从而确保发展与保护人类环境相兼容。要在 "区域" 资源开采这一关系全人类未来发展的活动中秉持可持续发展原则，就应当在保证代际公平的前提下兼顾环境保护与资源开发。②如果不坚持可持续发展的原则，世界各国在 "区域" 恣意开采资源，必然会使 "区域" 的环境污染影响到整个地球的生态安全。因此，"区域" 的开发利用必须坚持可持续发展原则，通过制定严密的海洋环境保护规则和完善的监督体系来确保 "区域" 的可持续发展。

（四）共同但有区别的责任原则

共同但有区别的责任原则是指鉴于地球生态系统具有整体性，各国对保护全球环境负有共同的责任，又考虑到导致生态环境破坏的不同因素，发达国家和发展中国家应当承担有区别的责任，发达国家应比发展中国家承担更多的责任。③1992 年里约联合国环境与发展大会发布的《里约环境

---

① 王虎华主编：《国际公法学》，北京大学出版社 2015 年版，第 299 页。
② 李如是：《国际海底区域海洋环保中的国际合作原则研究》，厦门大学 2018 年硕士学位论文，第 10 页。
③ 王曦编著：《国际环境法》，法律出版社 2005 年版，第 108 页。

与发展宣言》，第一次以国际性文件的方式规定了共同但有区别的责任
（common but differentiated responsibilities），并将其作为一项原则确定
下来。①

　　共同但有区别的责任原则内涵包括了"共同"和"区别"两个方面。
一方面，我们强调"区域"作为公有领域的公有性，世界上所有国家在开
发"区域"资源和保护"区域"环境上具有共同的责任，无一例外地都应
当积极参与到"区域"环境保护中来，共同解决"区域"环境问题。另一
方面，由于发达国家已经走了"先污染后治理"的道路，在经济和技术上
都具有明显的领先优势，而发展中国家尚正处于经济社会的发展进程中，
考虑到两者在解决环境问题的能力方面存在较大的差异，发达国家应当在
"区域"环境保护方面承担更多的责任，并在技术和资金方面积极支持发
展中国家治理"区域"环境。

　　（五）风险预防原则

　　国际上明确将风险预防确定为一项原则是在 1992 年《里约环境与发展
宣言》中，其在原则 15 中规定，各国应为了保护环境广泛适用预防措施，
当出现严重的或不可逆转的损害威胁时，不能因为缺乏科学上的充分证据
而延迟采取措施防止环境恶化。②环境遭受破坏在很多情况下是难以预测、
后果严重、不可逆转的，风险预防原则就是针对环境的这些特点提出来
的。一般情况下，只有在确有科学证据证明已经或即将出现严重的环境问
题时，针对该问题的相关措施才会出台；但风险预防原则强调不以存在科

---

①　The Rio Declaration on Environment and Development Principle 7: States shall cooperate in
a spirit of global partnership to conserve, protect and restore the health and integrity of the Earth's
ecosystem. In view of the different contributions to global environmental degradation. States have
common but differentiated responsibilities. The developed countries acknowledge the responsibility
that mev bear in the international pursuit of sustainable development in view of the pressures their so-
cieties place on the global environment and of the technologies and financial resources they command.

②　The Rio Declaration on Environment and Development Principle 15: In order to protect the
environment, the precautionary approach shall be widely applied by States according to their capabili-
ties. Where there are threats of serious or irreversible damage. lack of full scientific certainty shall not
be used as a reason for postponing cost—effective measures to prevent environmental degradation.

学上的充分证据作为不作为的理由，要求在环境破坏尚未不可逆转之前采取行动加以预防，以免环境恶化至难以制止和扭转的程度。[①]此外，1992年《生物多样性公约》在序言中也提及风险预防原则[②]。

2019年《"区域"内矿物资源开发规章草案》在第44条"一般义务"中也对风险预防原则（Precautionary Principle）作出了相关规定："采用《关于环境与发展的里约宣言》原则15所反映的预防性办法，评估和管理'区域'内开发活动损害海洋环境的风险。"[③]国际海底管理局在制定勘探规章时采纳预防性办法，是风险预防原则在进行矿产资源开发中保护"区域"环境的体现，尽可能地在合理范围内采取必要措施防止、减少和控制对海洋环境造成的危害。[④]风险预防原则作为国际环境法的基本原则，不仅应适用于"区域"矿产资源开发，勘探、科学研究等"区域"活动，而且应当适用于所有有关"区域"环境保护与治理的活动。

（六）损害预防原则

损害预防原则在英文中被表述为"principle of prevention"或"principle of preventive action"，它是指在环境损害发生之前国家应尽可能地采取措施，防止可能造成的环境损害。[⑤]1982年《联合国海洋法公约》第194条[⑥]、1992年《生物多样性公约》序言[⑦]等相关的国际环境公约及相关文件均对损害预防原则作出了规定。

风险预防原则和损害预防原则虽都属于事前的预防性原则，但二者适用的范围有所不同。风险预防原则针对的是严重的或不可逆转的损害威

---

① ⑤　王曦编著：《国际环境法》，法律出版社2005年版，第108页。

②　1992年《生物多样性公约》序言："注意到生物多样性遭受严重减少或损失的威胁时，不应以缺乏充分的科学定论为理由，而推迟采取旨在避免或尽量减轻此种威胁的措施。"

③　2019年《"区域"内矿物资源开发规章草案》第44条。

④　王超：《国际海底区域资源开发与海洋环境保护制度的新发展——〈"区域"内矿产资源开发规章草案〉评析》，《外交评论》2018年第4期，第87页。

⑥　1982年《联合国海洋法公约》第194.1条："各国应在适当情形下个别或联合地采取一切符合本公约的必要措施，防止、减少和控制任何来源的海洋环境污染。"

⑦　1992年《生物多样性公约》序言："注意到预测、预防和从根源上消除导致生物多样性严重减少或丧失的原因，至为重要。"

胁,并且不能因为缺乏科学上的充分证据而延迟采取措施;而损害预防原则更为宽泛,并非专门针对以上情况。①索取资源和倾倒废物是人类利用海洋的两大方式,在这两大方式下,"区域"承受着人类的索取和污染,国家应尽可能地赶在"区域"环境损害发生之前采取措施,防止可能对"区域"环境造成损害的各种行为。

(七)最佳环保做法原则

2019年《"区域"内矿物资源开发规章草案》第44条"一般义务"规定"(b)在执行此类措施时适用最佳可得技术和最佳环保做法;(c)将最佳可得科学证据纳入环境决策,包括就环境评估开展的所有风险评估和管理,以及根据或按照最佳环保做法采取的管理和应对措施"。②

由此,国际海底管理局、担保国和承包者在"区域"矿产资源开发过程中应采用最佳环保做法。"最佳环保做法"要求在进行"区域"内活动时应考虑国际海底管理局制定的标准,适用最合适的环境控制措施和策略。它意味着采取环境措施时应考虑所导致的环境危害、污染程度较低的替代措施、使用范围和时间限制、潜在的环境利益、科技的进步以及对社会和经济的影响。国际海底管理局、担保国和承包者应随着科学技术的发展,不断审查环境标准和环境保护措施的制定和实施情况,要考虑在经济上可行的前提下,从源头减少污染和浪费。承包者在开发过程中应遵循法技委制定的承包者指导建议中的有关要求,始终采用良好的行业做法调查和评价其"区域"内活动对海洋环境造成的影响,严格执行经国际海底管理局批准的环境管理和监测计划,始终保持其环境计划的适时性和适当性,并采取合理的缓解措施修复和恢复资源开采对海洋环境造成的不良影响。③

---

① 王曦编著:《国际环境法》,法律出版社2005年版,第111页。
② 2019年国际海底管理局法律和技术委员会《"区域"内矿物资源开发规章草案》第44条。
③ 王超:《国际海底区域资源开发与海洋环境保护制度的新发展——〈"区域"内矿产资源开采规章草案〉评析》,《外交评论》2018年第4期,第87页。

二、主要法律依据

(一)《联合国海洋法公约》

《联合国海洋法公约》是国际海洋法领域最权威和最主要的法律渊源，其中专门规定了海洋环境和"区域"环境的保护，但存在相关规定表述笼统与拘束力不强的问题。首先，《公约》第12部分通过共计45条专门规定"海洋环境的保护和保全"，但规定较为笼统，并没有对处理污染问题确立相应的标准、监管和惩罚，缺乏可执行性。①其次，《公约》第145条规定"区域"的海洋环境保护，②但内容少、规定不详实。最后，《公约》也显示出一些海洋大国与发展中国家之间的立场冲突，特别是国家管辖范围外海域的环境保护存在管辖的真空。《公约》笼统和约束力不强的表述为不愿履行环境保护义务的国家提供了理由，因此国家管辖范围外海域环境治理还需要更加专业和细化的条约进行管辖。

(二)《生物多样性公约》

《生物多样性公约》适用于缔约方国家管辖范围内的生物多样性组成部分，以及该缔约方管辖或控制下的国家管辖区外的过程和活动。《公约》所指的生物多样性不仅指其生态、社会、经济、教育等方面，它更实质性地要求缔约国采取足以维持生存种群和保护受威胁物种的保护措施，包括建立保护区和在保护区内外对生物资源进行调控和管理。《公约》第一条明确规定其目标，③缔约国实现这些目标的方法之一是"尽可能适当地"评估

---

① 1982年《联合国海洋法公约》第192—237条，第192条确定各国在保护和保全海洋环境中的一般义务，第194条规定"防止、减少和控制海洋环境污染的措施"，第207条只是鼓励各国"制定全球性和区域性规则、标准和建议的办法及程序，以防止、减少和控制这种污染"。

② 1982年《联合国海洋法公约》第145条："海洋环境的保护应按照本公约对'区域'内活动采取必要措施，以确保切实保护海洋环境，不受这种活动可能产生的有害影响。为此目的，国际海底管理局应制定适当的规则、规章和程序，以便除其他外：(a)防止、减少和控制对包括海岸在内的海洋环境的污染和其他危害，并防止干扰海洋环境的生态平衡，特别注意使其不受诸如钻探、挖泥、挖凿、废物处置等活动，以及建造和操作或维修与这种活动有关的设施、管道和其他装置所产生的有害影响；(b)保护和养护'区域'的自然资源，并防止对海洋环境中动植物的损害。"

③ 1992年《生物多样性公约》第1条。

那些可能产生"重大不利影响"的拟议项目的环境影响。同时,《公约》也采取了风险预防原则和损害预防原则,但这两项原则都只包含在序言中。①

(三)《国际防止船舶造成污染公约》

《国际防止船舶造成污染公约》旨在预防和最大限度地减少船舶的意外和例行污染。1988 年 12 月生效的附件五专门规定防止船舶垃圾,并禁止将各种形式的塑料丢弃到海洋中。2018 年 3 月 1 日生效的附则五修正案主要涉及船舶垃圾的分类、排放和记录。这是该公约体系对海洋微塑料问题最明显的规制,完全禁止在海上处理任何形式的塑料。附件五修正案规制船舶丢弃垃圾进入海洋,其中要求固体散装货物应按照修正案附录一的标准进行分类,船舶应将垃圾分为 A 至 K 类,而将塑料作为禁止倾倒的 A 类海洋垃圾。此规定从源头上减少了洋面垃圾沉入海底的可能性。

(四)《"区域"内矿物资源开发规章草案》

2016 年,国际海底管理局出台首个《"区域"内矿物资源开发规章草案》,至 2022 年共计发布四份开发规章草案②。总体来说,《"区域"内矿物资源开发规章草案》关于环境保护的条款规定越发细致且数量增多,主要体现在环境履约保证金、环境责任信托基金、环境管理和监测计划、环境影响报告书、承包者对于海洋环境的义务等方面的规定也越来越详细和集中。③以 2019 年《"区域"内矿物资源开发规章草案》为例,其沿用《联合国海洋法公约》,并设第四部分"保护和保全海洋环境"专门对"区域"矿产资源开发过程中的海洋环境保护进行具体规定。该部分包括五节、共

---

① 1992 年《生物多样性公约》序言。

② 自 2016 年起,国际海底管理局共编制四版"区域"内矿物资源开发规章草案,分别是:2016 年 2 月编制的《区域矿产资源开发规章和标准合同条款工作草案初稿》https://isa.org.jm/files/documents/EN/Regs/DraftExpl/Draft_ExplReg_SCT.pdf;2017 年 8 月编制的《区域矿产资源开发规章草案》https://isa.org.jm/files/documents/EN/Regs/DraftExpl/ISBA23-LTC-CRP3-Rev.pdf;2018 年 6 月编制的《"区域"内矿物资源开发规章修订草案》(ISBA/24/LTC/WP.1) https://isa.org.jm/document/isba24ltcwp1;2019 年《"区域"内矿物资源开发规章草案》(ISBA/25/C/WP.1) https://www.isa.org.jm/node/19311。截至 2022 年,2019 版《"区域"内矿物资源开发规章草案》(ISBA/25/C/WP.1) 仍然是最新版"区域"内矿物资源开发条例草案。

③ 王勇:《国际海底区域开发规章草案的发展演变与中国的因应》,《当代法学》2019 年第 4 期,第 80—81 页。

12 条，规定"与海洋环境有关的义务"、"编制环境影响报告和环境管理和监测计划"、"污染控制和废物管理"、"遵守环境管理和监测计划和执行情况评估"、"环境补偿基金"五个方面。①此外，在第十部分"一般程序、标准和准则"规定标准和程序的制定和修改。②纵观"区域"开发规章草案的制定和修改历程，可以发现环境保护在其中的比重越来越大、规定越来越详细，体现了国际海底管理局乃至国际社会对"区域"环境保护事业的重视。同时，我们也应当清醒地认识到"区域"环保的迫切性和草案规定的不足之处。因此，我们应当通过实际行动不断完善和保护"区域"环保规定。

（五）《国家管辖范围外区域生物多样性养护和可持续利用国际协定》（草案）

《国家管辖范围外区域生物多样性养护和可持续利用国际协定》（草案）(Biological Diversity of Areas Beyond International Jurisdiction，BBNJ 协定）聚焦国家管辖范围以外区域生物多样性的养护和可持续利用问题，该问题不只是单个国家面临的治理难题，而是关系到人类生存和发展的共同利益所在。在 2015 年第 69 届联合国大会中，各成员国就根据《联合国海洋法公约》制定新的具有法律约束力的 BBNJ 协定的建议达成共识，并为此启动谈判进程；第 72 届联合国大会决定依据第 72/249 号决议召开政府间会议（IGC）③，针对一揽子计划的四要素召开实质性会议以制定具体案文。BBNJ 谈判最新进展：2022 年 8 月 15 日成功召开第五届 IGC 会议。IGC-5 在 BBNJ"一揽子计划"的所有四个方面都取得了重大进展④。关于

---

① 2019 年国际海底管理局法律和技术委员会：《"区域"内矿物资源开发规章草案》第 44—56 条。

② 同上，第 94 条。

③ 联合国大会 2017 年 12 月 24 日大会决议：《根据〈联合国海洋法公约〉的规定就国家管辖范围以外区域海洋生物多样性的养护和可持续利用问题拟订一份具有法律约束力的国际文书》https://documents-dds-ny.un.org/doc/UNDOC/GEN/N17/468/77/PDF/N1746877.pdf?OpenElement，2022-11-10。

④ 根据《联合国海洋法公约〉的规定就国家管辖范围以外区域海洋生物多样性的养护和可持续利用问题拟订一份具有法律约束力的国际文书政府间会议；《根据〈联合国海洋法公约〉的规定就国家管辖范围以外区域海洋生物多样性的养护和可持续利用问题拟订的协定案文草案进一步修改稿》https://documents-dds-ny.un.org/doc/UNDOC/GEN/N22/368/55/PDF/N2236855.pdf?OpenElement，2022-11-10。

海洋遗传资源（MGRs）在建立获取和利益分享机制以及非货币利益分享和其他规定方面取得了进展。在环境影响评估（EIA）方面，代表解决了围绕计划/提议活动的长期分歧。在包括海洋保护区（MPA）在内的基于区域的管理工具（ABMT）方面，代表就大部分条款达成或接近达成一致。在能力建设和海洋技术转让（CB&TT）方面也取得了长足的进步，包括关于建立 CB&TT 委员会的一般性协议，以及关于监测和审查的规定。

尽管第五届政府间会议取得一些进展，但是各国代表仍未能达成一致，无法通过条约文本，因此会议暂停，恢复时间待定①。

第二节　中国深度参与"区域"环境治理的指导思想——构建"海洋命运共同体"

2019 年 4 月 23 日，习近平提出构建海洋命运共同体的理念："我们人类居住的这个蓝色星球，不是被海洋分割成了各个孤岛，而是被海洋连结成命运共同体，各国人民安危与共。"②海洋命运共同体是中国为了解决国际海洋问题提出来的理念，这一理念实际上与国际海洋法一脉相承，对于"区域"环境治理具有指导意义。本节通过梳理海洋命运共同体的国际法基础、理论价值、实践意义和实现路径，来分析中国深度参与"区域"环境治理的指导思想——海洋命运共同体理念。

一、海洋命运共同体的国际法基础

（一）国际法原则

追溯海洋命运共同体的国际法基础，我们可以从国际法的渊源中发现端倪，主要体现在国际法原则的基础理念中。体现海洋命运共同体的国际

---

① 联合国：《第五届会议休会后发表的会议主席声明》https://documents-dds-ny.un.org/doc/UNDOC/GEN/N22/590/77/PDF/N2259077.pdf?OpenElement，2022-11-10。

② 《习近平集体会见出席海军成立 70 周年多国海军活动外方代表团团长》，http://www.gov.cn/xinwen/2019-04/23/content_5385354.htm，2022-11-10。

法原则可以概括为以下两个方面：一方面是立足于整个国际法的基本原则，包括国家主权平等原则、不干涉内政原则、不使用武力或武力威胁原则、和平解决国际争端原则等，这些基本原则与海洋命运共同体的精髓相辅相成，既是在保护海洋全球环境时应当遵循的基本准则，也是海洋命运共同体的基础原则。①另一方面是根据环境法的特点提出的新原则或对原有国际法原则加以发展从而适用于海洋环境领域的特有原则，这方面的原则主要有：人类共同继承财产原则、国际合作原则、可持续发展原则、公有资源共享原则、共同但有区别的责任原则、风险预防原则等。随着海洋法的发展，这些原则发展出其在海洋环境治理尤其是"区域"环境治理中的独特内涵，体现了海洋作为一个整体的共同性和"区域"环境的特殊性。

（二）重要的国际条约

1.《联合国宪章》

《联合国宪章》第 1 条明确将"维持国际和平及安全"作为其宗旨，②第 2 条规定了"和平解决国际争端"的原则，其在序言中也强调了和睦相处、同心协力等美好愿景。③《联合国宪章》的宗旨、原则以及序言都希望维护国际社会的和平与安全、通过和平手段来解决国际问题，海洋命运共同体的理念与此一脉相承，体现了国际社会的普遍价值追求和全体人类的共同诉求。

2.《联合国海洋法公约》

中国提出的海洋命运共同体理念与《联合国海洋法公约》所倡导的理念相一致。《公约》"前言"规定要将海洋问题作为一个整体加以考虑④；此外，《公约》还在前言和第 136 条中明确指出"区域"及其中蕴含的资源

---

① 密晨曦：《海洋命运共同体与海洋法治建设》，《中国海洋报》2019 年 9 月 17 日，第 2 版。

② 1945 年《联合国宪章》第 1 条："维持国际和平及安全；并为此目的：采取有效集体办法，以防止且消除对于和平之威胁，制止侵略行为或其他和平之破坏；并以和平方法且依正义及国际法之原则，调整或解决足以破坏和平之国际争端或情势。"

③ 1945 年《联合国宪章》第 2 条："为求实现第一条所述各宗旨起见，本组织及其会员国应遵行下列原则……各会员国应以和平方法解决其国际争端，避免危及国际和平、安全及正义"。

④ 1982 年《联合国海洋法公约》前言："意识到各海洋区域的种种问题都是彼此密切相关的，有必要作为一个整体来加以考虑。"

是人类共同继承的财产。①中国政府提出的海洋命运共同体理念，将海洋生态环境视为一个不可分割的整体，并希望通过合作的方式来解决环境问题、和平利用海洋，这与《公约》的理念相吻合，反映了国际海洋法的发展趋势和价值目标，是国际海洋法发展与完善的必然选择。

3.《生物多样性公约》

《生物多样性公约》序言明确生物多样性的重要性和人类活动导致生物多样性严重减少的现实性，将维护生物多样性作为全人类的共同关切事项，认识到增强国家间的友好关系对保护和持久使用生物多样性，进而实现人类和平的关键性影响。②《公约》序言的这些表述立足于整体视角考虑生物多样性，将包括人类在内的整个生物体系视为一个整体，展现了各国及国际法对整个人类利益的关注。同样，中国想要构建的海洋命运共同体也强调人类发展与海洋环境及海洋生物的整体性，从而可见海洋命运共同体理论的重要性。

（三）正在制定的国际法规则

针对海洋环境遭受的破坏和海洋生物面临的生存压力，国际社会正在采取措施力求保护海洋环境与维持生态平衡。首先，负责"区域"管理的国际海底管理局正在制定《"区域"内矿物资源开发规章草案》。2016 年，国际海底管理局出台第一版《"区域"内矿物资源开发规章草案》，随后基于谈判协商对草案进行了多次的补充与完善。2019 年草案设专章对"区域"环境保护问题作出规定，以期在进行矿产资源开发时最大限度地保护

---

①　1982 年《联合国海洋法公约》序言："联合国大会在该决议中庄严宣布，除其他外，国家管辖范围以外的海床和洋底区域及其底土以及该区域的资源为人类的共同继承财产，其勘探与开发应为全人类的利益而进行，不论各国的地理位置如何"；第 136 条："'区域'及其资源是人类的共同继承财产"。

②　1992 年《生物多样性公约》序言："意识到生物多样性的内在价值，和生物多样性及其组成部分的生态、遗传、社会、经济、科学、教育、文化、娱乐和美学价值，还意识到生物多样性对进化和保持生物圈的生命维持系统的重要性，确认生物多样性的保护是全人类的共同关切事项，重申各国对它自己的生物资源拥有主权权利，也重申各国有责任保护它自己的生物多样性并以可持久的方式使用它自己的生物资源，关切一些人类活动正在导致生物多样性的严重减少……注意到保护和持久使用生物多样性终必增强国家间的友好关系，并有助于实现人类和平。"

"区域"海洋环境。2020 年国际海底管理局第 26 届理事会会议明确，保护和保全海洋环境是《"区域"内矿物资源开发规章草案》修订需进一步关注的主题。2021 年国际海底管理局理事会成立"保护和保全海洋环境"非正式工作组，对《"区域"内矿物资源开发规章》相应环境条款进行修订①。其次，国家管辖范围以外区域海洋生物多样性（BBNJ）的养护和可持续利用的规则正在谈判制定之中，事关占全球海洋面积 64％的国家管辖范围外区域海洋的国际法律秩序的调整和海洋遗传资源等多方面利益的再分配。②最后，国际海事组织（IMO）等国际组织在航行和环保方面的法律规则也在不断发展之中。③这些关涉"区域"的国际海洋规则的制定，涉及法律、科学技术和国家政策等多个方面，均构成海洋命运共同体理论的国际法基础。

二、海洋命运共同体的内涵和价值

（一）海洋命运共同体的内涵

有"海洋宪章"之称的《联合国海洋法公约》对海洋法规则进行了系统阐述，但由于其是国际政治斗争与各方利益妥协的结果，必然在创设及分配海洋权益方面存在制度设计上的不足。④随着海洋经济的发展，国际海洋法在制度设计上的不足已经不能适应当今社会的发展，国际社会亟需新理念和新制度的引领。在此背景下，中国适时提出海洋命运共同体理念，适应国际法的现实需要和发展需求。海洋命运共同体是世界各国在尊重彼此政治、经济和文化的前提下，以海洋生态环境的整体性和人类社会发展的持续性为基础，在海洋领域形成休戚与共的整体，通过相互合作来保护和利用海洋。⑤海洋命运共同体思想是人类命运共同体思想在海洋领域的具

---

① 参见国际海底管理局，https://isa.org.jm/mining-code，2022-11-10。
② 联合国：国家管辖范围以外区域海洋生物多样性政府间会议第五届政府间会议，https://www.un.org/bbnj/，2022-11-12。
③ 参见国际海底管理局网站：https://www.isa.org.jm/，2022-11-10。
④ 姚莹：《"海洋命运共同体"的国际法意涵：理念创新与制度构建》，《当代法学》2019 年第 5 期，第 138 页。
⑤ 孙超、马明飞：《海洋命运共同体思想的内涵和实践路径》，《河北法学》2020 年第 1 期，第 186 页。

体体现，是人类命运共同体思想的重要组成部分，是中国参与全球海洋治理的基本立场和方案。①虽然《公约》也强调了海洋的整体性，但其人为地将海洋分割成领海、毗连区、专属经济区、大陆架、公海、国际海底区域、用于国际航行的海峡等各个不同的领域，会使国际社会在一定程度上忽略海洋作为"共同体"的本质属性，②而海洋命运共同体完全立足于海洋的整体性，符合人类社会的整体价值追求，符合国际海洋法的价值目标和当下解决海洋环境问题的需要。

（二）海洋命运共同体的理论价值

1. 体现人类共同的价值追求

人类命运共同体思想汇集了民胞物与、立己达人、协和万邦、天下大同等中华优秀传统文化智慧，体现了和平、发展、公平、正义、民主、自由等全人类共同的价值追求，反映了世界各国人民对和平、发展、繁荣的向往，为人类文明的发展进步指明了方向。③中国提出构建人类命运共同体，既是新时代中国外交工作的总目标，④也是中国乃至国际社会的根本价值追求。

海洋命运共同体作为人类命运共同体的一部分，反映了中国乃至世界人民追求海洋和平与繁荣的愿望，体现了通过走互利共赢的海上安全之路、携手应对各类海上共同威胁和挑战来合力维护海洋和平安宁，以及通过促进海洋生态文明建设、加强海洋环境污染防治来保护海洋生物多样性、实现海洋资源有序开发利用的美好憧憬和价值理念。⑤

---

① 姚莹：《"海洋命运共同体"的国际法意涵：理念创新与制度构建》，《当代法学》2019 年第 5 期，第 143 页。

② ［美］路易斯·亨金：《国际法：政治与价值》，张乃根、马忠法、罗国强、叶玉、徐珊珊译，张乃根校，中国政法大学出版社 2005 年版，第 159—160 页。转引自姚莹：《"海洋命运共同体"的国际法意涵：理念创新与制度构建》，《当代法学》2019 年第 5 期，第 139 页。

③ 闻言：《坚持推动构建人类命运共同体努力建设一个更加美好的世界——学习习近平〈论坚持推动构建人类命运共同体〉》，人民网，2018 年 10 月 31 日，http://theory.people.com.cn/n1/2018/1031/c40531-30373106.html，2022-12-13。

④ 刘建飞：《推动构建人类命运共同体是新时代中国外交的总目标》，中工网，2017 年 10 月 23 日，https://www.workercn.cn/256/201710/23/171023143059433.shtml，2022-11-11。

⑤ 《习近平集体会见出席海军成立 70 周年多国海军活动外方代表团团长》，http://www.gov.cn/xinwen/2019-04/23/content_5385354.htm，2022-11-10。

在如今的海洋问题上，国际社会面临的关键问题就是亟需一整套体现人类公平、公正、道义且具有普遍价值的指导理论和制度体系，它既要考虑各个国家的海洋权益和人类共同的价值追求，又能解决国际社会的海洋争端。对此，中国政府提出的海洋命运共同体理念，旨在通过海洋法治建立公正合理的海洋新秩序，推动包括"区域"在内的人类海洋事业的共同发展，正是当前国际社会所需要的。

2. 反映国际海洋法的价值目标

海洋命运共同体的理念集中反映了国际海洋法的价值目标。正如《联合国海洋法公约》序言所述，它通过建立一种法律秩序来"促进海洋的和平用途，公平有效地利用海洋资源，保护和保全海洋环境"以及"巩固各国之间和平、安全、合作和友好的关系，促进全世界人民经济和社会方面的进展"。[1]海洋命运共同体思想包含了"维护海洋和平安宁和良好秩序以及树立共同、综合、合作和可持续的新安全观"的内容，为实现《公约》的目标注入活力。海洋命运共同体思想还强调"重视海洋生态文明建设，实现海洋资源的有序开发利用"，与《公约》保护海洋环境的目标相一致。[2]世界各国在追求自身海洋利益的同时，在海洋资源的开发和分配、海域界定、污染防治、纠纷解决等诸方面的权益都需要建立在确定的制度和规则基础上。[3]海洋命运共同体的理念则有助于这种确定的制度和规则形成。

3. 解决海洋环境问题的现实需要

20 世纪末至 21 世纪，包括海洋酸化、垃圾倾倒、石油污染、噪声污

---

① 《联合国海洋法公约》序言："认识到有需要通过本公约，在妥为顾及所有国家主权的情形下，为海洋建立一种法律秩序，以便利国际交通和促进海洋的和平用途，海洋资源的公平而有效的利用，海洋生物资源的养护以及研究、保护和保全海洋环境，考虑到达成这些目标将有助于实现公正公平的国际经济秩序，这种秩序将照顾到全人类的利益和需要，特别是发展中国家的特殊利益和需要，不论其为沿海国或内陆国……相信在本公约中所达成的海洋法的编纂和逐渐发展，将有助于按照《联合国宪章》所载的联合国的宗旨和原则巩固各国间符合正义和权利平等原则的和平、安全、合作和友好关系，并将促进全世界人民的经济和社会方面的进展。"

② 孙超、马明飞：《海洋命运共同体思想的内涵和实践路径》，《河北法学》第 1 期，第 184 页。

③ 杨华：《海洋法权论》，《中国社会科学》2017 年第 9 期，第 170 页。

染等在内的全球性海洋问题日益显现，人类赖以生存的海洋正在承受着巨大的压力。作为"海洋宪章"的《联合国海洋法公约》在制度设计上存在不足，无法满足国际社会治理海洋环境的现实需求，我们亟需新的理念和制度来发展国际海洋法。①海洋命运共同体理念的提出，是对人类通过破坏环境、掠夺资源的方式发展经济的模式在思想上的转变，体现了中国乃至世界人民保护海洋环境、维护生态平衡的诉求，是中国对全球海洋治理的贡献。在海洋法治建设过程中，大到国际社会应当遵循的海洋秩序、小到每一份塑料垃圾的归属等具体的国际海洋规则的制定，都有必要在海洋命运共同体理念的指导下进行。②

三、海洋命运共同体的实践意义

20 世纪末至 21 世纪，包括海洋酸化、垃圾倾倒、石油污染、噪声污染等在内的全球性海洋问题日益显现，人类赖以生存的海洋正在承受着巨大的压力。鉴于这些全球性海洋问题多在《联合国海洋法公约》制定后才被国际社会关注，③故习惯国际法与《联合国海洋法公约》在全球海洋治理过程中的作用十分有限。④正是因为此类国际法规则无法适应国际变化，海洋命运共同体理念应时而生。⑤在海洋法治建设中，大到国际社会应当遵循的海洋秩序、小到每一份塑料垃圾的归属等具体国际海洋规则的制定，都有必要在海洋命运共同体理念的指导下进行。在海洋治理实践中，海洋命运共同体理念从权利与义务两方面帮助构建治理新秩序。一方面，继承了

①　姚莹：《"海洋命运共同体"的国际法意涵：理念创新与制度构建》，《当代法学》2019 年第 5 期，第 138 页。

②⑤　密晨曦：《海洋命运共同体与海洋法治建设》，《中国海洋报》2019 年 9 月 17 日，第 2 版。

③　例如：海洋酸化问题，在 2008 年 10 月的国际海洋酸化研讨会后欧美等国才开始研究遏制海洋酸化的对策，中国也已将海洋酸化列入重点支持方向。《联合国海洋法公约》于 1982 年 12 月 10 日在牙买加的蒙特哥湾召开的第三次联合国海洋法会议最后会议上通过，1994 年 11 月 16 日生效。参见联合国，https://www.un.org/zh/documents/treaty/UNCLOS-1982，2022-11-10。

④　姚莹：《"海洋命运共同体"的国际法意涵：理念创新与制度构建》，《当代法学》2019 年第 5 期，第 139 页。

"人类共同继承财产"原则所体现出的利益共享精神，海洋命运共同体理念秉持全球化视角，将海洋生态环境保护视为全球共同的长远利益目标，致力于平衡发达国家与发展中国家的利益冲突、短期国家利益与长期公共利益的冲突，①从而维护国际社会在海洋中的各项权利，实现人类与自然环境的可持续发展。另一方面，海洋命运共同体理念强调各国承担"共同但有区别的责任"原则，在海上公共产品提供②、海洋生态保护、海上安全合作等方面要求国家间积极履行其应尽的国际义务。此外，海洋命运共同体理念否定了西方国家基于意识形态而实施的海洋霸权行为，倡导建立平等的治理合作机制，有助于各国消弭分歧、及时对话，从而为海洋治理提供权责明晰的崭新秩序。

四、海洋命运共同体的实现路径

从宏观角度来说，构建海洋命运共同体归根结底就是立足于时代发展的新情况和新诉求，建立一个适应当代发展需要和考虑后代持久利益的新型全球海洋治理体系。对此，我们应遵从思想到行动再到制度的路径，最终形成一个完善的全球海洋治理体系。首先，构建海洋命运共同体需要形成国际社会公认的指导思想。人类命运共同体的倡议符合世界各国人民的共同利益和人类普遍的价值追求，得到了国际社会各成员的一致认可。海洋命运共同体作为人类命运共同体在海洋领域的具体体现，得到世界各国的拥护和支持指日可待。其次，构建海洋命运共同体需要国际社会统一的行动支持。面对层出不穷的国际海洋问题，依靠单个国家根本无法解决，因此需要国际社会采取共同行动来应对。通过坚持和平、发展、合作、共赢的原则和实践，积极推动各个国家特别是海洋大国在环境保护方面的交

---

① 薛桂芳：《"海洋命运共同体"理念：从共识性话语到制度性安排——以 BBNJ 协定的磋商为契机》，《法学杂志》2021 年第 9 期，第 62 页。

② 就其类型而言，海上公共产品包括与海洋开发密切相关的基础设施、服务项目以及各种政策法规等。参见：杨震、蔡亮：《"海洋命运共同体"视域下的海洋合作和海上公共产品》，《亚太安全与海洋研究》2020 年第 4 期，第 77 页。

流与合作，才能在国际上构建起海洋命运共同体，解决海洋环境治理面临的困境。第三，构建海洋命运共同体需要国际社会完善制度保障。只有指导思想和行动还无法完成国际海洋治理体系的完整构建，这一切还必须落实到制度实体上。①通过建立事前预防、事中救济、事后归责在内的一系列完善合理的全球海洋治理体系来保障海洋环境的治理进程，才能真正将海洋环境保护落到实处。

第三节　中国深度参与"区域"环境治理的目标、角色定位与主要方式

一、中国深度参与"区域"环境治理的目标

（一）保护"区域"海洋环境

既然我们要治理"国际海底区域"的海洋环境，那么中国深度参与"区域"环境治理的首要目标自然是保护"区域"海洋环境。如上所述，《联合国海洋法公约》的目标在于"促进海洋的和平用途，公平有效地利用海洋资源，保护和保全海洋环境"以及"巩固各国之间和平、安全、合作和友好的关系，促进全世界人民经济和社会方面的进展"。②此外，国际海底管理局网站首页也将环境保护作为国际海底管理局的责任之一："海底管理局有责任确保有效保护海洋环境免受深海海底活动可能产生的有害影响"。③随着区域活动的开展，对于区域环境保护的呼声也越来越高，同时"区域"活动对海洋环境的影响存在着不确定性问题，那么，妥善解决"区域"环境问题、实现"区域"可持续发展，从而达到保护"区域"海

---

① 黄高晓、洪靖雯：《从建设海洋强国到构建海洋命运共同体——习近平海洋建设战略思想体系发展的理论逻辑与行动指向》，《浙江海洋大学学报》（人文科学版）2019年第5期，第4页。

② 《联合国海洋法公约》序言。

③ 参见国际海底管理局网站首页："ISA has the duty to ensure the effective protection of the marine environment from harmful effects that may arise from deep-seabed related activities"，https://www.isa.org.jm/，2022-12-27。

洋环境的目的，无疑成为"区域"环境治理的首要目标。

（二）促进"区域"环境治理国际合作

《联合国宪章》第 1 条明确将国际合作作为其宗旨之一，《联合国海洋法公约》第 143 条、第 197—301 条等多项条款均对国际合作作出了相关规定，《生物多样性公约》序言、第 5 条、第 8 条、第 9 条等条款也分别确认了国际合作原则，这些条约中的规定体现了国际合作在处理国际事务中的重要性。针对"区域"中不断涌现的全球性环境问题，国际社会必须加强国际合作，尽快出台完善的应对措施，共同应对"区域"治理的种种难题。然而，在全球性海洋事件频繁发生之际，国际合作却频频遭遇掣肘。自 2020 年初新冠肺炎疫情暴发以来，国际社会本该携手合作、共同应对这场人类共同的危机，但一些国家却借此抹黑他国，引发国际政治动荡和全球治理倒退。① "区域"作为"公有地"、"人类共同继承财产"，依靠任意一个国家都无法从根本上解决其环境治理难题，必须加强国际合作，在该问题上形成国际社会的共识，才能真正将"区域"环保落到实处。

（三）构建和谐海洋秩序

2019 年，习近平在会见出席海军成立 70 周年多国海军活动外方代表团团长时指出海洋的和平安宁关乎世界各国的安危和利益，需要国际社会的共同维护，并提出要"坚定不移走和平发展道路"。② 构建和谐的全球海洋秩序对于人类和平利用和保护海洋具有极其重要的意义，中国作为负责任的大国，在深度参与全球海洋治理体系变革的过程中应当秉持海洋命运共同体的理念，以构建和谐海洋秩序为目标。

早在公元前几百年，中国的传统思想中就形成对人与自然之间关系的认识，诸如"天人合一"、"道法自然"、"裁成天地之道、辅相天地之

---

① 冯梁：《构建海洋命运共同体的时代背景、理论价值与实践行动》，《学海》2020 年第 5 期，第 16 页。

② 《习近平集体会见出席海军成立 70 周年多国海军活动外方代表团团长》，http://www.gov.cn/xinwen/2019-04/23/content_5385354.htm，2022-11-10。

宜"、"与天地合德"等不胜枚举，这些观念都是在强调人与自然是一体的，人与自然应当和谐共处。①因此，中国深度参与"区域"环境治理应以构建和谐海洋秩序为目标。②建立国际海洋新秩序应当体现全球性思维，立足于全人类的共同利益，目的在于保障所有国家都能积极地参与包括"区域"在内的海洋环境的保护中来，共同维护我们脆弱而珍稀的地球生态环境。

二、中国深度参与"区域"环境治理的角色定位

（一）坚持发展中国家立场

中国始终站在发展中国家的立场上，认为海洋"孕育了生命、联通了世界、促进了发展"。③中国主张应当兼顾国际社会中各方的利益特别是广大发展中国家的利益，考虑绝大多数国家的现实需求，一方面要促进对海洋的科研工作，另一方面还要保护公海和"区域"环境，确保可持续发展。在"区域"开发和环境治理问题上，发达国家始终不愿意承认共同但有区别的责任原则，不愿意同发展中国家分享经济及技术惠益，这对于经济发展程度不高的发展中国家参与"区域"环境治理非常不利。作为最大的发展中国家，中国始终站在发展中国家立场上，希望能和世界各国一道解决"区域"乃至全球海洋问题。

（二）做负责任的大国

在治理全球海洋环境方面，中国的立场非常鲜明——我国要用负责任的大国身份，承担起"区域"海洋环境保护的重任。随着中国国力和影响力的显著提升，中国参与全球海洋治理的角色定位已经发生了很大的变化。2016 年，中国提出"促进海洋法治，建立和维护公平合理的海洋秩

---

① 《生态文明：从"天人合一、道法自然"到坚持人与自然和谐共生》，中央纪委国家监委，2020 年 3 月 2 日，http://www.ccdi.gov.cn/toutiao/202003/t20200302_212595.html，2021-01-11。

② 杨泽伟：《新时代中国深度参与全球海洋治理体系的变革：理念与路径》，《法律科学》（西北政法大学学报）2019 年第 6 期，第 180 页。

③ 《建设海洋强国，习近平从这些方面提出要求》，人民网，2019 年 7 月 11 日，http://cpc.people.com.cn/n1/2019/0711/c164113-31226894.html，2022-11-11。

序"，实现海洋的可持续发展。[①]2017 年，中共十九大报告将"坚持人与自然和谐共生"和"中国坚持推动构建人类命运共同体"作为新时代中国特色社会主义的思想和基本方略。[②]2019 年，习近平提出构建海洋命运共同体，并指出要维护海洋的和平安宁和良好秩序。[③]2022 年，中共二十大报告指明"促进人与自然和谐共生"与"推动构建人类命运共同体"是中国式现代化本质要求之二[④]。例如，中国深度参与"区域"环境治理、积极参与制定《"区域"内矿物资源开发规章草案》既是中国履行大国责任的重要体现，也是中国积极构建海洋命运共同体的重要内容。[⑤]又如，中国作为"区域"的承包者和担保国，积极承担《"区域"内矿物资源开发规章草案》规定的相关责任，也是作为负责任的大国的体现。由此可见，中国作为新兴的海洋大国，推动"区域"环境治理机制的建立和完善，不但是维护中国在"区域"合法权益的需要，而且是中国发挥负责任大国作用的重要表现，同时也有利于中国有效应对海洋环境防治的种种挑战、维护地球的生态平衡。[⑥]

（三）深度参与并逐步发挥引领国作用

中国在参与"区域"环境治理过程中应当做到深度参与并且逐步发挥引领国作用。自 2001 年国际海底管理局开始签订海底矿产资源勘探合同至今，中国已经获得富钴结壳、多金属结核和海底热液硫化物在内的三种海

---

① 史霄萌、顾震球：《中国代表呼吁建立和维护公平合理的海洋秩序》，http://www.xin-huanet.com/world/2016-12/08/c_1120080001.htm，2022-11-19。

② 习近平：《决胜全面建成小康社会 夺取新时代中国特色社会主义伟大胜利——在中国共产党第十九次全国代表大会上的报告》，http://www.gov.cn/zhuanti/2017-10/27/content_5234876.htm，2022-11-19。

③ 新华社评论员：《共同构建海洋命运共同体》，https://baijiahao.baidu.com/s?id=1631618411612449700&wfr=spider&for=pc，2022-11-10。

④ 习近平：《高举中国特色社会主义伟大旗帜 为全面建设社会主义现代化国家而团结奋斗——在中国共产党第二十次全国代表大会上的报告》，http://www.qstheory.cn/yaowen/2022-10/25/c_1129079926.htm，2022-11-10。

⑤ 王勇：《国际海底区域开发规章草案的发展演变与中国的因应》，《当代法学》2019 年第 4 期，第 89 页。

⑥ 杨泽伟：《新时代中国深度参与全球海洋治理体系的变革：理念与路径》，《法律科学》（西北政法大学学报）2019 年第 6 期，第 183 页。

底矿产资源勘探权,在"区域"拥有五块专属勘探区。①因此,中国在"区域"具有重要的战略利益。长期以来,中国一直积极地参与《"区域"内矿物资源开发规章》的制定、为"区域"的环境保护建言献策,积极参与联合国启动的国家管辖范围外区域生物多样性养护和可持续利用国际协定(BBNJ 协定)议程的谈判与协商,积极制定和完善国内深海领域的立法、保护海洋的生物多样性并促进其可持续发展,这些都为中国后续深度参与"区域"的环境治理和发挥引领国作用奠定了良好的基础。

三、中国深度参与"区域"环境治理的主要方式

(一)推动"区域"环境治理法律体系完善与健全中国国内深海立法相结合

当前,国际海洋法在海洋环境治理方面缺乏相应的法律体系,尤其是对"区域"的环境治理主要存在于一些零星、分散的国际法律文件中,从而缺乏系统性的法律治理体系和完整的治理方案,亟需相关立法跟进。

首先,推动"区域"环境治理法律体系的完善。当代全球海洋治理体系是以《联合国海洋法公约》为核心的,而"区域"又以《"区域"内矿物资源开发规章》为核心,因此我们可以在现有的"区域"治理体系内进行革新和完善,并着重对开发规章中的环境保护章节进行完善。一方面,进一步增强中国在有关"区域"国际条约规则制定过程中的议题设置、约文起草和缔约谈判等方面的能力。另一方面,进一步提升中国实践引导有关"区域"的国际习惯规则形成的能力。中国可以从国际习惯形成的一般国家实践和法律确信两个方面,进一步提升形成国际习惯规则的能力。

---

① 中国在"区域"拥有的五块专属勘探区包括:中国大洋矿产资源研究开发协会在 2001 年获得的东太平洋多金属结核勘探矿区、2011 年获得的西南印度洋多金属硫化物勘探矿区、2014 年获得的西太平洋富钴结壳勘探矿区等三块勘探合同区、中国五矿集团公司在 2017 年获得的多金属结核勘探合同区、北京先驱高技术开发公司在 2019 年获得的多金属结核勘探合同区。参见国际海底管理局网站,https://www.isa.org.jm/exploration-contracts,2022-12-26。

其次，健全中国国内深海法律制度。我国已初步形成以 2016 年《中华人民共和国深海海底区域资源勘探开发法》为基础，以国家海洋局发布的深海行政规章为补充的"区域"资源勘探开发法律体系。①但我国的深海法律制度在环境保护方面仍不够完善，存在海洋环境保护规定较为笼统、争议解决方式缺失等重要问题。对此，在国际层面，我们需要遵守国际海底管理局制定的各项勘探开发规章规定的原则、规则和制度，如预防性办法、最佳环保做法、海洋环境影响评价等；在国内层面，我国需要在根据《深海海底区域资源勘探开发法》形成的法律体系的范畴内，细化环境保护义务的内容，制定单独的海洋环境保护实施细则，如详细规定国家、承包者各自承担的保护海洋环境的责任与义务。在实施细则中不仅要侧重于事前的环境影响评价和事中的管理和监测，也要重视事后的环境修复和追踪，以及设立环境责任信托基金和环境履约保证金、明确环境影响评价和争议解决的规则及标准等。②

（二）运用科技手段解决"区域"的环境治理难题

"区域"蕴藏着非常丰富的自然资源，其中富钴结壳、多金属结核和海底热液硫化物矿床等被认为是 21 世纪最具有商业开发前景的资源，"区域"允许勘探的矿区也是以这三种资源为主。随着陆地资源日趋枯竭，海洋资源尤其是占地球表面积近一半的"区域"的开发利用，已经成为人类发展的必然选择。③中国是国际海底管理局理事会的主要成员之一，在"区域"拥有五块专属勘探区和三种金属资源的勘探权和后续开采权。在深海科学研究、技术开发和设备供应方面，我国已经对深海勘察、深海多金属结核矿物开采、矿物运载与冶炼等高科技领域进行了深入的研究，具备了

---

① 黄影：《比较法视野下我国〈深海法〉的立法缺失及其未来完善》，《边界与海洋研究》2020 年（第 5 卷）第 4 期，第 76 页；国家海洋局发布的行政规章包括《深海海底区域资源勘探开发许可管理办法》《深海海底区域资源勘探开发样品管理暂行办法》和《深海海底区域资源勘探开发资料管理暂行办法》等。

② 黄影：《比较法视野下我国〈深海法〉的立法缺失及其未来完善》，《边界与海洋研究》2020 年（第 5 卷）第 4 期，第 79—80 页。

③ 李家彪：《加快深海科学技术研究 促进深海科技快速发展》，《中国海洋报》2017 年 5 月 9 日，第 1 版。

相应的技术基础，一批拥有自主知识产权的深海高新技术装备已在实际应用中趋于成熟；但是，由于我国海洋事业起步较晚，在深海环境保护上面临着一定程度上的技术压力。[①]在人类探索深海的过程中，不仅勘探和开发需要发展深海技术，对于"区域"环境保护更是需要技术的支撑。中国作为一个负责任的大国，要想在开发利用"区域"资源和保护"区域"环境方面发挥更大的作用，就必须增强本国在"区域"的活动能力与监测能力，大力发展我国的深海高新技术。

（三）通过国际合作发挥中国的引领作用

中国要想在"区域"环境治理中发挥引领作用，必须通过国际合作治理"区域"的环境污染问题。一方面中国要支持国际海底管理局统一管理，另一方面中国要在环保信息与技术的交流共享、危机与争端的应对等方面发挥国际合作的作用。2019年《"区域"内矿物资源开发规章草案》第四部分"保护和保全海洋环境"第53.2条[②]的规定展现了"区域"环保合作中的一个方面，中国可以通过参与相关方面的协商、编写和修改相关标准进而参与"区域"治理。此外，中国还可以在资金、技术和责任承担等方面引领国际合作。例如，在资金方面，至2022年底，中国已向国际海底管理局累计捐款超过29万美元，用于发展中国家的法律和技术委员会等委员参加会议的费用和发展中国家人员培训的费用；在责任承担方面，中国的海底矿产资源勘探合同承包者按照规定严格履行合同义务，中国政府也积极参与国际海底管理局有关深海环境保护和提升发展中国家能力建设的相关工作，等等。[③]这些都给其他国家做出了良好的示范。

---

① 中国科学院：《提高自主创新能力促进我国大洋事业》，http://www.cas.cn/xw/kjsm/gndt/200601/t20060126_1002195.shtml，2022-12-26。

② 2019年《"区域"内矿物资源开发规章草案》第4部分"保护和保全海洋环境"中第53.2条："承包者、国际海底管理局和担保国应就交流与事故有关的知识、信息和经验共同协商，并与显示感兴趣的其他国家和组织就这方面进行协商，利用此类知识和信息编写和修改标准和作业准则，以便在整个采矿周期内控制危害，还应与其他相关国际组织合作，借鉴其咨询意见。"

③ 外交部：《常驻国际海底管理局代表田琦大使在中国大洋协会"合作、贡献与人类命运共同体"主题边会上致辞》，2019年7月31日，https://www.fmprc.gov.cn/dszlsjt_673036/201907/t20190730_5359622.shtml，2022-12-26。

（四）发挥各方在"区域"环境治理中的作用

"区域"海洋环境保护是一项系统工程，包括开采前的环境影响评价、开采过程中的环境监测和管理，以及开采结束后的环境治理和养护等工作。这一系列工作需要发挥相关各方的作用才能完成，尤其是需要发挥国际海底管理局、担保国和承包者三方的职责。2019 年《"区域"内矿物资源开发规章草案》设第四部分"保护和保全海洋环境"专门规定"区域"的环境保护问题。该部分共分五节，包括"与海洋环境有关的义务"、"编制环境影响报告和环境管理和监测计划"、"污染控制和废物管理"、"遵守环境管理和监测计划和执行情况评估"、"环境补偿基金"五部分内容。其中规定保护和保全海洋环境的"一般义务"为："国际海底管理局、担保国和承包者各自酌情就'区域'内活动，规划、执行和修改相关措施，以有效地保护海洋环境。"①

首先，承包者在"区域"资源开发过程中应注意保护和保全海洋环境，对其造成的海洋环境损害承担赔偿责任。"承包者应实施和维护一个考虑到相关准则的环境管理系统"，申请者或承包者"应编写环境影响报告、制定环境管理和监测计划"，承包者"按照环境管理和监测计划以及适用的标准和准则"进行污染控制和限制采矿排放物，"遵守环境管理和监测计划"并对执行情况进行评估，"及时执行和实施应急和应变计划以及海底管理局发布的任何紧急命令"。②其次，担保国应采取一切必要措施，确保其担保下的承包者遵守《联合国海洋法公约》和国际海底管理局的有关规定，并履行海洋环境保护的相关义务。最后，国际海底管理局在其职权范围内对承包者的开发活动进行监督和管理。③国际海底管理局为保护和保全海洋环境设立环境补偿基金，理事会根据委员会的意见制定相关标

---

① 2019 年海底管理局法律和技术委员会《"区域"内矿物资源开发规章草案》第 44 条："海底管理局、担保国和承包者各自酌情就'区域'内活动，规划、执行和修改为应依海底管理局通过的规则、规章及程序有效保护海洋环境免受有害影响而必须采取的措施。"

② 2019 年《"区域"内矿物资源开发规章草案》第 46—53 条。

③ 王超：《国际海底区域资源开发与海洋环境保护制度的新发展——〈"区域"内矿物资源开采规章草案〉评析》，《外交评论》2018 年第 4 期，第 87 页。

准，委员会或秘书长发布及审查相关准则。[①]国际海底管理局、承包者、担保国三者既分工负责又相互合作，形成"区域"环保系统的闭环，共同维护"区域"海洋环境的可持续发展。

第四节　中国深度参与"区域"环境治理的基本法治路径

一、建立公平正义的法治目标

（一）打破"区域"环境治理规则的单边主义与保护主义趋势

让海洋保持健康、多产，有可持续性、复原力，借此恢复与自然界的和谐，对我们的地球、我们的生活和我们的未来至关重要。[②]但在长期的"区域"治理中，以美国为首的西方国家在"区域"环境治理的政策上始终以国家利益为导向。[③]随着21世纪以来"逆全球化"思潮的进一步发展，单边主义与保护主义的思潮不断冲击现有《联合国海洋法公约》项下的海洋环境治理规则体系，给"区域"环境治理规则的改革与发展造成了很大的负面影响。

中国在海洋命运共同体理念的指导下，长期遵循《联合国海洋法公约》规定的"人类共同继承财产"原则，倡导各国履行保护海洋环境的义务，兼顾国家利益与人类共同利益。中国以海洋命运共同体理念为指导，倡导各国打破"区域"环境治理规则的单边主义与保护主义趋势，在《公约》基础上参与"区域"环境治理，构建公平、正义的规则体系保护人类共同财产，为"区域"环境资源保护营造一个健康的环境。

---

① 2019年《"区域"内矿物资源开发规章草案》第54—58条。

② 《联合国第A/71/312号决议：我们的海洋、我们的未来、我们的责任：宣言草案》，https://documents-dds-ny.un.org/doc/UNDOC/GEN/N22/389/06/PDF/N2238906.pdf？OpenElement，2022-11-12。

③ 张梓太、程飞鸿：《论美国国际海底区域政策的演进逻辑、走向及启示》，《太平洋学报》2020年第11期，第87页。

（二）倡导建立各国权利共享、责任共担的"区域"环境法治目标

在推进"区域"环境法治体系建设的过程中，中国应以海洋命运共同体理念为指导，努力平衡各方利益，倡导各国应在"区域"环境治理中责任共担，利益共享，求同存异，共同解决"区域"内环境问题。在责任方面应遵循《巴黎协议》第2.2条规定的考虑不同国情，共同但有区别的责任和各自能力的原则。同时倡导各国在对"区域"勘探开发的过程中遵守《联合国海洋法公约》相关规定，兼顾可持续发展原则，在追求经济利益的同时切实保护海洋环境，加强对"区域"环境及其资源的保护和可持续利用，尽可能地减少"区域"开发活动可能产生的有害影响。①

（三）构建公正、合理、透明的"区域"环境法治目标

高质量治理"区域"环境，需要公正、合理、透明的"区域"环境法治规则。要让"区域"资源更多更公平地惠及各国人民，维护多边体制。要解决各国在"区域"勘探技术等方面发展鸿沟的现实问题，提升广大发展中国家在"区域"环境治理中的代表性和发言权，使"区域"环境法治目标更加均衡地反映大多数国家的意愿和利益。强调秉持以人民为中心的发展理念，落实联合国《2030年可持续发展议程》，坚持包容性增长，建设与自然和谐共处的未来，努力不让任何一个国家、任何一个人掉队。②

二、采取共商共建共享的实施方法

（一）推动共商"区域"环境事务与开发

中国要积极参与全球通过发展"蓝色伙伴关系"实现海洋治理，中国要与所有国家和国际组织共同努力为落实《2030年可持续发展议程》及"可持续发展目标14"作出贡献。③中国应当以海洋命运共同体理念为指导思想，推动在相关谈判中通过充分讨论和协商一致循序渐进开展"区域"

---

① 薛桂芳：《国际海底区域环境保护制度的发展趋势与中国的应对》，《法学》2020年第5期，第50页。

② 《关于加强中国—东盟共同的可持续发展联合声明》，https://www.mfa.gov.cn/zyxw/202211/t20221112_10973110.shtml，2022-11-12。

③ 《中国关于八大互动对话主题概念文件的建议》，https://sdgs.un.org/sites/default/files/2022-03/China_Comments_interactive_dialogues_UN_Ocean_Conference2022.pdf，2022-11-12。

环境治理，并且充分顾及各国的利益和关切，特别是发展中国家合理利用"区域"生物和矿产资源的实际需要与科技需求。[①]中国要积极支持全球海洋观测系统的开发和运行，特别强调基于生态系统的综合物理海洋学、地球生物学、化学和海洋地质学的研究。中国要深化海洋合作，共同发起和推动海洋科学研究、获取全球海洋环境信息和通过数据共享改善海洋科学体系，信息和科学知识。[②]

（二）推动共建"区域"环境秩序与安全

和平与安全是国际社会的共同追求，维护"区域"环境的秩序与安全是"区域"环境治理的重要目标。"区域"环境秩序与安全需要多国的共同努力，从而更有效地保护"区域"环境和维护全人类共同利益。当前，"区域"环境分歧与争端仍然存在，中国要推动各国以《联合国宪章》为核心，以《联合国海洋法公约》为基础，以海洋命运共同体为指导思想，共同构建公平正义、平等完善的"区域"环境法治体系，并结合实际，建立多方参与和合作的执法机制，帮助相关利益方尤其是发展中国家和内陆国家等对"区域"活动进行监督和管理。[③]

（三）推动共享"区域"环境资源与利益

《中华人民共和国政府关于〈"区域"内矿物资源开发规章草案〉的评论意见》指出，惠益分享是人类共同继承财产原则的重要内容和体现。[④]"发展海洋经济，保护海洋生态环境"[⑤]不仅是中国治理海洋的发展战略，

---

① 卢静：《全球海洋治理与构建海洋命运共同体》，《外交评论》（外交学院学报）2022年第1期，第4页。

② 《中国关于2022海洋大会八大互动对话主题概念文件的建议》，https://sdgs.un.org/sites/default/files/2022-03/China_Comments_interactive_dialogues_UN_Ocean_Conference2022.pdf，2022-11-12。

③ 相京佐、曲亚囡、裴兆斌：《国际海底区域活动与其他海洋开发利用活动的协调研究》，《海洋开发与管理》2020年第2期，第35页。

④ 《中华人民共和国政府关于〈"区域"内矿物资源开发规章草案〉的评论意见》，https://isa.org.jm/files/files/documents/Comments%20of%20China%20%28Chinese%20Version%29.pdf，2022-11-12。

⑤ 习近平：《高举中国特色社会主义伟大旗帜 为全面建设社会主义现代化国家而团结奋斗——在中国共产党第二十次全国代表大会上的报告》，http://www.gov.cn/xinwen/2022-10/25/content_5721685.htm，2022-11-12。

也是中国参与"区域"环境治理的基础目标。中国始终支持落实联合国《2030年可持续发展议程》及"可持续发展目标14"，推动构建海洋命运共同体，倡导各国在"区域"治理中责任共担，利益共享，求同存异，在"区域"开发利用中合作共赢，共享"区域"环境资源与利益。中国要倡导各国关注"区域"环境的整体利益与长远利益，形成互相协同合作的有效机制，共同促进"区域"繁荣发展。

三、践行多边主义的法治路径

（一）凝聚全球共识，倡导和维护"区域"环境治理多边路径

针对当前"区域"环境恶化的现状，要凝聚珍爱"区域"环境的全球共识，抑制人类活动对"区域"环境造成不利影响，守住"区域"生态安全边界，为子孙后代留下共同遗产。要通过多边路径，健全"区域"环境保护法律体系和机制，完善"区域"环境治理，促进各国个体利益和共同利益的实现，形成利益共同体，才能最终在世界各国之间结成"区域"环境共同体。

（二）推动国际交流，健全"区域"环境治理合作机制平台

利用中国的政治及经济优势，健全"区域"环境治理合作机制平台。推动联合国倡导下的全球、区域、次区域、国家和各级地方的合作，以加强海洋科学研究领域的协作、知识共享和最佳做法交流机制。[①]同时，要认识到发展中国家、特别是小岛屿发展中国家和最不发达国家有限的能力与应对巨大挑战之间的矛盾。加强并落实与其他国家之间的"区域"合作开发项目，同时鼓励国内公私营企业与相关国家合作从事"区域"资源的开发活动。在共同利益的基础上加强国际协调合作，增强政治互信，共同承担"区域"环境治理的重要责任。

---

① 《联合国第 A/71/312 号决议：我们的海洋、我们的未来、我们的责任：宣言草案》，https://documents-dds-ny.un.org/doc/UNDOC/GEN/N22/389/06/PDF/N2238906.pdf? OpenElement，2022-11-12。

（三）积极劝和促谈，化解"区域"环境治理的国家间冲突

各国对"区域"环境治理方面的分歧不断，与"区域"环境治理相关的 BBNJ 协定，经过多轮谈判仍未达成共识。针对各国在"区域"规则制定上的矛盾，化解冲突是根本之策。中国要在联合国发挥斡旋主渠道作用的基础上，积极做"区域"规则制定过程中的参与者、推动者、引领者，积极劝和促谈，促进各国树立大局观念和大局意识，平衡各国家和团体之间的利益。中国要与国际海底管理局和国际组织在"区域"活动中积极互动，携手深化"区域"领域的合作，完善沟通机制，坚持通过对话协商、沟通交流，达成共识。

四、坚持和平主权善慧共治的法治原则

（一）坚持合作共赢，建设一个共同繁荣的"区域"环境

倡导各国以共同的身份和视角看待"区域"环境问题，基于共识而产生认同感和归属感。坚持合作共赢，实现合作方式多样化、开发主体多元化。中国政府已在 2022 联合国海洋大会上作出承诺，将通过"一带一路"倡议和全球发展倡议持续向发展中国家特别是小岛屿国家提供援助，同时支持建立全球蓝色伙伴关系合作网络，[①]为人类和平开发利用"区域"资源发挥积极的作用，从而达到造福全人类的最终目标。

（二）坚持交流互鉴，建设一个开放包容的"区域"环境

"区域"问题，不只是一个国家的问题，需要世界各国齐心协力。国家间的平等互信，是展开海洋合作的基础，各国间应秉持平等和尊重，摒弃傲慢和偏见，要把平等相待、互尊互信挺在前面。[②]各国要加深对自身利益和人类共同利益的认知，推动国家间交流对话、和谐共生，加强各国间的信息沟通、经验交流与技术分享。中国应推动发展"蓝色伙伴关系"，

---

① 《中国代表团出席 2022 联合国海洋大会》，https://www.mnr.gov.cn/dt/mtsy/202206/t20220628_2740102.html，2022-11-12。

② 《习近平在博鳌亚洲论坛 2021 年年会开幕式上的视频主旨演讲》，https://baijiahao.baidu.com/s?id=1697525092404493507&wfr=spider&for=p，2022-11-12。

以开放包容为理念引领基于"区域"环境的科学、技术、创新等方面的国际合作。

(三) 坚持绿色低碳，建设一个清洁美丽的"区域"环境

中国积极响应联合国关于推动各国加快落实《2030 年可持续发展议程》发展的倡议。支持全球"区域"环境领域的倡议和国际合作，共同支持联合国发挥作用。在"区域"资源开发过程中应当保护人类共有的"区域"环境，重视海洋资源开发与利用的可持续性，坚持绿色低碳，合理地开发"区域"资源，实现对"区域"资源公平、合理的可持续开发利用。要增进"区域"惠民全球福祉，保护"区域"资源与生物多样性，建设一个清洁美丽的"区域"环境，实现创新、协调、绿色、开放共享发展。

第二章　主要国家和国际组织参与"区域" 环境治理的实证分析

第一节　美法日德等海洋强国参与"区域"环境治理的实证 分析

一、美国参与"区域"环境治理的实证分析

（一）美国参与"区域"环境治理的国内实践分析

1. 1980 年《深海海底硬矿物资源法》涉及的"区域"环境保护

美国作为世界上唯一的超级强国，在多个领域占据世界主导地位，尤 其是在海洋领域，美国不仅有强大的海军舰队，还有着先进的勘探开发设 备。与我国不同，美国并不是《联合国海洋法公约》的缔约国，所以关于 "区域"的立法并不受到《联合国海洋法公约》所规定的平行开发制的制约， 因此美国在 1980 年制定了《深海海底硬矿物资源法》，后转变为美国 U. S. C. （United State Code，即《美国法典》）的一部分。美国设立该法律 的目的在于促进对于"区域"勘探和商业开采过程活动过程中的环境保护。

（1）开采许可制

美国的采矿人必须在勘探开发之前通过申请、转让等方式合法取得许 可证，审批人必须在考量相关因素之后，决定是否对其发放许可证。其中 第 1 条第 105 部分[①]中要求采矿人在提交审核的勘探和开采计划中必须列入

---

① United States：Deep Seabed Hard Mineral Resources Act Title I SEC. 105，available at：https:// www.ftc.gov/legal-library/browse/statutes/deep-seabed-hard-minerals-act，accessed Nov. 18，2022.

环境保护的内容，审批人应充分考虑该许可可能带来的任何环境影响，主要包括：自然深海海底生物的多样性；最可能受商业回收活动影响的主要底栖生物、中（水）层生物和表面生物的生活史；商业回收对深海海底生物群的长期和短期影响；评估海底加工活动的影响。①如果申请人提交的内容中所载明的商业开采活动在所选定的矿区造成了环境质量的严重不利影响，且这种影响无法通过其他合理限制避免，那么将会导致提出的申请不被批准。②

（2）严格的持续评价体系

a. 建立稳定的环境对照区

《深海海底硬矿物资源法》第 1 条第 109 部分通过单独的部分对于环境保护做出了规定，其中（f）小节规定，在《深海海底硬矿物资源法》颁布实行的一年之内，国务卿（secretary of state）应当与管理机关部长（Administrator）在咨询国际意见之后设立问题的参考区域，该区域内不曾开展过任何深海探矿活动。管理机关将以该区内的海洋生物、植物以及海洋环境作为 "区域" 内资源和环境的评价标准。③

b. 采矿人的持续信息披露制度

采矿人在进行深海开采过程中需要对采集量进行记录，并且编纂成册。《深海海底硬矿物资源法》赋予联邦和经授权的州代表对采矿人的任何账簿、文件和记录进行检查的权力。此外，采矿人还被要求向管理人员提交合理需求的数据和其他信息，作为发放、撤销、修改、暂停许可证的评价标准，并且管理人员可以在合理的情况下向任何人提供这些数据。④

----

① United States：Deep Seabed Hard Mineral Resources Act Title I SEC. 109（a）（2），available at：https://www.ftc.gov/legal-library/browse/statutes/deep-seabed-hard-minerals-act，accessed Nov. 18，2022.

② United States：Deep Seabed Hard Mineral Resources Act Title I SEC. 105（a）（4），available at：https://www.ftc.gov/legal-library/browse/statutes/deep-seabed-hard-minerals-act，accessed Nov. 18，2022.

③ United States：Deep Seabed Hard Mineral Resources Act Title I SEC. 109（f），available at：https://www.ftc.gov/legal-library/browse/statutes/deep-seabed-hard-minerals-act，accessed Nov. 18，2022.

④ United States：Deep Seabed Hard Mineral Resources Act Title I SEC. 113，available at：https://www.ftc.gov/legal-library/browse/statutes/deep-seabed-hard-minerals-act，accessed Nov. 18，2022.

c. 许可证的条件和例外

依据《深海海底硬矿物资源法》,审批人在为采矿人颁发的许可证上应当载明许可存续的条件和采矿人应当使用最佳的可用技术进行开采作业。[①]这种规定实质上要求采矿人在审批人的监督管理之下使用最为先进的环保开发技术,即尽可能减少对环境的影响。这样的条款赋予了审批人要求采矿人不断改进技术的权力,只有因为改进技术的成本过高,才可以不予改进,从而实现环境与经济效益的最大化平衡。

d. 法律责任

在采矿人进行勘探和开采活动的过程中,如果采矿人实质上违反《深海海底硬矿物资源法》的任何规定或者许可证上载明的条款、条件或限制,审批人可以对采矿人进行除了依据第302部分需要进行评估的民事罚款责任[②]之外的任何罚款;或者中止或吊销已颁发的许可证,并视情况可以中止或修改此类许可或许可证下的任何勘探开发活动。[③]

2. 美国关于海洋酸化的环境治理的实证分析

美国一直高度重视海洋酸化问题,早在2013年根据美国加州大学戴维斯分校公布的一项最新研究显示,海洋酸化可能造成的影响类似对海洋生态系统的灭绝,而现在由海洋酸化所造成的不利影响,可能会导致生态系统的完全改变。海洋酸化不仅会造成一些海洋物种的灭绝,而且还会使整个海洋生态系统退化。目前,美国关于海洋酸化问题主要通过国家立法的形式进行规制,以下四部法律建立起美国海洋酸化环境保护的国内法体系。

---

① United States：Deep Seabed Hard Mineral Resources Act Title I SEC. 109（b），available at：https://www. ftc. gov/legal-library/browse/statutes/deep-seabed-hard-minerals-act，accessed Nov. 18，2022.

② United States：Deep Seabed Hard Mineral Resources Act Title I SEC. 302（a），available at：https://www. ftc. gov/legal-library/browse/statutes/deep-seabed-hard-minerals-act，accessed Nov. 18，2022.

③ United States：Deep Seabed Hard Mineral Resources Act Title I SEC. 106（a）（2），available at：https://www. ftc. gov/legal-library/browse/statutes/deep-seabed-hard-minerals-act，accessed Nov. 18，2022.

a.《联邦海洋酸化研究和监测法案》(*Federal Ocean Acidification Research and Monitoring Act of 2009*)

该法律的制定就是为了对海洋酸化问题进行监控，其方式是通过多部门协调制定跨部门执行计划，对海洋酸化过程和海洋生物、生态系统的变化进行现状调查，力求建立有效的海洋酸化监测方案。[1]其中对于海洋酸化直接进行的管理部门是美国国家海洋和大气管理局，该机构主要对多部门意见进行整理归纳，制定海洋酸化监测方案，持续评估因海洋酸化对区域和国家 (regional and national) 的生态系统以及社会经济的影响。[2]

通过该法案，美国建立起海洋酸化治理体系，主要是由国际科学和技术理事会建立海洋科学和技术联合小组委员会，其中由美国国家海洋和大气管理局、美国国家科学基金会、美国国家航空和宇宙航行局等联邦机构作为小组委员会成员，并由国家海洋和大气管理局的代表出任小组委员会的主席。[3]该委员会需要制定符合法律的战略研究计划 (Strategic Research Plan)，计划需要包含海洋酸化科学研究计划、十年内优先研究的海洋问题、描述具体的研究活动、提出海洋酸化治理的科学研究和相关预算以及促进利益相关人员数据和信息交流的方案。[4]对于该机构的报告义务，该法案要求委员会在 2009 年 3 月 30 日之前提交初步报告 (Initial Report) 并在之后提交为期两年的定期报告。[5]综上所述，《联邦海洋酸化研究和监测法案》主要规定了联邦层次的相关机构关于海洋酸化治理的多机构合作机

---

① 33 U. S. Code § 3701—Purposes (a) (1)，available at：https://www.law.cornell.edu/uscode/text/33，accessed Nov. 18，2022.

② 33 U. S. Code § 3701—Purposes (a) (2)，available at：https://www.law.cornell.edu/uscode/text/33，accessed Nov. 18，2022.

③ 33 U. S. Code § 3703—Interagency Subcommittee (a)，available at：https://www.law.cornell.edu/uscode/text/33，accessed Nov. 18，2022.

④ 33 U. S. Code § 3704—Strategic research plan (a) (b)，available at：https://www.law.cornell.edu/uscode/text/33，accessed Nov. 18，2022.

⑤ 33 U. S. Code § 3703—Interagency Subcommittee (c)，available at：https://www.law.cornell.edu/uscode/text/33，accessed Nov. 18，2022.

制，并分条对委员会成员的职责进行了单独规定，除此之外，对于每一个机构可以获得财政支持也作出了明确的数额规定。

b.《沿海社区海洋酸化法案 2019》（*H. R. 1716—Coastal Communities Ocean Acidification Act of 2019*）

该法案主要为了指示国家海洋和大气管理局局长对与海洋酸化有关的沿海社区脆弱性进行评估，并对《联邦海洋酸化研究和监测法案》部分条款进行修正，要求委员会应进行海洋酸化沿海社区脆弱性评估，并发布相应的公开报告，该报告应至少每 7 年更新一次。该法案同时要求委员会将沿海社区对本社区酸化脆弱性评估报告进行收集汇总，并作出评价是否可以作为其他社区的评估方案范本，是否可以作为国际海洋和大气管理局管理工作的示范。[①]

综上所述，该法案作为对于《联邦海洋酸化研究和监测法案》有关规定的发展，将海洋酸化持续的研究和评估工作下放至各沿海社区、委员会及国家海洋和大气管理局进行统筹规定，很大程度上减少了海洋酸化治理的国家支出，并且通过这种方式能够更准确、更及时地对海洋酸化程度的变化作出应对措施。

c.《海洋酸化创新法案 2019》（*H. R. 1921—Ocean Acidification Innovation Act of 2019*）

该法案设立目的主要是授权联邦机构为与海洋酸化相关的创新或管理建立竞赛奖项，[②]并获得 2020 年—2024 财年拨款，以激励社会团体积极参加国家海洋酸化治理体系当中。该法案授权与海洋酸化治理的任一联邦机构可以设立海洋酸化治理项目创新的竞赛并授予奖励，旨在提高美国对于

---

① 　H. R. 1716—Coastal Communities Ocean Acidification Act of 2019 Section 3 COASTAL COMMUNITY VULNERABILITY ASSESSMENT（c），available at：https://www.congress.gov/bill/116th-congress/house-bill/1716，accessed Nov. 18，2022.

② 　H. R. 1921—Ocean Acidification Innovation Act of 2019' To authorize Federal agencies to establish prize competitions for innovation or adaptation management development relating to ocean acidification，available at：https://www.congress.gov/bill/116th-congress/house-bill/1716，accessed Nov. 18，2022.

理解、研究、监测海洋酸化及其影响的能力。①

d.《2021 年沿海和海洋酸化压力源和威胁研究法案》（*Coastal and Ocean Acidification Stressors and Threats Research Act of 2021*）

2019 年 2 月，美国通过《2021 年沿海和海洋酸化压力源和威胁研究法案》，该法案对 2009 年《联邦海洋酸化研究和监测法案》（*Federal Ocean Acidification Research and Monitoring Act of 2009*）进行了修订。该法案内容包括建立海洋酸化咨询委员会，扩大和改进海洋酸化和沿海酸化的研究，建立和维护海洋酸化数据和沿海酸化数据的数据存档系统，并加强联邦政府在研究和监测方面的投资，旨在通过上述措施帮助沿海社区更好地了解和应对环境压力因素对海洋和河口的影响。

综上所述，美国通过法案的方式激励民间和社会团体积极加入国家海洋酸化治理体系，包括海洋酸化的基础研究、持续监测、影响消除等方面，能够有效达到集思广益的效果，有效提高美国海洋酸化的治理能力。

3. 美国关于海洋噪声的环境治理实证分析

美国国家海洋和大气管理局（National Oceanic and Atmospheric Administration，NOAA）致力于从多个方面更好地理解和管理海洋声音，尤其是在保护鲸类动物和其他类型的海洋生物方面。2011 年，NOAA 启动鲸类声音项目，该项目提供两个地图工具：声音地图和鲸类地图。前者主要绘制噪声的时间和位置，而后者可以显示特定时间在给定区域内有多少鲸类。该信息有助于确定海洋动物应在何处繁衍和觅食，确定其小规模或固定的聚集处以及迁徙路线，以便更好地了解海洋噪声是如何影响海洋生物的。NOAA 指出，需要进一步了解的是，在不同的海洋环境中的噪声有多大，以及这些噪声水平如何随时间变化。

---

① H. R. 1921—Ocean Acidification Innovation Act of 2019 SEC. 2. PRIZE COMPETITIONS (a)（b），available at：https://www.congress.gov/bill/116th-congress/house-bill/1716，accessed Nov. 18，2022.

2016 年 NOAA 发布《海洋噪声战略路线图》[1]，该《路线图》勾勒了该机构应对海洋噪声的十年计划，包括其各个办事处合作制定的一项"海洋噪声战略"，该战略旨在确保 NOAA 在未来 10 年内更全面地解决噪声对海洋生物及其栖息地的影响。NOAA 表示，实现该战略有四个整体目标：（1）科学：填补关于海洋噪声的关键知识空白，并建立对海洋噪声生态相关层面影响的理解；（2）管理：将行动整合到整个机构中，并将海洋噪声对海洋生物及其栖息地的紧急的、长期的和累积的影响降至最低；（3）决策支持文书：NOAA 正在开发可公开获取的文书，以评估、规划和缓解生态相关层面的噪声活动；（4）延伸工作：NOAA 正在就噪声影响对公众进行教育，与利益相关者交流，并在国际上协调相关工作[2]。

整体来看，《海洋噪声战略路线图》是一个高级指南，是在更高层面的宏观调控，而不是程序级操作的说明性清单。该文件总结支持海洋噪声战略目标的科学现状，详细介绍 NOAA 相关的管理和科学能力，并建议可以采取的跨机构行动，以实现对噪声影响的更全面的管理。从根本上讲，《路线图》是一个组织工具，可以召集多个 NOAA 办事处，以更加综合和全面的方式解决海洋噪声的影响。其提出一系列关键目标和建议，以增强 NOAA 在不断变化的声学环境中管理物种及其栖息地的能力。

此外，美国 1972 年实施的《海洋哺乳动物保护法》[3] 旨在保护濒危的海洋哺乳动物，该法的主要目的是将海洋哺乳动物数量保持在"最优可持续数量"。但由于这部法律主要规制猎杀海洋哺乳动物及其侵扰栖息地的行为，因此将其应用于抑制海洋噪声似乎显得不足，也缺乏相应的措施。

除了国家层面的政策或者法规，美国个人和组织层面的对海洋噪声的关注也不容小觑。美国一些环保组织就曾针对海军训练中使用的声呐系统

---

[1]　参见 https://oceannoise.noaa.gov/sites/default/files/2021-02/ONS_Roadmap_Final_Complete.pdf，2022-11-16。

[2]　参见 https://www.fisheries.noaa.gov/national/science-data/ocean-noise，2022-11-16。

[3]　16 U. S. Code § 1361—1407，available at：https://www.law.cornell.edu/uscode/text/16/chapter-31，accessed Nov. 18, 2022.

问题将美国海军告上法庭。该问题由来已久，已经经历过多次起诉和应诉活动。如在 2013 年，美国国家海洋渔业局批准美国海军在南加州和夏威夷之间的海域进行为期五年的声呐和实弹训练。美国环保组织就其表示了严重的斥责和反对，认为海军军事训练中使用的声呐会对海洋哺乳动物产生不可避免的伤害，应当停止声呐训练。于是，美国环保组织就此事向夏威夷联邦法院提起诉讼。实际上，美国海军在训练中已经采取一定程度的保护措施减轻声呐对海洋哺乳动物的伤害，例如在训练中遇到在附近海域有大型哺乳动物，海军将停止使用声纳等威胁其生存的训练内容，并承诺在夏威夷训练海域设立座头鲸保护区，但环保组织认为一些海洋哺乳动物已经濒临灭绝，此种程度的保护措施远远不能抵消掉对海洋哺乳动物的生存破坏。美国海洋哺乳动物研究所表示在海域中进行声呐等军事训练确实会危害海洋哺乳动物，应对训练事件、地点等有所限制，禁止在海洋哺乳动物的重要繁殖区域进行这类军事训练。2013 年 9 月，美国联邦法院认为美国海洋渔业局批准海军声呐军事训练时未考虑其可能对海洋哺乳动物造成的伤害，要求重新评估此次军事训练，但并没有强制美国海军终止正在进行的声呐军事训练。[①]因此，在保护海洋动物免受海洋噪声的影响方面，美国环保组织取得了一次小小的胜利。但是除了美国海军承诺采取的减轻措施之外，环保组织并没有能够实际阻止美国海军的声呐军事训练。

（二）美国参与"区域"环境治理的国际实践分析[②]

1. 美国参与《世界环境公约》制定的实证分析

美国在第 72 届联合国大会进行对《世界环境公约》表决之前的解释投票发言中表示，美国反对联合国进行世界环境公约的订立程序。其理由主要是围绕着《世界环境公约》内容不必要、概念不清晰，实际上不能够对现有环境制度做出贡献。美国认为综合现有草案内容，《世界环境公约》名不副实，此次会议对其通过仅仅是各成员国先入为主的判断，在没有进

---

① 张立雅：《浅析美国〈海洋哺乳动物保护法〉》，《现代交际》2018 年第 13 期，第 46—47 页。

② 参见 http://documents.un.org 文件编号：A/72/PV.88，2022-11-19。

行有效、公开、透明的讨论前提下，该公约不能够成为解决环境保护的国际立法新趋势。

（1）强调环保资金筹措方式的重要性①

美国代表在联合国大会上发言认为，先前各缔约国通过有效合意达成的关于环境保护的国际环境法律体系，不论是实质内容上还是具体的执行措施上都是经过深思熟虑的，对于其中未作出明确规定的并不是法律漏洞。与其探讨如何制定出新的国际公约，不如考虑环保资金如何进行筹措，以及筹集到的资金如何有效帮助到需要的人。美国对此认为由于时代变迁，国际金融环境已发生根本性变化，先前制定的多边国际环境条约中"分两步走"（bifurcated approach）的方式已经难以适应当今的全球金融状况，应当制定新的规则，将国际援助集中于真正有需要的国家。

（2）重申国际环境法律体系的空白系有意为之②

在经过《世界环境公约》小组研讨会之后，美国代表重申现有的国际环境法律体系对于特定问题的空白不是立法时的缺陷，而是缔约各国基于本国的公共利益和国家主权所做的消极性处理。此外美国代表认为，不论是将新的《世界环境公约》定义为更高层次的环境法律原则，还是对现有法律体系的补充都难以在联合国成员国之间达成一致意见。此外，世界环境保护手段并未有显著的提高，此时对于先前环保法律体系之中的空白问题作出规定，本身就是对原有条约的削弱，难达成合意。因此，美国代表认为，基于当下环境保护手段的局限性，重新制定《世界环境公约》既是不必要的，也是不可行的。

2. 美国参与 BBNJ 协定草案制定的实证分析

（1）第一次政府间会议

a. 界定《国家管辖范围外区域生物多样性养护和可持续利用国际协定》（草案）（BBNJ 协定草案）与《联合国海洋法公约》的关系

---

① 参见 http://hdl.handle.net/20.500.11822/27752，2022-11-19。

② 参见 https://wedocs.unep.org/bitstream/handle/20.500.11822/27980/US_proposal.pdf? sequence=1&isAllowed=y，2022-11-21。

关于 BBNJ 协定草案和《联合国海洋法公约》的效力关系上，美国代表认为保持两部公约的一致性是必要的，尤其是依据《联合国海洋法公约》所设立的机构不应该被取代。同时，对于利益共享制度的谈判，美国代表表示关注，并提出关于 BBNJ 协定草案需要做到既保证国家的主要利益，还需要能够在各国之间达成共识①。

b. 关于世界海洋及其资源的可持续利用和管理及科技发展

美国代表在 BBNJ 协定草案制定的会议上指出蓝色经济的核心是海洋生态环境的健康性和可再生性，其中科学的治理是保持和改善现有环境状态的唯一方法。美国代表倡议 BBNJ 协定草案的制定过程应当充分考虑到现代科学技术的发展，并制定基于自然科学、符合现有国际海洋保护法律体系的草案。②

c. 加强环境评估的国际合作

美国认识到海洋环境评估结果对于海情和国情的发展趋势有着重要的影响。美国代表认为，BBNJ 协定草案应当积极鼓励各国设立合理的持续监测程序，依托最新的科学技术，对海洋环境进行有效的评估，并根据该评估结果改善政府决策。③

美国代表同欧盟代表在环境影响评估的能力建设和技术转让方面提出加强缔约国之间的信息共享，美国拟设立关于环境评估手册的专门数据库，为各国开放权限，以了解美国国内海洋环境评估的有效做法。④

d. 关于海洋开发活动

美国代表表示，美国不认为海洋属于人类共同遗产，并且就该问题同日本达成合意。美国主张对于国家管辖范围以外地区的海洋遗传资源应当自由获取，特别是鱼类不应作为商品，也不应该受到管制。就此美国代表认为自由获取的基础在于，海洋生物遗传资源作为对于科技发展有着重要

①② 参见 https://www.un.org/press/en/2018/sea2077.doc.htm，2022-11-25。
③ 参见 https://www.un.org/press/en/2018/sea2082.doc.htm，2022-11-30。
④ 参见 https://www.un.org/press/en/2018/sea2078.doc.htm，2022-11-30。

作用的要素，任何从事科研的个人和机构自由获得遗传资源是进行充分科学研究的前提条件。①

e. 推行自由的海洋环保理念

第一，对于相关海洋环保技术，美国认为应当自由地转让，让先进的治理技术在缔约国之间充分流转，只有这样才能够更好地实现对于海洋环境治理的国际合作机制。②

第二，对于海洋环境保护的资金筹措方案，美国同欧盟一致认为选择强制性基金将不利于发达国家关于海洋环境保护的参与度，应当选择资源信托基金以及其他非强制的资金筹措方式。③

综上所述，通过美国在 BBNJ 协定草案第一次政府间会议过程中的发言可以看出，美国在第一次政府间会议中占据着主导地位，要求推行美国国内成熟的经验，并积极在会议之后同其他国家就新的方案进行磋商，提出以其为主导的新范本，④并且拒绝为发展中国家提供 BBNJ 协定草案下的优惠政策。⑤

（2）第二次政府间会议

a. BBNJ 协定草案的科学性和一致性

在第二次政府间会议上，美国代表认为 BBNJ 协定草案的出现将有利于各国就海洋环境、生物资源保护上做出更为科学的规定，因此 BBNJ 协定草案中具体措施的拟定必须符合现有科技发展水平，⑥协定草案的制定过程应当吸纳民间社会团体的研究成果和治理经验作为科学实践经验，并作为对草案内容的一种检视。⑦此外，美国代表认为 BBNJ 协定草案在原则和准则的规定上必须与《联合国海洋法公约》保持一致，重视两者之间"微

① 参见 https://www.un.org/press/en/2018/sea2083.doc.htm，2022-11-30。
②③ 参见 https://www.un.org/press/en/2018/sea2078.doc.htm，2022-11-30。
④ 参见 https://www.un.org/press/en/2018/sea2085.doc.htm，2022-11-25。
⑤ 参见 https://www.un.org/press/en/2018/sea2082.doc.htm，2022-11-30。
⑥ 参见 https://www.un.org/press/en/2019/sea2093.doc.htm，2022-11-30。
⑦ 参见 https://www.un.org/press/en/2019/sea2096.doc.htm，2022-11-27。

妙的平衡"。①

b. 重视海洋保护的目的导向作用

美国代表认为 BBNJ 协定草案的制定应当以海洋环境保护能力建设和海洋技术转让的需求为导向，制定能够保障各国海洋治理能力提升和海洋技术公平、公开、有效的转让的草案。②

综上所述，BBNJ 协定草案的科学性是美国代表反复强调的。如前所述，纵观各国国内法律体系，美国无疑在海洋环境保护方面具有领先地位，本国相关机构和国内民间团体对于海洋环境治理能力和治理方法有着足够多的经验。美国通过国内立法实现海洋环境保护科技和治理能力的优势地位，据此在 BBNJ 协定草案的制定过程中确立符合美国现状的标准。

（3）第三次政府间会议

a. 美国对 BBNJ 协定草案效力范围和利益分配的重申

美国代表认为，美国是一个海洋大国，也是世界上海洋研究能力建设的主要国家，美国努力保护公海的海洋资源并维持蓝色经济。美国代表认为草案必须以科学为基础，并确保它不会破坏或重复现有文书。美国代表认为草案不应成为许多人可以接受的工具，同时又将主要利益相关者排除在外，也就是说美国要求草案在成为世界各国治理海洋环境依据的同时，也需要着重对于相关利益主体的权利进行额外的保护。③

在第三次政府间会议上，77 国代表认为需要对草案目标的具体措施，即保护和可持续利用国家管辖范围以外的海洋地区，以及实现该目标的方式进行具体的规定，新加坡和瑞士代表认为对于草案的效力范围应当约定在所有缔约国之间，而对其他参与者不进行详细的约束，强调草案只在缔约国之间适用，美国代表对此表示明确的支持。④

①　参见 https://www.un.org/press/en/2019/sea2095.doc.htm，2022-11-27。
②　参见 https://www.un.org/press/en/2019/sea2099.doc.htm，2022-11-30。
③　参见 https://www.un.org/press/en/2019/sea2108.doc.htm，2022-11-30。
④　参见 https://www.un.org/press/en/2019/sea2099.doc.htm，2022-11-27。

b. 要求建立预防性措施

美国同欧盟代表一致认为对于海洋环境保护不宜采用"原则"（principle）的方式进行规定，因为原则意味着大量的法律实践指向的法律结论。因此对于海洋环境保护应当采用正常的方式，即通过"方法"（approach）的方式，以科学为基础确定海洋保护区，有针对性地预防保护，才能够发挥各国在海洋环境保护方面的能动性。美国代表认为，对于海洋环境保护的标准中不应当针对气候变化等问题，因为关于气候变化的问题应当由其他相关公约进行调整，若要规定，则应当明确地指向气候变化的脆弱性。①

c. 关于海洋环境保护能力建设和技术转让的方式

美国代表认同欧盟代表关于海洋环境保护能力建设和技术转让的观点，认为草案应当保留关于海洋环境保护能力建设和技术转让的条款，对于能力建设要求和技术转让方式应当由各个国家决定，而不是通过草案条文的方式来规定。此外，美国代表认为，草案中约定的受援国需要由缔约国通过集体会议的方式进行评估，确定是否对其进行援助。②

综上所述，在第三次政府间会议上，美国代表保持了关于草案的一贯态度，积极地参与讨论，要求对于草案的调整范围以及具体表述进行讨论③与修正。

（4）第四次政府间会议

a. 海洋遗传资源及其惠益分享问题

在海洋遗传资源收集与获取问题上，美国与欧盟保持一致，倾向于通知制度；中国、非洲集团等倾向于许可证制度。在惠益分享制度上，美国与欧盟、英国等主体表示支持强制性规定，赞同公平公正地分享。在惠益

---

① 参见 https://www.un.org/press/en/2019/sea2111.doc.htm，2022-12-01。

② 参见 https://www.un.org/press/en/2019/sea2111.doc.htm，2022-11-30。

③ 参见 https://www.un.org/press/en/2019/sea2116.doc.htm，https://www.un.org/press/en/2019/sea2117.doc.htm，2022-12-06。

分享监测上，美国、英国、俄罗斯认为不必要单独设立监测机制。①

b. 划区管理工具包括海洋保护区等措施

确定划区管理工具时是考虑"预防性方法（approach）"还是"预防性原则（principle）"。非洲国家集团、欧盟等支持预防性原则，而美国等国家则支持预防性方法的概念。②

c. 环境影响评估

关于 BBNJ 协定草案中环境影响评价的启动门槛以及标准，环评的触发条件是一个还是多个，标准应该如何确定的问题，美国和中国等支持单一触发机制，欧盟、新加坡等支持多个触发。③

二、法国参与"区域"环境治理的实证分析

（一）法国参与"区域"环境治理的国内实践分析

1. 法国 1981 年《深海海底矿产资源勘探和采矿法》④

第三次联合国海洋法会议的基本目标之一就是拟定一项关于深海海底采矿的公约，法国继美国和英国之后在 1981 年 11 月 24 日通过《深海海底矿产资源勘探和采矿法》。

（1）立法目的

《深海海底矿产资源勘探和采矿法》的立法目的在于让法国的国内法人能够有资格在"区域"勘探和开采多种海底矿物、金属资源。为此法国通过编号为 No. 81—1135 法，从国内法和国际法的角度加强对于国内利益主体的保护，以求在国际法层面获得"区域"资源的公平分配。⑤

（2）开采许可制

1981 年《深海海底矿产资源勘探和采矿法》规定，任何对深海海底矿

---

①②③　参见 http://www.cibos.whu.edu.cn/index.php?id＝1898，2022-11-18。

④　见 https://www.jstor.org/stable/20692477，2022-12-06。

⑤　France：Law on the Exploration and Exploitation of Mineral Resources of the Deep Seabed Article 1，available at：https://www.jstor.org/stable/20692477?seq＝1 ＃ metadata_info_tab_contents，accessed Nov. 18，2022.

物资源的勘探和开发必须获得许可证，并且此类许可证只能发放给法国法人。[①]但是法国作为欧共体（ECC）的成员国之一，根据欧共体的规则，任何欧共体成员国的法人具有与法国法人相同的法律地位，因此欧共体的成员国的法人能够和法国法人同样获得开采许可证。该法规定，只有开采才需要获得许可证，单纯的勘探不受任何手续的限制，可以自由进行。

此外，该法规定任何采矿人在采矿过程中每开采一吨原料，需要缴纳价值 3.75％ 的税费，用于国家管理。[②]

（3）环境保护的义务

1981 年《深海海底矿产资源勘探和采矿法》规定采矿人必须遵守法国在海洋环境保护方面的国际法义务，并且在开采过程中不得不适当地干涉公海自由的行使。[③]对于违反该条规定的采矿人，应处以 50 000—500 000 欧元（2022 年合人民币 377 315—3 773 150 元）的罚款，此外重复违法的将处以两倍罚款。[④]

采矿人在开采过程中，需要遵守法国《安全、卫生和警察条例》（*security, hygiene and police regulation*）尤其是确定的对于海洋动植物保护的条例，违反该条例的许可证将会被撤回，即开采人丧失开采资格。[⑤]

---

① France: Law on the Exploration and Exploitation of Mineral Resources of the Deep Seabed Article 2, available at: https://www.jstor.org/stable/20692477?seq=1#metadata_info_tab_contents, accessed Nov. 18, 2022.

② France: Law on the Exploration and Exploitation of Mineral Resources of the Deep Seabed Article 12, available at: https://www.jstor.org/stable/20692477?seq=1#metadata_info_tab_contents, accessed Nov. 18, 2022.

③ France: Law on the Exploration and Exploitation of Mineral Resources of the Deep Seabed Article 9, available at: https://www.jstor.org/stable/20692477?seq=1#metadata_info_tab_contents, accessed Nov. 18, 2022.

④ France: Law on the Exploration and Exploitation of Mineral Resources of the Deep Seabed Article 15 (2), available at: https://www.jstor.org/stable/20692477?seq=1#metadata_info_tab_contents, accessed Nov. 18, 2022.

⑤ France: Law on the Exploration and Exploitation of Mineral Resources of the Deep Seabed Article 14 (c), available at: https://www.jstor.org/stable/20692477?seq=1#metadata_info_tab_contents, accessed Nov. 18, 2022.

（二）法国参与"区域"环境治理的国际实践分析

1. 法国推动《世界环境公约》制定的实证分析

（1）法国起草《世界环境公约》的过程

洛朗·法比尤斯（Laurent Fabius，法兰西共和国宪法委员会主席，巴黎气候会议前主席）主持了一项准备引入和最终采用《世界环境公约》的倡议，该项目与自然保护联盟世界环境法委员会（WCEL）密切合作，并得到扬·阿吉拉（Yann Aguila）领导的法学家俱乐部（法国一个著名的智囊团）环境委员会的业务支持，起草委员会于 2017 年 6 月 23 日召开会议，由深夜会议组成的 30 人委员会得出结论，并最终确定公约草案的 26 条内容。

（2）法国参与欧洲议会举行的全球环境公约会议

法国作为欧盟成员国之一，在联合国提出的议案需要获得欧盟的支持，为此法国法学家俱乐部于 2019 年 2 月 6 日在布鲁塞尔欧洲议会上提出《世界环境公约》草案。与会代表就草案的法律框架、环境权利的新机会等议题进行广泛的讨论。①

（3）法国百名律师呼吁通过《世界环境公约》

2018 年 10 月 9 日，包括法学家俱乐部环境委员会主席扬·阿吉拉（Yann Aguila）、巴西国家高等法院法官赫本·本杰明（Antonio Herman Benjamin）、英国最高法院罗伯特·卡旺斯（Lord Robert Carnwath）等在内的 100 人共同签署关于《世界环境公约》的意见书，意见书认为若通过《世界环境公约》，国际社会将首次为自己制定一项涵盖所有环境领域的一般性条约。作为国际环境法的基石，《世界环境公约》将是一个"保护伞文本"，使现有的各种部门条约（气候、生物多样性、废物、污染等）之间能够建立联系。该公约不打算取代这些案文，相反，它的目的是补充和促进它们的执行。因此，它可以填补它们的空白，或在没有不相容的情况下逐步适用于它们，以便使它们更加有效。②

---

① 参见 https://www.leclubdesjuristes.com/conference-au-parlement-europeen-autour-du-pacte-mondial-pour-lenvironnement-le-6-fevrier-2019/，2022-12-13。

② 参见 https://www.leclubdesjuristes.com/appel-des-100-juristes-pour-ladoption-dun-pacte-mondial-pour-lenvironnement/，2022-12-13。

（4）法国生态和包容性转型部长尼古拉斯·休洛特关于《世界环境公约》草案的发言

法国生态和包容性转型部长尼古拉斯·休洛特认为《世界环境公约》草案的诞生使我们的国际机构、民主国家和法律能够适应长期挑战。《巴黎协议》签署 18 个月后，《世界环境公约》草案旨在承认环境法并确认主要原则，例如：污染者付费原则、法律、诉诸司法、赔偿原则或预防原则。他认为保障世界公民的环境权，首先是最脆弱的环境，这是《世界环境公约》的目标。

（5）法国总统马克龙推动联合国关于《世界环境公约》的立法

《世界环境公约》草案系法国提交联合国审议的新时代环境公约，能够有效对"区域"环境进行保护。在世界环境峰会的发言上，法国总统马克龙表示，法国为了进行谈判，已经建立坚实的基础，例如 1972 年《斯德哥尔摩宣言》、1992 年《里约环境与发展宣言》和 2012 年《约翰内斯堡可持续发展宣言》等；所有这些文书都是一个法律工具，使法国与世界各国能够将构成国际环境法的各种要素汇集在一起，成为一个具有约束力的文本，从而使它们雄心勃勃地抵制环境危机所构成的主要挑战。

（6）法国参与达喀尔世界环境公约国际专题讨论会（Colloque international sur le Pacte mondial pour l'environnement à Dakar）

在此次研讨会上，法国认为地球已经形成一个万物相连的生态系统。气候变化对生物多样性有影响；森林砍伐对空气污染有影响；农业实践影响土壤退化。更广泛地说，人类与自然有着相互依存的关系。它是一个复杂系统的一部分，它不能孤立自己。因此，生态危机需要系统性和全球性的应对。在技术和专门环境规则日益增多的情况下，我们现在需要一项一般性案文，制定全世界必须遵守的基本原则，以便加强环境保护。①

---

① 参见 https://www.leclubdesjuristes.com/wp-content/uploads/2018/04/Pacte-mondial-pour-lenvironnement-Appel-de-Dakar-4-mai-2018.pdf，2022-12-13。

（7）法国在拉索邦大学举办国际会议

2019 年 5 月 10 日至 11 日在拉索邦大学举行的国际会议上庆祝了《世界环境公约》草案诞生两周年。来自世界各地的法学家聚集在巴黎，在拉索邦大学（La Sorbonne）召开了《世界环境公约》国际会议，呼吁采取行动。洛朗·法比尤斯认为"我们，法律专家，国际社会成员今天聚集在巴黎的拉索邦大学，呼吁紧急通过《世界环境公约》，该采取行动了"。这项呼吁是针对已于 2019 年 5 月 20 日至 22 日在内罗毕举行的全球契约工作组第三届会议的国家。全球契约工作组的目标是确定契约草案是否会加强国际环境法。对于发起拉索邦大学呼吁的著名法学家来说，答案很明确：世界比以往任何时候都更需要《世界环境公约》，以更好地保护地球。①

三、日本参与"区域"环境治理的实证分析

（一）日本参与"区域"环境治理的国内实践分析

1. 1982 年《深海海底采矿暂行措施法》有关"区域"环境治理部分

日本作为大陆法系国家，国内立法程序较为复杂。为了应对新情势下的"区域"资源开发，日本通过了 1982 年《深海海底采矿暂行措施法》。该法第 1 条就表示其立法目的在于鼓励日本本国采矿人为了国家社会公共利益探索和开发深海海底矿产资源，②并且该法案对采矿人深海探矿活动和分拣、精炼等其他附属业务③进行规制。

（1）开采许可制

同美国、法国一样，日本在《深海海底采矿暂行措施法》中表示，希望从事深海海底采矿的人应指定勘探或采矿地区，并应获得日本经济、贸易和工业部长的许可，这种许可针对的是采矿人特定的业务，也就是说上

---

① 参见 https://www.leclubdesjuristes.com/les-juristes-du-monde-appellent-les-etats-a-agir/，2022-12-13。

② JAPAN Act on Interim Measures for Deep Seabed Mining Article 1.1, available at：https://www.jstor.org/stable/20692545?seq=5#metadata_info_tab_contents, accessed Nov. 18, 2022.

③ JAPAN Act on Interim Measures for Deep Seabed Mining Article 2.2, available at：https://www.jstor.org/stable/20692545?seq=5#metadata_info_tab_contents, accessed Nov. 18, 2022.

文所述的附属业务也需要采矿人在开采之前提交申请。

（2）损害赔偿责任

日本《深海海底采矿暂行措施法》并未对环境保护要求作出直接规定，但是该法通过对采矿人的赔偿责任进行规定，间接地载明采矿活动对于环境造成的实际损害需要由采矿人进行赔偿。《深海海底采矿暂行措施法》规定对于采矿产生的废水排放、碎石屑堆积、矿物烟排放造成的损失，开采人承担无过错责任，也就是说只要因采矿人的行为造成了损失，采矿人就需要承担责任。另外若采矿人为合伙采矿，则合作采矿人需要对损害承担连带责任。[①]对于赔偿责任的范围，《深海海底采矿暂行措施法》通过指引至《日本矿业法》[②] 的形式进行了限制，对于采矿人员在采矿活动中因公负伤、患病、死亡等在《日本矿业法》范围内承担赔偿责任。

（二）日本参与"区域"环境治理的国际实践分析

1. 日本参与《"区域"内矿物资源开发规章》有关环境部分的实证分析[③]

（1）关于相关文件的法律地位问题

日本指出，国际海底管理局关于《"区域"内矿物资源开发规章》的一些准则规定在一些特定的文件中，已表明其具有正当的法律地位。例如，对于采矿排行评估框架的有关准则，日本认为这些规则对于"区域"环境保护具有重要的作用，因此仅仅赋予上述规则以准则的法律地位是不妥的。日本建议将该准则以附件或者附录的方式规定在《"区域"内矿物资源开发规章》中，从而避免各国关于这些规则法律约束力的争议。

（2）关于环保开发行为的担保问题

日本代表认为，国际海底管理局需要明确环保开发行为的担保之设定目

---

① JAPAN Act on Interim Measures for Deep Seabed Mining Article 27.1、27.3, available at: https://www.jstor.org/stable/20692545?seq＝5♯metadata_info_tab_contents, accessed Nov. 18, 2022.

② JAPAN Mining Act Article 111、113、116, available at: https://hourei.net/law/325AC0000000289, accessed Nov. 18, 2022.

③ 参见 https://www.isa.org.jm/node/18802/session/statements♯block-media-2, Agenda Item 11: Draft Regulations for Exploitation of Mineral Resources [Financial Model], 2022-11-19。

的，如果环保开发行为的担保目的是确保获得必要的资金以支付关闭开采活动的费用，那么在开始正式商业化生产之前，要求采矿人支付全部担保可能不是必不可少的。例如，采矿人承诺向国际海底管理局支付开采费用，对于这笔款项，采矿人可以通过分期付款的方式向国际海底管理局支付，以减轻采矿人尚未开始采矿时的资金流压力，同时也对于环保开发做出了担保。

（3）关于开发合同保险条款的问题

日本代表认为，根据国际海底管理局秘书处所公开的文件，为开发合同提供一份适当的保险，是合同的伴随条款。由于保险单中所需要规定的确切条款以及保险条件并未作出明确的规定，因此上述保险条款需要在生效之前在开发规章之中予以明确，具体内容包括为谁保险，保险赔偿给谁等。

此外日本认为，国际海底管理局要求采矿人将国际海底管理局作为保险中的共同被保险人是不具有正当理由的，国际海底管理局必须对此作出进一步说明。

综上所述，日本在《"区域"内矿物资源开发规章》及其附件、附录的制定过程中，对于保险和担保问题尤为重视。从另一方面来说，日本参与规章制定过程中更加关注对于采矿人的权利和商业环境保护，希望通过对规章内容的明确，来吸引更多的本国采矿企业加入对"区域"矿物资源的开采行动。

2. 日本参与海洋生物资源保护的实证分析

日本明确支持联合国制定 BBNJ 协定草案法律文件。在 2019 年 12 月联合国第 74 届会议第 43 次全体会议上，日本代表町田先生指出日本已经深刻认识到养护国家管辖范围以外区域海洋生物多样性的重要性，并将积极参与制定关于保护和可持续利用国家管辖范围以外的区域海洋生物多样性的具有普遍法律约束力的文书。①

日本代表表示，日本十分重视对海洋生物资源可持续利用具有严重威胁的非法、非报告、无管制（IUU）的捕捞进行严厉打击。对于这项工

---

① 参见联合国文件编号：A/74/PV.43 https://undocs.org/en/A/74/PV.43，2022-11-15。

作，日本一方面采用国内可利用的资源加强海上执法能力建设，另一方面日本将进一步参与联合国粮食及农业组织渔业委员会的活动，力求推进海洋生物资源的国际讨论。

3. 日本参与《世界环境公约》制定的实证分析

日本在《世界环境公约》的制定问题上保持着积极主动的态度，日本代表认为制定《公约》的首要任务是各国通过谈判和磋商确定《公约》中的重要内容，也就是现有国际环境法律体系中尚未规定却对环境保护的国际合作具有重要意义的范畴。日本代表认为，先前的国际环境法律体系主要是通过多边环境协定的方式建立的，其调整范围受到当时人类认知的限制，具有一定的历史局限性，而现在社会和生产力都有了很大的发展，先前的规则已经不能适应新的环境问题。但是日本也对《世界环境公约》的具体内容提出一些看法：

（1）不应将相关组织机构认定为法律制度空白

因为现在的法律体系具有一定的局限性，不应当将依现在多边协定设定的组织机构认定为法律规定的空白，可以通过新的公约赋予其新的历史使命，从而实现国际合作的新模式。

（2）担心《世界环境公约》是否能够有效地对环境保护产生作用

日本认为目前全球环境形势极为严峻，此时若是推出一份新的公约，且其内容包含了一些模糊的原则规定，容易与现存的法律体系产生冲突，如何解决新公约和之前法律框架下缔约国的义务冲突问题是需要妥善解决的。

（3）要解决《世界环境公约》的原则性规定在具体适用上的问题

日本代表认为《世界环境公约》仅仅规定了原则性的问题，并未考虑到这些原则可能与现有法律存在具体适用上的冲突，最终可能演变为国际社会的严重分歧，所以起草公约小组在制定过程中需要避免这些问题。

综上，虽然日本在《世界环境公约》的具体内容上持有一些看法，但是就同意《世界环境公约》的制定，日本抱有更为积极的态度，愿意通过讨论的方式来解决公约的具体适用问题，而不像美国那样对公约的制定持消极态度。

4. 日本参与 BBNJ 协定草案制定的实证分析

（1）第一次政府间会议

a. 海洋遗传资源获取

日本代表认为海洋遗传资源能够为人类贡献巨大的利益，其中通过海洋生物的遗传资源进行药物研发，将对人类抵御疾病做出卓越贡献。①但是海洋生物遗传资源的商品化成本昂贵，主要是由于从海洋生物遗传资源转变化为行之有效的医疗产品存在研发、临床试验、推广等一系列费用，日本若无法从国家管辖范围之外的地区获得生物遗传资源，研发成本将会严重影响新型药物的开发。②因此，日本代表同美国代表一样，对限制海洋生物遗传资源的获取抱有极为强烈的反对态度。③

b. 环境评估和利益共享

日本代表在 BBNJ 协定草案和《联合国海洋法公约》的效力关系问题上认为，草案中关于环境评估的规定需要符合《公约》的规定。也就是在环境评估问题上，日本代表认为《公约》对 BBNJ 协定草案实际上是具有约束力，草案不能够推翻《公约》的标准而制定全新的标准，这对于《公约》的一致性将是一种破坏。④

就海洋生物遗传资源所获得的利益，日本代表认为，将所获的海洋生物遗传资源利益进行共享将对科研热情造成极大的伤害，⑤通过自愿共享的机制，实现信息、科技、方法的共享才是可取的。

综上所述，第一次政府间会议中日本代表强调自身关于海洋生物遗传资源获取方式的态度，即自由获取模式，很大程度上体现了日本作为海洋

---

① 参见 https://www.un.org/press/en/2018/sea2077.doc.htm，2022-11-25。

② 参见 https://www.un.org/press/en/2018/sea2083.doc.htm，2022-11-25。

③⑤ France：Law on the Exploration and Exploitation of Mineral Resources of the Deep Seabed Article 12，available at：https://www.jstor.org/stable/20692477？seq＝1＃metadata_info_tab_contents，accessed Nov. 18，2022.

④ France：Law on the Exploration and Exploitation of Mineral Resources of the Deep Seabed Article 2，available at：https://www.jstor.org/stable/20692477？seq＝1＃metadata_info_tab_contents，accessed Nov. 18，2022.

渔业大国关于 BBNJ 协定草案的态度。

（2）第二次政府间会议

a. 专注实质问题

在第二次政府间会议上，日本代表首先认可了各国之间关于意见的交换，但是日本代表认为简单的对于特定表述的争执是没有意义的，各国应当将关注点放在对于各国权利、义务的实质问题之上，只有就实质问题达成共识，随后对于具体条文用词的讨论才能具有成效。①

b. 坚持 BBNJ 协定草案与《联合国海洋法公约》的效力辩证关系

日本代表同第一次会议保持态度一致，认为 BBNJ 协定草案不是对《公约》的推翻，草案应当作为特别的国际条约，对于《公约》所做的倡议性领域应进一步细化，建议通过区域性组织进行磋商，就磋商结果再讨论才能够保证区域范围内的一致和世界范围内的互补。②

c. 阐明信息交换机制

第一次政府间会议虽然认可信息沟通的重要性，但是对于采用何种机制来实现信息的有效流动存在着争议。会上，日本代表认为通过设立全新的机构来进行信息的储存和查询是不必要的，完全可以利用现有政府间海洋学委员的数据库保障信息流动。③

综上所述，在第二次政府间会议中日本扮演了纠偏者的作用，由于 BBNJ 协定草案涉及的利益重大，各国政府都有各自的意见，日本代表积极倡议各国政府先就实质性问题达成共识，再对特定领域进行讨论，体现了日本对于促成 BBNJ 协定草案通过的积极态度。

（3）第三次政府间会议

a. 要求明确缔约国权利和义务

日本代表认为目前需要解决"最微妙平衡"④的问题，是新条约与现有

---

① 参见 https://www.un.org/press/en/2019/sea2093.doc.htm，2022-11-27。
② 参见 https://www.un.org/press/en/2019/sea2097.doc.htm，2022-11-29。
③ 参见 https://www.un.org/press/en/2019/sea2101.doc.htm，2022-11-29。
④ 参见 https://www.un.org/press/en/2019/sea2095.doc.htm，2022-11-27。

文书之间的关系，这应该建立在平等的基础上，而不是一个等级制度。日本代表认为，BBNJ 协定草案必须明确规定缔约国的权利和义务，并指出目前一些选择仍然是含糊不清的。①

b. 坚持自愿的能力建设和技术转让

日本代表认为，强制要求各国进行海洋环境保护能力建设的国际合作和相关技术的转让是不妥的，各国代表尚未就该问题达成合意，日本代表指出，日本拒绝制定关于能力建设和技术转让的强制性要求、程序以及时间表。②

c. 对于草案具体表述的意见

日本代表认为草案的表述应当与其条文内容保持一致。日本代表认为对于审议和审查环境影响评估报告的规定，某些分段上的表述不属于缔约国会议的职能，而更类似于草案的立法目的，③对于此需要进行修正，以明确缔约国的权利和义务。

综上所述，在第三次政府间会议上，日本代表就草案的具体表述发表意见，认为草案作为缔约国的权利义务的法律依据，在表述上应当严谨，将权利义务和草案目标作出区分。

（4）第四次政府间会议

a. 不支持采纳战略环境影响评估④

环境影响评价是指对一个拟议项目或开发计划的潜在环境影响进行评估的过程。而在本次会议中着重讨论了六个主要问题，其中战略环境影响评估是指对拟议计划、规划、政策等高层次决策开展环境影响评价的过程或行为，战略环评制度则是对评价对象、程序、内容等有关事宜的法律规定和实施规范。日本代表表示不支持采纳战略环境影响评估。

b. 不支持规定最低环评标准

如上所述，本次有关环境影响评价的六个主要问题之一，即是否需要

---

① 参见 https://www.un.org/press/en/2019/sea2108.doc.htm，2022-11-30。
② 参见 https://www.un.org/press/en/2019/sea2110.doc.htm，2022-12-01。
③ 参见 https://www.un.org/press/en/2019/sea2117.doc.htm，2022-12-02。
④ 参见 http://www.cibos.whu.edu.cn/index.php?id＝1898，2022-11-18。

额外规定环评的最低标准，日本代表表示不支持在 BBNJ 协定草案中规定环评的最低标准。①

c. 关于清单的设置

对于第五部分"能力建设和海洋技术转让"，针对是否需要设置附件中提及的清单，日本代表表示赞同清单的设置但是需要附加三分之二缔约国通过的条件。②

综上所述，在第四次政府间会议中日本政府更加重视环境影响评估。日本政府提出的草案修改意见也较多集中在了第三和第四部分之上。③

（5）第五次政府间会议

在第五次政府间会议中，各方代表就 BBNJ 协定草案中的四个方面继续展开激烈讨论，在谈及"环境影响评估"时，日本代表希望删除国家管辖范围内公布环评报告的义务，认为相关条文内容包含国家管辖范围内的活动，但这并不属于该协定规范的范围。④另外，在讨论"能力建设和海洋技术转让"方面时，就能力建设和海洋技术转让的模式而言，日本代表倾向于在《联合国海洋法公约》语境下来推进能力建设和技术转让，同时就是否需要进行优先事项的自我评估及外部评估发表了相应意见。⑤

四、德国参与"区域"环境治理的实证分析

（一）德国参与"区域"环境治理的国内实践分析

1. 德国关于深海探矿领域环境治理涉及"区域"环境保护的实证分析

同样作为大陆法系国家的德国对于"区域"矿物资源的开发和环境保

---

① 参见 http://www.cibos.whu.edu.cn/index.php?id=1898，2022-11-18。

② 参见 https://baijiahao.baidu.com/s?id=1726799067348414743&wfr=spider&for=pc，2022-11-18。

③ 参见 Intergovernmental Conference on an international legally binding instrument under the United Nations Convention on the Law of the Sea on the conservation and sustainable use of marine biological diversity of areas beyond national jurisdiction。

④ 参见 https://baijiahao.baidu.com/s?id=1742194581686935410&wfr=spider&for=pc，2022-11-18。

⑤ 参见 https://enb.iisd.org/marine-biodiversity-beyond-national-jurisdiction-bbnj-igc5-summary#brief-history-bbnj-negotiations，2022-11-19。

护主要通过《海底采矿法》来规制，该法律是德国为了履行《联合国海洋法公约》义务、遵守国际海底管理局管理措施、保障采矿人深海探矿安全以及保护海洋环境而制定的。在德国法律体系中，《海底采矿法》将与《公约》以及国际海底管理局规则一道对采矿人的权利义务进行调整，《海底采矿法》的主要内容如下：①

（1）许可采矿制

任何采矿人在开采前必须向国际海底管理局德国采矿、能源和地质办公室申报登记，并且在申报的内容中需要包含申请书、工作计划草案以及所有必要文件。办公室主要对采矿人的开采申请进行审核，依据《海底采矿法》规定，办公室对于申请中提交的环境方案需要参照德国联邦海事和水文局获得有关运输和环境保护工作计划草案的意见，并将这些意见作为是否批准的参考要素。此外在环境保护方面，德国联邦海事和水文局应与联邦环境机构达成一致意见。②

除此之外，采矿人在进行申请的过程中需要证明自己具有充足的资金和先进的技术，能够保证在"区域"内进行的开采活动安全运行，并且有能力维护"区域"海洋环境安全。

（2）双重监督体系

《海底采矿法》不仅规定了采矿人需要对开采矿物的"区域"内的环境保护负责，③而且对于如何保护作出了具体的规定：采矿人需要为申请获批的项目安排特定人数的监督管理人员，并且对日常的勘探开发活动进行监督，这些被委派领导监督的人必须是可靠的、专业的、身体素质良好的。同时，该法要求采矿人赋予被委托监督领导的人管理"区域"内勘探开发活动的最高权力。法案要求采矿人将这些人员的工作和人事变动情况

---

① Germany Act Regulating Seabed Mining Section 1, available at：https://www.gesetze-im-internet.de/mbergg/BJNR078200995.html, accessed Nov. 18，2022.

② Germany Act Regulating Seabed Mining Section 4（4），available at：https://www.gesetze-im-internet.de/mbergg/BJNR078200995.html, accessed Nov. 18，2022.

③ Germany Act Regulating Seabed Mining Section 5，available at：https://www.gesetze-im-internet.de/mbergg/BJNR078200995.html, accessed Nov. 18，2022.

及时报告给办公室。①这种监督方式是采矿人进行的自我监督。

此外,办公室全权负责对于申请获批的开采项目进行监督,②根据该法,办公室有权随时随地对于采矿人开采活动的进展情况、业务说明、人员信息等进行调取,以满足监督需要。这种监督方式是办公室进行的外部监督。

综上所述,对于获批项目,德国《海底采矿法》建立了自我监督和外部监督的双层体系。自我监督将监督责任内化,可以降低对业务进行指导过程中的沟通成本,能够更为高效地开展业务;同时自我监督辅之以办公室的外部监督,能够有效避免完全自我监督所带来的消极影响。

（3）法律责任

德国一向以严格的法律责任闻名,在"区域"开发和环境保护方面亦是如此。《海底采矿法》规定:对于违反本法规定的一些特定行为,不论是故意还是过失都构成行政违法,而对于另外一些特定行为,将通过最高为 50 000 欧元的罚款来进行处罚。③

此外,对于采矿人故意违反特定义务,对他人生命健康、海洋生物、海洋资源造成重大损失,应当承担最高为五年的有期徒刑或者罚金;对于因过失导致重大损失的采矿人,可以判处两年以下有期徒刑或者罚金。④

（二）德国参与"区域"环境治理的国际实践分析

1. 德国参与"区域"开采规章关于环境部分制定的实证分析

在 2019 年国际海底管理局召开的第 25 届大会上,就会议议程第 11 项:矿产资源开发条例草案〔区域环境管理规划〕（*Draft Regulations for*

---

① Germany Act Regulating Seabed Mining Section 6, available at: https://www.gesetze-im-internet.de/mbergg/BJNR078200995.html, accessed Nov. 18, 2022.

② Germany Act Regulating Seabed Mining Section 8, available at: https://www.gesetze-im-internet.de/mbergg/BJNR078200995.html, accessed Nov. 18, 2022.

③ Germany Act Regulating Seabed Mining Section 11, available at: https://www.gesetze-im-internet.de/mbergg/BJNR078200995.html, accessed Nov. 18, 2022.

④ Germany Act Regulating Seabed Mining Section 12, available at: https://www.gesetze-im-internet.de/mbergg/BJNR078200995.html, accessed Nov. 18, 2022.

Exploitation of Mineral Resources [*Regional Environmental Management Plans*]），德国向国际海底管理局发表该问题的相关意见。[①]

（1）要求制定区域环境管理计划（regional environmental management plans，REMPs）

德国认为国际海底管理局《"区域"内矿物资源开发规章》的关键问题在于制定详细的 REMPs，《世界环境公约》的首要目的是为了确保能够对海洋环境进行有效的保护，免受有害影响。"区域"作为公海底土的一部分，也应当受到《联合国海洋法公约》的约束，而国际海底管理局又是依据《公约》设定的国际组织，因此国际海底管理局需要协调各国意志，制定详尽的 REMPs，以实现《公约》设立之时保护海洋环境的目的。

（2）REMPs 应当作为开发许可获批的前提条件

德国认为需要将 REMPs 和《"区域"内矿物资源开发规章》有机结合在一起，而不是两份单独的国际制度。具体而言，德国代表认为需要在《"区域"内矿物资源开发规章》中明确，采矿人需要遵守国际海底管理局制定的 REMPs，通过这种方式赋予 REMPs 等同于规章的效力。

（3）呼吁各个国家和组织参与制定有效的 REMPs

德国认为 REMPs 的制定并非一家之言，需要利益相关者通过透明公开并且具有包容性的程序制定规则。德国认为在类似于区域海洋公约（region sea conventions，RSCs）下的国际组织，应当积极加入 REMPs 的制定，只有这样才能够建立具有充分代表性和连贯一致的海洋环境保护体系。

相较于日本而言，德国参与制定《"区域"内矿物资源开发规章》的过程中更加注重规章的具体规则以及标准的具体化。德国旨在通过呼吁制定统一的、具有法律约束力的 REMPs 来协调各国在"区域"采矿过程中的环境保护标准问题。

在 2022 年国际海底管理局召开的第 27 届大会上，就理事会会议议程

---

① 以下内容系对德国代表提出的：Statement by the German delegation on document ISBA/25/C/4ISA Council，26 February 2019 分析得出。

第 11 项：《"区域"内矿物资源开发规章草案》（*Draft regulations on exploitation of mineral resources in the Area*），德国向国际海底管理局发表该问题的相关意见。德国认为，目前全球的认知状况不足以着手开发"区域"内的矿物资源，应当在进行深海采矿实践之前，充分研究并了解其对海洋环境、生物多样性和人类活动的影响和潜在风险，并且证明环境没有因开采受到严重损害。因此，依据《联合国海洋法公约》第 150 条，应当首先制定矿物资源开发规章制度，以消除国际社会对于深海开采的认知差距，从而为后续实践提供基础。此外，德国强调制定标准与准则的重要性，认为"《'区域'开发规章》作为一个整体仍然缺乏对保护海洋环境具有约束力和可衡量的规范性要求""如果没有这种规范性要求，《'区域'开发规章》将无法有效地规范未来的开采活动"，因此其建议理事会在本次会议上应讨论制定标准与准则等相关事宜，并建议在各项要素之间明确交叉参照，以连结环评和环境影响报告书等的规则、标准和指引。

2. 德国参与《世界环境公约》制定的实证分析

在联合国大会关于《世界环境公约》的制定过程中，欧盟代表德国及其其他成员整体发表意见。[①]

（1）德国及欧盟其他成员国对《世界环境公约》的制定持积极态度

《世界环境公约》本就由欧盟重要成员国之一的法国向联合国大会提出，德国及欧盟在大会上支持《世界环境公约》的制定，以加强国际环境法的执行。欧盟认为从《2030 年可持续发展议程》来看，联合国在环境方面一直奉行所有人的可持续发展，环境保护是后世子孙生活健康的基础。目前环境保护的国际合作仍处于相对滞后的情况，在这种情况下德国及欧盟发起集体行动，积极促进国际环境保护新格局的出现。

（2）要求填补现有国际环保法律体系下的空白问题

德国及欧盟认为只有联合国成员国集体合作才能够促进《联合国海洋

①　参见 https://wedocs. unep. org/bitstream/handle/20.500.11822/27202/EU％20Opening％20Statement％20GPE％20AHOEWG％20January. pdf，2022-11-27。

法公约》的成功问世。欧盟高度赞扬联合国秘书长认识到现有国际环境法律体系中的空白，但是一个人的认识是局限的，因此欧盟提议设立工作小组，采用无限制加入的方式听取各国代表和民间团体代表的声音，从而公开、全面、包容地制定新的《世界环境公约》。

第二节 主要政府间国际组织参与"区域"环境治理的实证分析

一、联合国及其附属机构参与"区域"环境治理的实证分析

（一）联合国及其附属机构关于"区域"环境治理已有立法实践[①]分析

1. 联合国大会关于"区域"环境治理已有立法实践分析

（1）1970 年 10 月联合国大会 1933 次全体会议第 2749（XXV）号决议通过《关于各国管辖范围以外海洋底床与下层土壤之原则宣言》，《宣言》确认各国管辖范围外海洋床底与下层土壤的存在，呼吁必须迅速建立适用于该地域及资源的国际制度及机构，包括适当之国际机构。[②]

《关于各国管辖范围以外海洋底床与下层土壤之原则宣言》第 11 条规定：对于各国依照将建立的国际法制度行动时，应当采取适当措施，并相互合作，以（a）防止污染及沾染以及其他对海洋环境包括海岸在内之危害，防止干扰海洋环境之生态平衡；（b）保护与养护该地域之天然资源，防止对海洋环境中动植物之损害。[③]该条规定国家在"区域"内活动时应承担的环境保护义务，通过事前规制的形式加强"区域"环境治理。《宣言》属于原则性规定，因此并未针对各国在该"区域"内活动时在防治污染与

---

① 此处的立法实践既包括制定硬法文件，也包括制定软法文件。

② 参见 https://documents-dds-ny. un. org/doc/RESOLUTION/GEN/NR0/350/14/IMG/NR035014.pdf?OpenElement，2022-11-01。

③ 《关于各国管辖范围以外海洋底床与下层土壤之原则宣言》第 11 条，https://documents-dds-ny.un.org/doc/RESOLUTION/GEN/NR0/350/14/IMG/NR035014.pdf?OpenElement，2022-11-14。

资源保护方面应达到何种标准以及国家在该"区域"内活动对环境及资源造成破坏时应承担的责任作出细化规定。

（2）1982 年 12 月 10 日联合国海洋法会议通过并开放给各国签字、批准和加入《联合国海洋法公约》联合国大会在决议中宣布，国家管辖范围以外的海床、洋底及其底土以及该区域的资源为人类的共同继承财产，其勘探与开发应为全人类的利益而进行，不论各国的地理位置如何。①

《联合国海洋法公约》第 11 部分第 145 条规定缔约国在"区域"内活动应当采取必要措施，以确保切实保护海洋环境，不受这种活动可能产生的有害影响。国际海底管理局应当制定适当的规则、规章和程序以便：（a）防止、减少和控制对包括海岸在内的海洋环境的污染和其他危害，并防止干扰海洋环境的生态平衡，特别注意使其不受诸如钻探、挖泥、挖凿、废物处置等活动，以及建造和操作或维修与这种活动有关的设施、管道和其他装置所产生的有害影响；（b）保护和养护"区域"的自然资源，并防止对海洋环境中动植物的损害。②第 145 条对缔约国在"区域"内活动设立边界，使得缔约国在"区域"内活动时承担避免对"区域"及其他海洋环境造成污染的条约义务。此项规定有利于"区域"海洋环境的保护与生物及非生物资源的养护。

《联合国海洋法公约》第 12 部分规定缔约国在包括"区域"的海洋环境方面承担保护与保全义务，包括预防和减少海洋环境污染时应采取的具体措施；污染转换的预防；在海洋环境保护方面加强全球性与区域性合作；对发展中国家提供技术援助与优惠待遇以及建立全方位环境监测与评价制度。此外，呼吁各国积极针对陆源污染、国家管辖下的海底活动以及在"区域"内活动造成的污染制定国际规则与国内立法，并对上述有关立法执行机制作出规定。③第 235 条概括性地规定各国在承担保护保全海洋环

---

① 参见 https://www.un.org/zh/documents/treaty/files/UNCLOS-1982.shtml，2022-11-01。

② 《联合国海洋法公约》第 145 条，https://www.un.org/zh/documents/treaty/files/UN-CLOS-1982.shtml，2022-11-03。

③ 《联合国海洋法公约》第 12 部分第 5 节，https://www.un.org/zh/documents/treaty/files/UNCLOS-1982.shtml，2022-11-03。

境义务缺失时，受影响方的救济方式以及拟定对受害方补偿的标准与程序。该部分对缔约国在"区域"环境保护方面可采取的措施作出详细的规定，为缔约国在包括"区域"的海洋环境保护方面提供详细明确的指引。

（3）1992年6月14日联合国环境与发展会议通过《21世纪议程》，《议程》第17章规定保护大洋和各种海洋，包括封闭和半封闭海以及沿海区，并保护、合理利用和开发其生物资源。①

在海洋环境保护方面，《21世纪议程》指出陆地来源占海洋污染的70％，海运活动和海上倾弃活动各占10％。对海洋环境威胁最大的污染物（按各种不同的重要性并根据不同国家和区域的情况开列）为：污水、营养物、有机化合物、沉积物、垃圾和塑料、金属、放射性核素、石油/烃以及多环芳烃。②一方面对于造成海洋环境退化的陆上活动，在遵守现有《保护海洋环境免受陆源污染的蒙特利尔准则》基础上对其进行扩大与增强，并尽可能制定新的区域协定处理该问题，同时呼吁联合国环境规划署召开有关的政府间会议，共同讨论有关事宜。具体而言，对于陆上污水，各国应尽快提升污水治理水平，包括但不限于完善污水处理设施，提升污水无害化处理技术，制定废水排放的管理与监测方案等。另一方面对于海上活动造成的海洋环境退化与海运造成的海洋环境污染，应当支持更多国家批准和执行有关海运公约和议定书。③在海洋倾弃方面，呼吁加速《伦敦倾弃公约》的制定等。在可持续利用和养护公海海洋生物资源方面，呼吁各国应酌情在分区域、区域和全球各级上采取有效行动，包括双边和多边合作在内，以确保公海渔业的管理遵照《联合国海洋法公约》的规定。④各国应对本国船舶的捕捞活动进行监控，防止其以更换船旗规避管制以及使

---

① 参见 https://sustainabledevelopment.un.org/content/documents/Agenda21.pdf，2022-11-03。

② 《21世纪议程》17（18），https://sustainabledevelopment.un.org/content/documents/Agenda21.pdf，2022-11-03。

③ 《21世纪议程》17（30），https://sustainabledevelopment.un.org/content/documents/Agenda21.pdf，2022-11-03。

④ 《21世纪议程》17（49），https://sustainabledevelopment.un.org/content/documents/Agenda21.pdf，2022-11-03。

用爆炸等方法对海洋生物资源造成不可逆的损害。

《21 世纪议程》中关于海洋环境及生物资源的养护的倡议，相较于此前的《联合国海洋法公约》更为详细，能为各国在包括"区域"的海洋环境保护与生物资源的养护方面提供具有可行性的措施，从而促进海洋环境治理。

（4）1993 年第 48 届联合国大会通过《关于执行 1982 年 10 月 12 日〈联合国海洋法公约〉第 11 部分的协定》，《协定》重申"区域"以及"区域"的资源为人类共同继承财产，要考虑保护海洋环境的重要性。①《协定》规定国际海底管理局应制定保护和保全海洋环境的适用标准，强调对"区域"内活动环境影响的研究，取得保护和保全海洋环境有关技术并监测其发展，进而适时拟定关于海洋环境保护与保全的规章及程序，②提高"区域"环境治理水平。《协定》对《联合国海洋法公约》关于"区域"环境保护作出更加细化规定，有助于强化《公约》关于"区域"环境保护规定的现实效力，从而提高"区域"环境质量。

（5）2015 年 9 月 25 日联合国大会第 70/1 号决议通过《2030 年可持续发展议程》，包括 17 个可持续发展目标以及 169 个相关具体目标，对执行手段及手续落实评估作出较为全面的规定。

第 14 个可持续发展目标为保护和可持续利用海洋和海洋资源以促进可持续发展。③以可持续发展为导向，使御灾能力提高到有助于实现海洋环境保护目的，通过加强各层级科学合作等方式减少和应对海洋酸化，并通过规范海洋捕捞活动以尽快恢复到最高可持续产量水平，进而维护包含"区域"在内的海洋生物多样性。

（6）2019 年 5 月 9 日联合国大会第 73/292 号决议决定支持落实保护和可持续利用海洋和海洋资源以促进可持续发展。联合国应以协商一致方式

---

①②　参见 https://cil.nus.edu.sg/databasecil/1994-protocol-for-the-protection-of-the-mediterranean-sea-against-pollution-resulting-from-exploration-and-exploitation-of-the-continental-shelf-and-the-seabed-and-its-subsoil/，2022-11-03。

③　参见 https://www.un.org/sustainabledevelopment/zh/oceans/，2022-11-04。

通过一项简明扼要的行动，以政府间方式商定的宣言，侧重并突出基于科学且具有创新性的行动领域，以支持落实第 14 个可持续发展目标。

（7）2022 年 6 月联合国海洋大会颁布《里斯本宣言草案》。① 《里斯本宣言草案》主题为"我们的海洋、我们的未来、我们的责任"。《里斯本宣言草案》强调，面对当前的严峻形势，各方必须以更坚决、更及时的行动改善海洋及沿海生态系统，增强海洋可持续发展能力。《里斯本宣言草案》呼吁各方在加强数据收集、减少温室气体排放等领域采取进一步措施，同时创新融资渠道以实现可持续的海洋经济。《里斯本宣言草案》还强调在科学和创新的基础上，加大行动力度，更好保护海洋。②

2. 联合国环境规划署关于"区域"环境治理的实践分析

联合国环境规划署是联合国大会于 1972 年设立的、在联合国系统内负责全球环境事务的牵头部门和权威机构。在海洋环境保护方面，联合国环境规划署于 1995 年为保护海洋环境免受陆地污染而发起全球行动纲领；1998 年联合国环境规划署的年度主题是"为了地球上的生命—拯救我们的海洋"；③ 联合国环境规划署还通过四次环境大会对海洋垃圾和微塑料问题提出应对措施，具体情况如下：

（1）2014 年 6 月 27 日联合国环境规划署在环境大会第一届会议上通过有关"海洋塑料废弃物和微塑料"决议，环境大会关注到来自陆地和海上的海洋废弃物可能对海洋环境、海洋生态系统服务、海洋自然资源、渔业、旅游业和经济造成严重影响，以及可能对人类健康带来的危害，④ 意识到海洋废弃物与微塑料对海洋环境威胁日益严重，将该问题的治理提上日程。该决议的主要内容有：首先，"决议"突出预防原则在海洋塑料废弃

---

①② 《里斯本宣言草案》，https://documents-dds-ny.un.org/doc/UNDOC/GEN/N22/389/06/PDF/N2238906.pdf?OpenElement，2022-11-12。

③ 参见 https://baike.baidu.com/item/联合国环境规划署/1516707?fr=aladdin，2022-11-28。

④ 联合国环境规划署环境大会 2014 年 6 月 27 日第一届会议上通过的决议和决定 1/6 号决议，https://wedocs.unep.org/bitstream/handle/20.500.11822/17285/K1402363.pdf?sequence=2&isAllowed=y，2022-11-04。

物和微塑料治理上的必要性，避免因海洋环境污染后果不确定而导致预防措施的缺位。其次，鼓励国际社会相关行动方与"海洋废弃物全球伙伴关系"开展合作，并为通过海洋废弃物在线网络交流信息提供便利。①在有关主体之间开展技术合作与信息交流，创造"1+1＞2"的治理效益。第三，对于船只产生的废弃物，呼吁船旗国提供完备的"接"、"管"、"清"方案，预防和缓解海洋塑料废弃物和微塑料问题。

（2）2016 年 5 月 23 日环境大会第二届会议上通过"海洋塑料垃圾和微塑料"决议。决议认识到海洋环境中存在塑料垃圾和微塑料是一个正在快速加剧的全球性严重问题，需要全局紧急应对。决议建议参考生命周期的办法并承认海洋塑料垃圾和微塑料的数量和来源以及应对该问题的可得资源在各区域有所不同；需要采取措施并根据当地、国家和区域情况酌情调整。②

（3）2017 年 12 月 4 日环境大会第三届会议通过有关"海洋垃圾和微塑料"决议。决议强调指出必须制止长期向海洋排放垃圾和微塑料的行为，并使海洋生态系统免受海洋垃圾和微塑料的损害；鼓励所有主体防止和减少各类海洋污染；鼓励会员国利用现有知识制定适当政策和措施避免海洋垃圾和微塑料进入海洋环境；鼓励会员国邀请其他主体落实决议计划，统一监测排放标准，并采取措施防止排放等。③

（4）2019 年 3 月 11 日环境大会第四届会议通过关于"塑料垃圾和微塑料"的决议。决议指出海洋垃圾（包括塑料垃圾与微塑料）对海洋生物多样性、生态系统等造成不利影响；促请会员国与利益攸关方参与处理海洋垃圾与微塑料问题并建言献策、汇编信息；促请会员国与相关国际组织合

---

① 联合国环境规划署环境大会 2014 年 6 月 27 日第一届会议上通过的决议和决定 1/6 号决议，https://wedocs. unep. org/bitstream/handle/20. 500. 11822/17285/K1402363. pdf? sequence＝2&isAllowed＝y，2022-11-04。

② 参见 https://wedocs. unep. org/bitstream/handle/20. 500. 11822/17512/K1608502. pdf，2022-11-05。

③ 联合国环境规划署环境大会 2017 年 12 月 4 日第三届会议上通过的决议和决定，https://undocs.org/UNEP/EA.3/Res.7，2022-11-05。

作，在资源允许的情况下在联合国环境规划署内建立针对海洋垃圾排放与微塑料方面的协调与合作机制等。①

第四届会议还通过"保护海洋环境免受陆上活动污染"决议。决议指出实现可持续性与健康的沿海和海洋生态系统的必要性，沿海和海洋地区极易受到各种陆上活动所产生污染的影响，这种污染会导致沿海和海洋环境质量下降。决议建议加强相关方面能力建设及促进与会员国就陆基污染问题工作协调，鼓励有相关经验的主体进行信息交流及科学技术合作，并请联合国环境规划署提供技术援助等。②

联合国环境规划署在四届会议上均通过涉及海洋垃圾和微塑料的海洋环境问题决议，这些决议主要在于申明海洋垃圾与微塑料对海洋环境及海洋生态系统的负面影响，强调会员国及有关主体进行信息分享与技术合作以及上级机构提供技术援助等方式缓解海洋垃圾和微塑料问题，提高包括"区域"在内的海洋环境质量。

3. 国际海底管理局有关"区域"环境治理已有立法实践分析

（1）国际海底管理局大会分别于 2000 年、2010 年及 2012 年批准法律与技术委员会制定的《"区域"内多金属结核探矿和勘探规章》《"区域"内多金属硫化物探矿和勘探规章》以及《"区域"内富钴铁锰结壳探矿和勘探规章》。上述规章都在第 5 条原则性地规定探矿者在探矿过程中保护和保全海洋环境义务：各探矿者应采用预防做法和最佳环境做法，在合理的可能范围内采取必要措施，防止、减少和控制探矿活动对海洋环境的污染及其他危害。③上述规章还系统地规定在保护保全海洋环境方面国际海底管理局、担保国及承包者主体的义务，包括确定环境基线及监测方案，规定海洋环境损害的紧急报告制度等，从而进一步规范相关主体在"区域"内的勘探开采活动。此外在勘探区内发现任何具有考古或历史意义的遗骸或任何类似性质的文物或遗址时，承包者应立即将此事以书面方式通知秘书

---

① 参见 https://undocs.org/UNEP/EA.4/Res.6，2022-11-05。
② 参见 https://undocs.org/en/UNEP/EA.4/Res.1，2022-11-05。
③ 参见 https://isa.org.jm/files/files/documents/isba-18a-11_1.pdf，2022-11-05。

长，包括报告已采取的保全和保护措施①。此项规定为"区域"内特殊资源的保护提供了法律依据。

（2）2018 年 7 月 2 日国际海底管理局在金斯敦第 24 届会议通过关于国际海底管理局 2019—2023 年期间战略计划的决定。战略计划由四部分组成，包括任务说明、海洋环境背景和挑战、2019—2023 年战略方向以及预期成果。②指导原则为确保更好地了解并有效保护海洋环境，促进采取统一办法，保护海洋环境及其资源等。在海洋环境保护方面，战略计划指出根据《联合国海洋法公约》第 145 条的规定，为了保护海洋环境免受"区域"内活动可能产生的有害影响，以最佳环境做法为基础，逐步制定、实施和不断审查具有适应性、实用性和技术可行性的监管框架。③首先，将"区域"内活动纳入监管框架，在一定程度上可以避免对海洋环境造成损害行为的发生。其次，制定、执行和不断审查正在勘探的"区域"内所有矿带的环境评估和管理计划，④尽可能防止"区域"内的不良矿物勘探开采活动导致的海底污染等问题。第三，制定科学和统计上稳健的监测方案和方法，评估"区域"内活动干扰海洋环境生态平衡的可能性。⑤对潜在的海洋生态系统的负面影响因素进行预测，并以此采取措施防止危害的实际发生。

（3）2019 年 3 月国际海底管理局法律与技术委员会会议提出"指导承包者评估'区域'内海洋矿物勘探活动可能对环境造成的影响与建议"，该建议说明采集基线数据时应遵循的程序，以及在勘探"区域"开展任何可能对环境造成严重损害活动期间和之后进行监测时所应遵循的程序。⑥研究环境基线，进行数据收集、报告和归档，开展合作研究以完善海洋环境

---

① 参见 https://isa.org.jm/files/files/documents/isba-18a-11_1.pdf，2022-11-05。

② 参见 https://isa.org.jm/files/files/documents/isba24_a4-ch.pdf，2022-11-29。

③ 《海底管理局 2019—2023 年期间战略计划》战略方向 3.1，https://isa.org.jm/files/files/documents/isba24_a4-ch.pdf，2022-11-29。

④ 《海底管理局 2019—2023 年期间战略计划》战略方向 3.2，https://isa.org.jm/files/files/documents/isba24_a4-ch.pdf，2022-11-29。

⑤ 《海底管理局 2019—2023 年期间战略计划》战略方向 3.4，https://isa.org.jm/files/files/documents/isba24_a4-ch.pdf，2022-11-29。

⑥ 参见 https://isa.org.jm/files/files/documents/26ltc-6-rev1-ch_0.pdf，2022-11-09。

数据，并在勘探期间进行环境影响评估，对承包者在"区域"内的采矿活动规定较为详细的标准，从而尽可能地防止、减少"区域"内探矿活动对海洋环境造成负面影响。

（4）至 2021 年 7 月，国际海底管理局已就《"区域"内矿物资源开发规章草案》进行两次利益相关者磋商（分别是从 2020 年 8 月 20 日至 10 月 20 日、2021 年 4 月 8 日至 7 月 3 日），目前相应标准、指南正处于法律和技术委员会协商批准的阶段。国际海底管理局已就环境事宜发布下列标准、指南：1）制定和应用环境管理体系的标准和指南草案；2）关于环境绩效保证与计算的标准和指南草案；3）建立基线环境数据的准则草案；4）环境影响评估标准和指南草案；5）环境影响报告编制指南草案；6）制定环境管理和检测计划的指南草案；7）制定和实施应急响应和应急计划的标准和指南草案。

4. 国际海事组织（IMO）有关"区域"环境治理已有立法实证分析

（1）国际海事组织（IMO）分别于 1969 年和 1973 年签订《1969 年国际干预公海油污事故公约》《1973 年干预公海非油类物质污染议定书》。两份文件都规定：缔约国在发生海上事故或与事故有关的行为后，如有理由预计到将造成重大的有害后果，则可在公海上采取必要的措施，以防止、减轻或消除由于非油类物质造成污染或污染威胁而对其海岸或有关利益产生的严重而紧迫的危险。[①]上述两份文件的主要区别在于事故后海洋污染源的性质，但都为缔约国设定海上事故发生后污染止损义务，在公海活动造成或可能造成损害后果时，缔约国有义务及时采取措施防止损害污染的发生或加重。

综上，两份文件通过事后规制方式保护海洋环境。公海发生污染事故后，如不及时采取防治措施，必然对公海下的大陆架或"区域"造成影响。为缔约国设定此项义务，可在一定程度上防止"区域"环境免受上覆

---

① 参见 https://baike.baidu.com/item/1973 年干预公海非油类物质污染议定书/3660677，2022-11-09。

水体的污染牵连。

（2）国际海事组织于 1972 年制定《防止倾倒废物及其他物质污染海洋的公约》并开放给各国签字。该公约指出：认识到海洋吸收废物与转化废物为无害物质以及使自然资源再生的能力不是无限的；也认识到各国按照《联合国宪章》和国际法原则，有权依照本国的环境政策开发其资源，并有责任保证在其管辖或控制范围内的活动不致损害其他国家的环境或各国管辖范围以外区域的环境。[①]该公约聚焦于"倾倒"造成的"海洋垃圾"问题，指出海洋污染有许多来源，诸如通过大气、河流、河口、出海口及管道的倾倒和排放；各国有必要采取最切实可行的办法防止这类污染，并发展能够减少需处置的有害废物数量的产品和处理办法。[②]

该公约还要求缔约国采取措施防止因倾倒所造成的海洋环境恶化，并在附件中规定废物倾倒机制，包括"禁止倾倒"、"获得特别许可证的倾倒"或"获得一般许可证的倾倒"。不同的倾倒机制分别对应不同性质的倾倒物，有助于缓解不同性质倾倒物对海洋环境造成的压力。该公约还呼吁缔约国之间的相互合作，为有关科研技术、设备及人员匮乏的国家提供支持。此外，该公约对由于不合理"倾倒"对海洋环境造成损害的国家设定国家责任，并设置相配套的争端解决机制。该公约还有助于规范缔约国的海洋倾倒，缓解海洋垃圾问题带来的海洋环境压力。

（3）1973 年国际海事组织制定有关防止和限制船舶排放油类和其他有害物质污染海洋方面的国际公约《国际防止船舶造成污染公约》。该公约认识到保护整个人类环境特别是海洋环境的需要，认识到船舶故意地、随便地或意外地排放油类和其他有害物质，是造成污染的一项重大来源。[③]因此，该公约的目的在于减少船舶排放导致的海洋环境污染。

该公约规定各缔约国保证实施其承担义务的本公约各条款及其附则的

---

①②　参见 https://baike.baidu.com/item/防止倾倒废物及其他物质污染海洋公约/8292056?fr＝Aladdin，2022-11-11。

③　参见 https://www.pkulaw.com/eagn/f5d8668580bf814fc844e837ac36ce16bdfb.html?keyword＝国际防止船舶造成污染公约％20，2022-11-15。

各项规定，以防止由于违反公约排放有害物质或含有这种物质的废液而污染海洋环境。[1]该公约虽未明确指出"区域"内有害物质的排放，但作为整个海洋系统的一部分，"区域"必然囊括在公约所指的范畴之内。

（4）1990年11月，国际海事组织在伦敦召开会议通过《国际油污防备、反应与合作公约》。该公约指出船舶、近海装置、海港和油装卸设施的油污事故对海洋环境构成严重威胁，注意到预防措施和防止工作对于最初避免油污的重要性，并强调油污事故发生时采取迅速有效的应对行动的必要性。[2]该公约对油污事故的预防机制、报告制度以及响应工作作出较为全面的规定，呼吁缔约国加强油污防备和响应方面的国际技术合作，并向面临重大油污事故的请求国提供技术援助。该公约的规定有利于预防及缓解油污对包括"区域"在内的海洋环境造成负面影响。

综上，上述联合国已有的立法，针对"区域"环境治理的专门性立法较少，大多通过对整个海洋环境保护的规定，对整体海洋系统组成部分的"区域"环境治理发生作用。上述规定涉及海洋垃圾、海洋油污以及海洋酸化等海洋环境问题，但专门针对深海噪声治理相对较少，因此还有待联合国及其相关下属机构加强关于此方面的立法实践。

（二）联合国主持下正在进行的有关"区域"环境立法[3]

1. 国家管辖范围以外区域海洋生物多样性（BBNJ）养护和可持续利用国际协定（BBNJ协定）

2004年联合国第59届会议通过"海洋与海洋法"的第A/RES/59/24号决议，在《生物多样性公约》缔约方第七次会议决定设立关于海洋和沿海保护区问题不限成员名额特设工作组基础上，为研究与国家管辖范围以外区域的海洋生物多样性的养护和可持续利用有关的问题，决定设立不限

---

[1] 《1973年国际防止船舶造成污染公约》第1.1条，https://www.pkulaw.com/eagn/f5d8668580bf814fc844e837ac36ce16bdfb.html?keyword=国际防止船舶造成污染公约%20，2022-11-15。

[2] 参见 https://www.pkulaw.com/eagn/aec1d89fe26676e3311de5a86303aaaebdfb.html?keyword=1990年国际油污防备、反应与合作公约，2022-11-16。

[3] 此处的立法包括软法文件与硬法文件。

成员名额非正式特设工作组。①目的在于：（1）回顾联合国和其他相关国际组织过去和现在就国家管辖范围以外区域的海洋生物多样性的养护和可持续利用问题进行的活动；（2）审查这些问题的科学、技术、经济、法律、环境、社会经济及其他的方面；（3）查明关键问题，对其进行更详尽的背景研究将有助于各国审议这些问题；（4）酌情指出可用于促进国际合作与协调，养护和可持续利用国家管辖范围以外区域的海洋生物多样性的办法和方法。②该项决定是联合国首次就养护和可持续利用国家管辖范围以外区域的海洋生物多样性问题作出实质性决议。

2011 年第 66 届联合国大会 A/RES/66/197 号决议通过名为"我们希望的未来"草案中关于海洋部分指出：注意到在大会之下一个不限成员名额非正式特设工作组为研究国家管辖范围以外区域海洋生物多样性养护和可持续利用有关问题正在开展的工作，在该特设工作组的工作基础上，承诺在联合国大会第 69 届会议结束之前抓紧处理国家管辖范围以外区域海洋生物多样性养护和可持续利用问题，包括就《联合国海洋法公约》的规定拟定一份国家文书的问题作出决定。③草案为协定的拟订提供明确依据，BBNJ 协定的拟定正式提上日程。

2014 年第 69 届联合国大会 A/RES/69/292 决议指出，必须通过全面的全球制度来更好地处理国家管辖范围以外区域海洋生物多样性的养护和可持续利用问题，并审议了根据《联合国海洋法公约》的规定拟订一份国际文书的可行性。④在政府间会议召开前设立筹备委员会为协定的拟定提供建议，并建议设立自愿信托基金帮助困难国家出席筹备委员会会议，鼓励更多国家为拟定协定出谋划策。在此决议推动下，筹备委员会分别于 2016

①② 第 59 届联合国大会 A/RES/59/24 号决议，https://documents-dds-ny.un.org/doc/UN-DOC/GEN/N04/477/63/pdf/N0447763.pdf?OpenElement，2022-11-20。

③ 第 69 届联合国大会 A/RES/66/197 号决议，https://documents-dds-ny.un.org/doc/UN-DOC/GEN/N11/470/63/pdf/N1147063.pdf?OpenElement，2022-11-20。

④ 第 69 届联合国大会 A/RES/69/292 号决议，https://documents-dds-ny.un.org/doc/UN-DOC/GEN/N11/470/63/pdf/N1147063.pdf?OpenElement，2022-11-20。

年 3 月、2016 年 8 月、2017 年 3 月与 2017 年 7 月召开了四届筹备委员会会议。前三届筹备委员会会议聚焦于所拟定文书具体内容，并讨论所拟定文书与其他文书之间的关系，以促进国家管辖范围以外区域海洋生物多样性养护和可持续利用的有关立法之间的协调性。第四届筹备委员会会议在其全体会议上听取了一般性发言并审议了就根据《联合国海洋法公约》的规定拟订一份具有法律约束力的国际文书的案文草案要点问题；全体会议还审议了筹备委员会的报告。①四届筹备委员会会议的召开使得 BBNJ 协定的拟定初具雏形。

2018 年 4 月，联合国大会召开组织会议，会议主席在组织会闭幕词中总结了组织会议为促成 BBNJ 协定所做的努力，并且包括讨论了若干组织事项及 BBNJ 协定预稿的编写要求。组织会议对即将进行的第一届政府间实质会议作出展望，指出第一届实质性会议应侧重于实质性讨论而非程序性问题，尽可能敲定第二届及第三届会议的时间；指出关于文书预稿的编写应努力达成协商一致的成果，②在筹备委员会报告的基础上编写文件为文书预稿提供参考依据。组织会议对于 BBNJ 协定文书预稿的形成具有推动作用，并为即将召开的政府间会议内容搭建框架。

2018 年 9 月召开了政府间第一届实质性会议，在会议的一般性发言中，各代表团重申《联合国海洋法公约》是拟定具有法律约束力的国际文书的依据，且文书不影响《公约》所规定的各国权利、管辖权和义务，不应损及现有相关法律文书和框架以及相关全球、区域和部门机构。③此外还为达成 BBNJ 协定零稿提出供选的推进办法。在工作方案方面，会议推动设立非正式工作组，处理包括海洋遗传资源、区域管理工作措施、环境影响评估、能力建设和海洋技术转让等四个专门问题。会议还审议了编写文书预稿的过程，要求主席为第二届会议编写一份文案以促进有针对性地讨

---

① 参见 https://enb.iisd.org/events/4th-session-bbnj-preparatory-committee/summary-report-10-21-july-2017，2022-11-20。

② 参见 https://undocs.org/zh/a/conf.232/2018/2，2022-11-20。

③ 参见 https://undocs.org/zh/A/CONF.232/2018/7，2022-11-20。

论和以案文为基础的谈判，从而推进第二届政府间会议。①第一届政府间实质性会议的召开，加快了文书预稿编写进程，也为第二届政府间实质性会议的召开做好了准备工作。

2019年3月召开了政府间第二届实质性会议，就海洋遗传资源、区域管理工作措施等四方面内容和交叉问题进行了实质性讨论。参会者表示，BBNJ协定应实施和加强《联合国海洋法公约》中促进国家管辖范围以外区域海洋生物多样性养护和可持续利用的规定，并应寻求促进与现有相关法律文书和框架以及与相关的全球、区域和部门机构更加协调一致，而非彼此削弱。②此外，会议还审议第三届会议的前进方向，并请主席编写一份文件作为第三届政府间实质性会议筹备工作的一部分，以期为第三届政府间会议的召开做准备。

2019年8月召开的第三届政府间实质性会议主要成果在于通过协定草案，草案指出需要建立一个全面的全球制度，以更好地处理国家管辖范围以外区域海洋生物多样性的养护和可持续利用问题。③

原定于2020年3月召开的政府间第四届实质性会议由于疫情原因推迟，第四届会议因第74/543号和第75/570号决定推迟到2022年3月7日至18日召开。2022年3月召开第四届政府间实质性会议一致同意，继续以非正式磋商这种形式，讨论草案所列一揽子事项中的四个专题和交叉问题。第四届会议是大会最初在第72/249号决议第3段规定的四届会议中的最后一届，审议了今后的前进方向。会议认为，需要尽快追加一届会议，以取得进展。④

根据联合国大会第76/564号决定，第五届政府间实质性会议于2022年8月15日至26日召开，会议中在一揽子事项的所有实质性要素和交叉

---

① 参见 https://undocs.org/zh/a/conf.232/2018/2，2022-11-20。
② 参见 https://undocs.org/zh/a/conf.232/2019/5，2022-11-20。
③ 参见 https://undocs.org/zh/a/conf.232/2019/6，2022-11-20。
④ 参见 https://documents-dds-ny.un.org/doc/UNDOC/GEN/N22/319/33/pdf/N2231933.pdf?OpenElement，2022-11-16。

问题上取得了进展，但仍存在有待解决的主要未决问题。①在该届会议的最后一天，缔约国会议在审议今后的工作时，决定暂停第五届会议，复会日待定。

最新 BBNJ 协定草案宗旨在于通过有效执行《联合国海洋法公约》的相关条款以及进一步的国际合作与协调，建立全面的全球制度，确保国家管辖范围以外区域海洋生物多样性的长期养护和可持续利用。②协定草案第一部分明确了其适用范围、与其他文书及机构之间的关系并为实现宗旨规定缔约国应遵守的一般性原则（如谁污染谁付费、预防原则）以及加强国际合作。协定草案第二部分规定海洋遗传资源的惠益分问题。在国家管辖范围以外区域海洋遗传资源的收集与获取方面，协定草案存在两个备选文案：向秘书处发出事先通知与事后考察通知，或按照协定规定的方式以及条款和条件发放许可证。③上述备选文案对于特定区域海洋遗传资源的收集与获取规定准入机制，以防止对海洋遗传资源的任意获取。此外还规定缔约国在收集获取海洋遗传资源时必须进行环境影响评价。协定草案第三部分规定在生物多样性养护及可持续利用方面加强国际合作与协调，确定相关区域并提出为此目的的提案。协定草案第四部分规定对国家管辖范围以外区域活动设定环境影响评估义务，以减轻、防止和管理对生物多样性产生的不利影响。协定草案第五部分对缔约国养护与可持续利用生物多样性能力建设与海洋技术转让作出规定。总之，协定草案主要聚焦于国家管辖范围以外海洋生物遗传资源以及海洋生物多样性的养护及其利用，覆盖范围为公海及"区域"，很好地弥补了《公约》对于海洋生物资源相关规定的空白。

---

① 参见 https://documents-dds-ny.un.org/doc/UNDOC/GEN/N22/689/33/PDF/N2268933.pdf?OpenElement，2022-11-16。

② 《关于养护和可持续利用国家管辖范围以外区域海洋生物多样性拟定协定草案》第 2 条，https://undocs.org/en/a/conf.232/2020/3，2022-11-20。

③ 《关于养护和可持续利用国家管辖范围以外区域海洋生物多样性拟定协定草案》第 10 条，https://undocs.org/en/a/conf.232/2020/3，2022-11-20。

2.《"区域"内矿物资源开发规章》

《联合国海洋法公约》规定"区域"为人类共同继承财产,各国政府和企业可以向国际海底管理局提出采矿申请,开采"区域"内矿物资源,包括多金属结核、多金属硫化物以及富钴铁锰结壳等。[①]为规范管理"区域"内勘探开发活动,国际海底管理局先后发布《"区域"内多金属结核探矿和勘探规章》《"区域"内多金属硫化物探矿和勘探规章》《"区域"内富钴铁锰结壳探矿和勘探规章》。上述三规章都规定在勘探工作计划届满后承包者可以申请延长勘探工作计划,至2016年各区块勘探合同承包者陆续申请并被批准延期。如何填补上述三个开发规章的空白成为管理者及承包者必须考虑的问题。

早在2010年国际海底管理局第16届会议,俄罗斯、墨西哥、巴西等国家就提出要尽早开展采矿规则研究。2011年第17届会议中,斐济代表团肯定了国际海底管理局过往关于"区域"内深海矿物勘探活动管理成果。该代表团在理事会发言时指出,考虑到国际海底管理局在组织和监测"区域"内的采矿活动方面已经取得的成就,并认识到深海采矿即将开始,理事会现在应当着手进行海底采矿法规的制定工作,并请秘书处编写一份关于拟定开发规章的战略计划。[②]

在此推动下,2012年国际海底管理局秘书长在第18届会议上提出"关于拟定'区域'内多金属结核开采法规的工作计划"的报告。首先,"报告"审查了"区域"开采现行监管制度状况,指出当下国际海底管理局已经拟定两套规章,预计在同年完成第三套规章《"区域"内富钴铁锰结壳探矿和勘探规章》。这些规章的通过将有效补全国际海底管理局对于深海底矿物探矿和勘探阶段的监管守则。[③]其次,"报告"指出开发规章制定应考虑的问题,其

---

① 《联合国海洋法公约》第11部分,https://www.un.org/zh/documents/treaty/files/UN-CLOS-1982.shtml,2022-11-01。

②④ 参见 https://isa.org.jm/files/files/documents/isba-17c-22_1.pdf,2022-11-20。

③ 关于拟定"区域内多金属结核开发规章"的工作计划,https://isa.org.jm/files/files/documents/isba-18c-4_1.pdf,2022-11-21。

中最重要的因素包括保护海洋环境免受采矿的有害影响以及财务条款措施。④第三，"报告"建议理事会开始拟定关于"区域"内开发的规则、规章和程序，将此类规章制定工作作为国际海底管理局工作方案的优先事项，还请法律与技术委员会将关于开发守则的工作作为优先事项，于2013年启动该工作，并向理事会第19届会议汇报工作情况。①"报告"的提出，标志"区域"内矿物资源开发规章的制定已经正式提上日程。

2019年3月国际海底管理局法律与技术委员会向理事会提交《"区域"内矿物资源开发规章》最新草案。规章草案重申区域及其资源为人类共同继承财产原则具有根本重要性，目的在于按照《联合国海洋法公约》和协定对"区域"内资源的开发作出规定。②草案第四部分规定海洋环境的保护与保全。具体包括相关主体在"区域"内进行矿物资源开发过程中保护海洋环境的一般义务：有关主体在"区域"内活动时应采取措施有效保护海洋环境免受有害影响，包括采用预防性办法，评估和管理"区域"内开发活动对环境损害的风险。③制定环境标准以及设置环境管理系统；要求编制环境影响报告及环境管理和监测计划；规定承包者污染控制和废物管理义务；对潜在事故设立应急和应变计划；设立环境补偿基金，对"区域"环境恢复提供资金支持。国际海底管理局第26届会议决定采用三个非正式工作组的方式对《"区域"内矿物资源开发规章》进行修订，理事会于2021年2月成立的三个非正式工作组，其中一个工作组由协调人纳吉利·塔戈（Raijeli Taga）负责，专为"保护和保全海洋环境"设立。协调人于2022年4月收到相关法规草案和标准、指南草案的文本提案。协调人将准备各自的文本，供2022年7月的理事会审议。

《"区域"内矿物资源开发规章》是联合国主持下专门针对"区域"矿

---

① 参见 https://isa.org.jm/files/files/documents/isba-18c-4_1.pdf，2022-11-21。

② 《"区域"内矿物资源开发规章草案》序言，https://isa.org.jm/files/files/documents/isba_25_c_wp1-c_0.pdf，2022-11-29。

③ 《"区域"内矿物资源开发规章草案》第44条，https://isa.org.jm/files/files/documents/isba_25_c_wp1-c_0.pdf，2022-11-29。

物资源勘探开发规则及"区域"环境治理的规章，通过对有关主体在"区域"内勘探开发活动设立行为规范，预防并治理由于"区域"内采矿活动造成的环境损害，进而加强"区域"环境治理成效。

3.《世界环境公约》

《世界环境公约》是由法国顶尖智库"法学家俱乐部"发起，并由其环境委员会和委员会主席负责具体公约，项目缘起于2015年气候变化巴黎大会之后，法国法律界人士希望在全球有效实施《巴黎协议》和联合国可持续发展目标。①全球近40个国家或地区的法律人士共同起草《世界环境公约》，并旨在通过确立环境保护的基本原则巩固全球环境治理框架。2018年5月，联合国大会通过决议，为制定《世界环境公约》建立框架。

《世界环境公约》草案在序言中提到，面对日益严重的环境威胁，国际社会必须协同一致、共同制定出更加雄伟的目标才能更好地保护环境。②该公约对环境的保护规定是一般且全面的，包括海洋中的"区域"。该公约第2条规定保护环境的义务，指出任何国家或国际机构、法人或自然人，无论公私，都有保护环境的义务，每个人要在自己的层面为保护、维持和修复完整的地球生态系统做出贡献。③该公约还规定各缔约国有责任在开展活动前进行环境评估，采取必要措施预防其控制下的活动对环境造成的损害，并且规定环境损害修复义务及谁污染谁付费原则，通过对环境造成损害主体的追责在一定程度上抑制环境污染发生。该公约从宏观层面对全球环境保护作出规定，虽然并未直接聚焦"区域"环境保护，但"区域"作为全球环境系统重要组成部分，该公约也必然对"区域"环境治理提供原则性指引。

2018年5月，联合国第72届大会通过主题为"迈向世界环境公约"的决议，决议指出需要继续在可持续发展的背景下，以全体一致的方式应对环境退化带来的挑战。④联合国秘书长提交基于实证的技术报告，用来确

---

①③　参见 https://baike.baidu.com/item/世界环境公约/22580313，2022-11-19。

②　《世界环境公约》序言，https://globalpactenvironment.org/uploads/CHI.pdf，2022-11-19。

④　参见 https://wedocs.unep.org/bitstream/handle/20.500.11822/25982/UNGARES_72_277.pdf?sequence=1&isAllowed=y，2022-11-30。

定并评估国际环境法和与环境有关的各项文书可能存在的缺陷，并设立不限成员名额工作组审议该报告以消除此方面缺陷；决议还涉及工作组工作的资金支持制度。此项决议全面推进了《世界环境公约》的制定进程。至2023年2月，根据联合国72届会议所设的不限成员名额工作组已经召开一次组织会议与三届实质性会议，《世界环境公约》制定进程正全面推进。

4."海洋和海洋法"

意识到有效使用海洋资源，养护海洋生物资源，并研究、保护和保存海洋环境的重要性，①联合国大会开始将"海洋和海洋法"纳入大会讨论议题。各届大会所讨论的"海洋和海洋法"议题包括《联合国海洋法公约》的适用与协调、海洋环境保护、海上安全的维护、海洋争端的解决等，每一届新召开的联合国大会均在之前大会的基础上对管理海洋事务进行完善，进而科学打造健康的海洋环境，其中主要内容如下：

（1）2015年联合国大会第72届会议通过A/RES/72/73号"海洋和海洋法"决议在海洋环境保护方面：a. 在应对海洋垃圾方面，鼓励各国根据在"我们希望的未来"中所作承诺并依据收集到的科学数据采取行动，到2025年显著减少海洋废弃物，防止对沿海和海洋环境造成损害。②建议国家采取经济奖励措施来减少、控制废弃物任意排放入海洋。此外，鼓励国家与民间社会建立伙伴关系共同应对海洋垃圾与微塑料问题。b. 在气候变化对海洋影响问题上，鼓励各国各自或协同有关国际组织和机构，加强科学活动，更好地了解气候变化对海洋环境和海洋生物多样性的影响，支持继续协调科学工作，以研究并尽量减少海洋酸化的影响，并制订适应变化的方式与方法，同时酌情考虑预防性办法和生态系统方法。③c. 鼓励各国直接或通过有关国际组织，考虑酌情根据包括《联合国海洋法公约》在内

①　参见 https://documents-dds-ny.un.org/doc/UNDOC/GEN/N21/386/38/PDF/N2138638.pdf?OpenElement，2022-11-30。

②　联合国大会 A/RES/72/73 号决议第 187 段，https://undocs.org/zh/a/res/72/73，2022-12-02。

③　联合国大会 A/RES/72/73 号决议第 196 段，https://undocs.org/zh/a/res/72/73，2022-12-02。

的国际法，针对在其管辖或控制范围内进行的可能严重污染海洋环境或致使海洋环境发生重大有害的活动，进一步制订和适用环境影响评估程序，同时鼓励依照《联合国海洋法公约》向主管国际组织报告此类评估结果，并且鼓励各国共同拟定并推行应急计划应对污染事件。①

（2）2018 年联合国大会第 73 届会议通过 A/RES/73/124 号"海洋和海洋法"决议重申了第 72 届联合国大会应对海洋垃圾与微塑料、气候变化对海洋环境的影响以及相关主体间进行合作方面的措施。第 73 届联合国大会除讨论上述方面有关事项之外，在船舶造成的海洋污染问题上鼓励非缔约国加入《国际防止船舶造成污染公约》及其议定书、《香港国际安全与无害环境拆船公约》、《国际油污防备、反应与合作公约》等，通过遵守公约义务以及缔约方之间进行合作来缓解船舶造成的海洋污染。2019 年联合国大会第 74 届会议 A/RES/74/19 号决议亦重申鼓励前次联合国大会关于海洋环境保护的措施与方法。在海洋酸化方面，鼓励各国及国际组织之间的合作，了解并研究适当的对策缓解海洋酸化对海洋环境及生物多样性的冲击。此外，确认海洋污染物大多来自陆上活动，影响到海洋环境中最富饶的水域，并促请各国优先执行《保护海洋环境免受陆上活动污染全球行动纲领》，采取一切适当措施履行国际社会在《保护海洋环境免受陆上活动污染巴厘岛宣言》中作出的承诺。②至 2022 年 11 月，联合国大会已经召开至第 77 届。2022 年 7 月 15 日，联合国通过决议认可"我们的海洋、我们的未来、我们的责任"宣言（《里斯本宣言》）。"海洋和海洋法"的议题一直在进行中。

5. 关于塑料污染（包括海洋环境）的具有法律约束力的文书

2022 年 2 月，在联合国环境大会第五届会议续会（UNEA-5.2）上，通过一项 5/14 决议，政府间谈判委员会（INC）将制定一项关于塑料污染

---

① 联合国大会 A/RES/72/73 号决议第 203、205 段，https://undocs.org/zh/a/res/72/73，2022-12-02。

② 74 届联合国大会 A/RES/74/19 号决议第 242 段，https://undocs.org/zh/A/RES/74/19，2022-12-02。

（包括海洋环境）的具有法律约束力的文书，目标是在 2024 年底前完成谈判。①

这一关于塑料污染的法律文书将致力于寻找解决塑料全生命周期问题的综合方法，包括：（1）通过其他途径促进塑料的可持续生产和消费物品、产品设计和无害环境的废物管理，包括通过资源效率和循环经济方法；（2）促进减少塑料污染的国家和国际合作措施，包括现有的塑料污染；（3）制定、实施和更新反映国家行动计划促进方法；（4）促进国家行动计划，努力实现预防、减少和消除塑料污染，支持区域和国际合作；（5）提供与塑料污染相关的科学和社会经济评估；（6）鼓励包括私营部门在内的所有利益攸关方采取行动，并促进地方、国家、区域和全球各级的合作；（7）具体说明能力建设和技术援助。根据双方商定的条件进行技术转让，并提供财政援助；确认该文书下某些法律义务的履行将取决于能力建设和充分的财政和技术援助。②

二、欧盟参与"区域"环境治理的实证分析

（一）欧盟关于"区域"环境治理已有立法实践分析

欧盟作为区域性政府间国际组织，之所以能在海事界呼风唤雨，其中很重要的一点就是，欧洲经济起源于海洋，其骨子里有海洋的基因。③因此，欧盟对海洋环境保护十分重视，并不断完善有关海洋环境保护的立法，营造健康的海洋环境。

1. 1992 年 9 月 22 日《保护东北大西洋海洋环境公约》（简称《OSPAR 公约》）在巴黎开放供签署。《OSPAR 公约》是包括法国、德国、比利时等国在内的 15 个国家与欧盟合作保护东北大西洋海洋环境免受来自陆地与近海设施排放污染源造成损害的成果。公约缔约国在认识到海洋环境及其

---

① 参见 https://www.unep.org/about-un-environment/inc-plastic-pollution，2022-11-16。

② 参见 https://wedocs.unep.org/bitstream/handle/20.500.11822/39812/OEWG_PP_1_INF_1_UNEA%20resolution.pdf，2022-11-16。

③ 杨培举：《欧盟的海洋 DNA》，《中国船检》2014 年第 4 期，第 17—20 页。

所养护的动植物对国家的重要性，认识到东北大西洋海洋环境的固有价值及为其提供协调保护的必要性，认识到有关国家、区域和全球层面防止和消除污染对可持续管理海洋环境的重要性，意识到海洋生态平衡与合法利用受到污染的威胁，并在此基础上达成协议。①对东北大西洋整体海洋环境进行保护，其中的"区域"也必然受到保护。在《1972 年奥斯陆海洋倾倒公约》和《1974 年防止陆源物质污染海洋公约》对陆源污染规定存在某些不足的情况下，《OSPAR 公约》及其附件一进行详细的补充规定。除陆源污染外，该"公约"还对海洋倾倒与焚毁等问题也作出具有法律效力的规定，并呼吁海洋环境保护在"区域"一级采取更加严格与全面的协调与合作。《OSPAR 公约》在第一条对缔约国的义务进行一般性规定，指出参加《OSPAR 公约》的主体负有预防、保护以及消除海洋污染的义务，通过"预防原则"和"谁污染谁付费原则"为海洋环境保护设立事前防范与善后机制。《OSPAR 公约》主要针对的污染类型有：

（1）陆源污染：缔约方应根据《OSPAR 公约》与附件一的规定单独或共同采取一切可能的步骤，防止和消除陆源污染。②附件一要求缔约国在预防和消除陆源污染方面采用现有最佳可行技术（BAT）和最佳环境实践（BEP）。③通过有关主管机构的授权管制措施对海域排放进行控制，并对排放物是否符合授权进行定期检查与监测。

（2）倾倒或焚化的污染：缔约方应根据《OSPAR 公约》与附件二的规定，单独或共同采取一切可能的步骤，防止和消除倾倒或焚化废物或其他物质造成的污染。④附件二明确规定禁止焚化，虽有禁止倾倒的例外情况，但通过缔约国主管当局的授权与监督机制对倾倒行为进行严格管控，由此

①　参见 https://www.ospar.org/convention/text，2022-11-28。

②　《保护东北大西洋海洋环境公约》第 3 条，https://www.ospar.org/convention/text，2022-11-28。

③　最佳可行技术（BAT）：海洋环境保护最新阶段的程序、设施与操作方法（最先进状态表明在限制排放与浪费方面的实际可行的特定措施）；最佳环境实践（BEP）：最适当的环境控制措施与策略组合。

④　《保护东北大西洋海洋环境公约》第 4 条，https://www.ospar.org/convention/text，2022-11-28。

减少因倾倒造成的海洋污染。

（3）来自近海资源的污染：缔约各方应根据《OSPAR 公约》与附件三的规定，单独和共同采取一切可能的步骤，防止和消除近海污染。①附件三亦要求缔约国为达此目的使用最佳可行技术（BAT）和最佳环境实践（BEP），设立事前授权与事后监督机制限制近海污染源的排放，禁止颁发可能产生有害排放的海上设施废弃许可证以期尽可能减少来自近海的污染，并呼吁缔约国在此方面开展合作，进一步增强海洋环境治理效果。

2.2008 年 1 月 16 日，欧盟委员会提出"循环经济中的欧洲塑料战略"，旨在至 2030 年缓解塑料垃圾问题。该战略意识到欧盟每年产生约 2 600 万吨的塑料废物，其中不到 30％被回收，部分被出口至非欧盟国家，部分被填埋或焚毁，最终流向森林、河流或海洋。②流向海洋的废弃物或沉积海底区域，或被海洋生物误食，严重破坏海洋环境及威胁海洋生物健康。为解决塑料垃圾问题，战略提出以下应对措施：

（1）改善塑料回收的经济性及质量。③首先，通过创新设计更加易于回收的塑料，从源头遏制可能产生的劣性塑料垃圾。其次，提升塑料回收及分类能力，进而为塑料的二次使用提供优质的材料。最后，大力拓展可再生塑料市场，鼓励公众使用可再生塑料产品。

（2）遏制塑料废弃物的随意抛弃。④在海洋塑料方面，随意抛弃在海洋的塑料渔具以及船舶排放的塑料废弃物易被海洋生物误食，从而威胁海洋生物的健康，并对海洋环境产生负面影响，欧盟因此限制对塑料的消费，特别是对一次性物品以及过度包装进行限制。并且通过对海洋环境进行监测尽可能减少塑料垃圾的任意排放。

---

① 《保护东北大西洋海洋环境公约》第 5 条，https://www.ospar.org/convention/text，2022-11-28。

② 参见 https://www.europarl.europa.eu/news/en/headlines/society/20180830STO11347/how-to-reduce-plastic-waste-eu-strategy-explained，2022-12-07。

③ 《循环经济中的欧洲塑料战略》4.1，https://eur-lex.europa.eu/legal-content/EN/TXT/?qid=1516265440535&uri=COM:2018:28:FIN, 2022-12-07。

④ 《欧洲循环经济中的塑料战略》4.2。

（3）推动塑料垃圾循环解决方案的创新与投资。①加大在基础设施和创新上的资金支持有助于更好实现塑料垃圾循环目标。

（4）利用全球行动解决塑料垃圾问题。②塑料垃圾带来的挑战日益全球化，一个国家向海洋排放的垃圾会跟随洋流运动而流向另一个国家，最终集聚在海洋当中，从而破坏海洋环境、威胁海洋生物健康。因此，欧盟大力支持国际行动，与其他国家或组织在区域海洋公约中合作，并积极参加联合国环境大会于2017年成立的环境工作组应对海洋垃圾与微塑料问题。

3. 2008年6月17日，欧洲议会和理事会发布2008/56/EC号《海洋战略框架指令》，以期最迟在2020年之前实现或维持良好的海洋环境状况，目的在于保护和维护包括"区域"在内的海洋环境，避免对海洋生物多样性、海洋生态系统、人类健康或海洋的合法使用造成负面影响。③《指令》有三大部分，第一部分为背景介绍，指出海洋环境受人类威胁，即制定《指令》的缘由及目的。第二部分为《指令》正文，包含海洋战略的准备、计划措施等。第三部分为6个附件，具体指导成员国实施《指令》。

《海洋战略框架指令》是第一个明确将人为水下噪声纳入污染定义的国际法律文书。《指令》第3.8条规定，"污染"是指由于人类活动而直接或间接地将物质或能量（包括人为引起的水下噪声）引入海洋环境，该物质或能量会导致或可能导致有害影响，例如对生物资源以及海洋生态系统的损害，包括生物多样性的减少；对人类健康的危害；对捕鱼、旅游和休闲在内的海洋活动的阻碍以及海水使用质量的下降和便利设施的减少；或一般而言对海洋产品和服务的可持续利用的损害。④《指令》由此明确将水下噪声纳入海洋污染物范围。

---

① 《欧洲循环经济中的塑料战略》4.3。

② 《欧洲循环经济中的塑料战略》4.4。

③ 《海洋战略框架指令》第1条，https://eur-lex.europa.eu/legal-content/EN/TXT/? uri＝CELEX:32008L0056，2022-12-05。

④ 参见 https://eur-lex.europa.eu/legal-content/EN/TXT/? uri＝CELEX:32008L0056，2022-12-18。

在海洋环境保护方面，首先，《海洋战略框架指令》要求成员国制定区域海洋战略，并呼吁成员国与其他对海洋或海底拥有主权或管辖权的国家协调合作。其次，成员国应对海洋水域状况进行评估，并在初步评估的基础上制定环境状况报告及全面的海洋环境治理目标，用以指导维护良好海洋环境。《指令》对治理目标以及具体措施并没有作出详细规定，由各国根据实际状况自行决定，避免"一刀切"情况的出现。第三，《指令》还要求成员国的海洋战略保持更新，并在战略发布或更新后的三年内向欧盟委员会提交中期报告，说明方案执行进展。①最后，《指令》的 6 个附件为成员国实施《指令》提供了较正文而言更加详细的行为准则与指导。综上，《指令》制定了一整套行动计划，包括欧盟成员国和欧盟委员会的责任、义务以及时间表，这标志着欧盟向先进的海洋利用与环境治理又迈出了重要一步。②

4. 2008 年 7 月 15 日，欧盟理事会条例第（EC）734/2008 号通过关于《保护公海的脆弱海洋生态系统免受海底捕鱼的不利影响》的规定。在此之前，《联合国海洋法公约》与《执行 1982 年 12 月 10 日〈联合国海洋法公约〉有关养护和管理跨界鱼类种群和高度洄游鱼类种群的规定的协定》的缔约方组成的团体致力于保护海洋生态系统，该团体在意识到深海底捕捞活动对海洋生态系统完整性构成威胁时，正在建立新的组织或安排以期通过适当的区域渔业养护和管理制度为海洋生物资源的养护和保全做出贡献。③欧盟理事会意识到该组织的建立存在障碍，为更好地规范深海海底捕鱼活动，保护公海及下覆"区域"海洋环境，因而作出该决议。

该规定首先要求海底捕捞的船舶在进行捕捞之前必须获得附有捕捞计划的捕鱼许可证，如主管当局评估之后认为此种捕捞不会对海洋生态系统造成不利影响则可获得许可证。④设定许可证制度可将过滤部分无法满足海

---

① 《海洋战略框架指令》第 18 条，https://eur-lex.europa.eu/legal-content/EN/TXT/?uri=CELEX:32008L0056，2022-12-05。

② 张义钧：《"欧盟海洋战略框架指令"评析》，《海洋信息》2011 年第 4 期，第 27—30 页。

③ 参见 https://eur-lex.europa.eu/legal-content/EN/TXT/?uri=celex%3A32008R0734，2022-11-28。

④ 《保护公海的脆弱海洋生态系统免受海底捕鱼的不利影响》第 4 条第 2 款。

洋生态系统保护要求的主体，从源头减少对海洋生态系统可能产生的不利影响。其次，有关主体的捕捞行为应当始终符合所提交的捕捞计划，如需更改，必须及时通知主管当局重新审查。①在实际捕捞过程中依据捕捞计划对有关主体的捕捞活动的规制，避免在捕捞过程中超出原计划对海洋生态造成的意外损害。第三，在捕捞活动中应避免对生态脆弱地区或在禁区内的捕捞。总之，规定通过对捕捞的许可、禁止与监督，达到养护公海生态系统的目的。

（二）欧盟关于"区域"环境治理正在参与的立法

1. BBNJ 协定

目前，BBNJ 协定仍在谈判之中，主要有欧盟、77 国集团以及美国三个阵营，不同阵营在谈判中立场也不相同，从而影响谈判进展。②欧盟积极参与 BBNJ 协定的制定，为养护和可持续利用公海及"区域"生物多样性贡献一份力量。关于 BBNJ 协定已经开展五届政府间实质性会议，在五届会议上欧盟代表均出席会议并发表意见与建议。

在 2018 年 9 月召开的 BBNJ 协定的第一届政府间会议上，欧盟代表的发言聚焦于协定草案的制定基础、协定与其他现有国际文书之间的关系、草案的具体内容。首先，在协定草案制定的基础方面，欧盟代表认为草案文本的制定必须建立在对实质性问题充分讨论并达成备选办法的基础之上，否则不利于在各国之间就草案文本之间达成一致，从而延缓 BBNJ 协定制定进程。其次，在协定与现行国际文书之间的关系方面，欧盟代表认为新协定不应影响对其他文书的尊重，但有必要克服其以孤岛形式工作的现状，该协定应以承认和补充而非损害先前条约任务的方式制定。必须使《联合国海洋法公约》中缔约国的权利义务得到实施，并与其他现行国际协定加强协作。再次，在协定中关于生物多样性划区管理工具方面，欧盟

---

① 《保护公海的脆弱海洋生态系统免受海底捕鱼的不利影响》第 5 条第 2 款，https://eur-lex.europa.eu/legal-content/EN/TXT/?uri=celex%3A32008R0734，2022-11-28。

② 张丽娜、江婷烨：《BBNJ 国际协定供资机制研究》，《中国海洋大学学报》（社会科学版）2020 年第 4 期，第 1—10 页。

代表表示应根据现有科学技术状况制定出新的海洋保护机制，采用生态系统方法和预防原则，使全球保护网具有更大的价值。①表示协定的缔约国有必要进行环境影响评估，并通过信息交换机制分享经验。协定应当促进国际组织之间跨部门协调与合作，但并不组织缔约国实施更严格的海洋保护措施，协定应建立对海洋保护区的定时审查规则。②

在 2019 年 3 月召开的第二届政府间会议上，欧盟代表发言指出：关于环境影响评估报告应包含清晰、明确和简洁的语言，根据新协定，该语言最有可能付诸实践。③在 2019 年 8 月召开的第三届政府间会议上，欧盟强调其代表团致力于继续努力完成新条约的承诺，不仅要发表意见，还需要迈向新的高度。此外，欧盟代表还表示条约草案为会议提供了良好的基础，以便新的版本能够反映过去两周的讨论，并且希望会议发出"以协作的方式保护我们的海洋"的强烈信息。④在 2022 年 3 月召开的第四届政府间会议上，欧盟代表指出，国家管辖范围以外只有大约 1％的区域受到保护，需要采取紧急行动，包括建立一个有效、可靠的机制来促进建设能力和海洋技术转让。⑤在 2022 年 8 月召开的第五届政府间会议上，欧盟代表同意精简 BBNJ 协定草案第 59 条的想法，并强调欧盟就财政资源分享提出建议的条款。⑥

2. 2018 年 5 月，联合国正式开启《世界环境公约》的谈判进程。虽在 2017 年《世界环境公约》的草案就提交给联合国并供有关专家学者审议，但该草案并非经缔约方讨论协商后的最终版本，《世界环境公约》的最终版本仍需要各国进行进一步谈判。

2017 年联合国大会第 72 届会议有关"制定全球环境契约"的 A/RES/72/277 号决议讨论过程中，保加利亚的帕纳托约夫代表欧盟及其成员国发

---

① 参见 https://www.un.org/press/en/2018/sea2079.doc.htm，2022-11-30。
② 参见 https://www.un.org/press/en/2018/sea2084.doc.htm，2022-11-30。
③ 参见 https://www.un.org/press/en/2019/sea2098.doc.htm，2022-11-30。
④ 参见 https://www.un.org/press/en/2019/sea2118.doc.htm，2022-11-30。
⑤ 参见 https://press.un.org/en/2022/sea2139.doc.htm，2022-11-15。
⑥ 参见 https://press.un.org/en/2022/sea2163.doc.htm，2022-11-15。

言指出制定《世界环境公约》的原因主要在于应对由人类造成国际环境退化所构成的挑战，并且赞赏协调各国在此方面的努力，期待在不限成员名额工作组进行建设性讨论以推进此项倡议。①在 2019 年 1 月联合国迈向《世界环境公约》第一届实质性会议上，欧盟代表发言指出，欧盟及其成员国支持"建立《世界环境公约》"的倡议，以加强国际环境法和国际环境相关文书的执行。需要确保特设不限成员名额工作组进程的任何结果不会导致现有环境保护标准的削弱或破坏现有进程和相关法律文书，且认为环境保护标准应当更加严格。②在 2019 年 3 月第二届政府间实质性会议上，欧盟代表指出：欧盟及其成员国希望在整个联合国系统加强环境合作和一致性，并相信全球环境评估进程可以支持加强环境署作用以及提高多边环境评估效力。强调必须实现关于环境文书（多边环境协定和非约束性协定）之间的一致性和协作，特别是通过加强协同作用、不同行为者之间的合作以及避免重复和冲突，改善其总体执行。③

2019 年 3 月"迈向《世界环境公约》"第三届政府间实质性会议在肯尼亚举行，欧盟表达了如下意见：

（1）在开幕式上欧盟代表致开幕词，肯定联合国大会关于"迈向《世界环境公约》"已经作出的努力，并呼吁针对海洋垃圾和微塑料、药物污染等紧迫问题采取行动。与此同时，欧盟也指出有待改进之处，一方面大会的部分建议较为笼统，应当作出进一步的解释说明；另一方面，在大会中得到关注并进行讨论的因素在草案中并没有体现，如在国家、国际层面及在联合国系统内将环境问题作为工作重点问题。通过进一步阐述说明及补充有关的环保建议，更好地保护陆上及海洋环境。④

---

① 参见 https://undocs.org/zh/A/72/PV.88，2022-12-05。

② 参见 https://wedocs.unep.org/bitstream/handle/20.500.11822/27202/EU％20Opening％20Statement％20GPE％20AHOEWG％20January.pdf，2022-12-05。

③ 参见 https://wedocs.unep.org/bitstream/handle/20.500.11822/27771/Eth2.docx？sequence＝1＆isAllowed＝y，2022-12-05。

④ 参见 https://wedocs.unep.org/bitstream/handle/20.500.11822/28319/EU_Opening.docx？sequence＝2＆isAllwed＝y，2022-12-18。

（2）对于《世界环境公约》修正案内容，欧盟提出以下建议：a. 关于指导原则：呼吁提高环境保护在国际议程中的受重视程度，致力于国际环境法及相关文件如促进《2030 年可持续发展议程》的实施，并且要求在全球层面对未充分处理的环境问题迅速采取应对行动。b. 在联合国采取行动方面：联合国环境评估委员会应当加强与其他多边环境协定的合作，确保两者在环保问题上的协调一致；此外鼓励成立以联合国环境规划署牵头的环境管理小组，并呼吁小组成员在环境保护方面提供政治及经济支持。①

第三节　重要国际环保组织参与"区域"环境治理的实证分析

一、世界自然保护联盟参与"区域"环境治理的实证分析

世界自然保护联盟（International Union for Conservation of Nature, IUCN）成立于 1948 年，是当今世界上规模最大、历史最悠久的全球性非营利环保机构，也是自然环境保护与可持续发展领域唯一作为联合国大会永久观察员的国际组织。②IUCN 进行的环保工作覆盖范围广泛，其中之一为海洋环境保护。

（一）IUCN 关于气候变化对海洋环境的影响、深海采矿污染以及海洋塑料等治理问题的实证分析

第一，气候变化对海洋环境产生严重影响，IUCN 利用其科学信息技术收集气候变化对海洋环境威胁的最新信息，认识到海洋酸化对海洋环境的威胁正在加剧。大气中二氧化碳被海洋吸收导致海洋酸化问题加剧，为应对海洋酸化问题，近年来关于海洋酸化问题的研究越来越多。2019 年 10 月 28 日至 29 日，《内罗毕公约》与 IUCN 主持的海洋酸化国际参考用户组

---

①　参见 https://wedocs.unep.org/bitstream/handle/20.500.11822/28321/EU_amendments_for-recommendations.docx?sequence=2&isAllowed=y，2022-12-06。

②　参见 https://baike.baidu.com/item/世界自然保护联盟/9126475?fromtitle=国际自然保护联盟&fromid=1753864&fr=aladdin，2022-12-10。

（OAiRUG）和西印度洋海洋科学协会（WIOMSA）在坦桑尼亚桑吉巴（Zanzibar）联合举办了印度洋区域海洋酸化研讨会。①研讨会针对西印度洋区域海洋酸化提出以下行动计划：首先，通过跨国合作逐步扩大海洋酸化治理资金资助渠道，缩小与西印度洋海洋酸化资助方面差距。主要包括以下方式：a. 通过区域协调与合作，在对现状进行分析的基础上拟定区域筹资计划，b. 在西印度洋海洋科学协会的协助下制定逐步扩大资助的区域战略。c. 从不同渠道调动资源增强监测海洋酸化能力，并促进科学技术以及政策等的交流。其次，增强区域对海洋酸化认识的整体协调性。有关国家对酸化治理认识的不平衡，即使在资金充足的前提下科学合作亦会受阻。最后，加强在西印度洋区域海洋酸化治理方面的交流。②海洋酸化研讨会对于西印度洋地区酸化治理提供建议，对西印度洋水体及下覆"区域"生物健康的维护意义重大。

第二，对于海洋塑料垃圾，IUCN 自 2011 年以来就一直从事微塑料研究，IUCN 还与私营部门、政府和非政府组织建立了一个利益相关者平台，以讨论和制定解决塑料和微塑料海洋污染的最佳实践解决方案。③IUCN 正在研究北极微塑料问题，研究表明北极地区已成为各地抛弃微型塑料垃圾的聚集地，IUCN 最新启动的项目主题涵盖微塑料对生态系统、人类健康以及冰的形成与融化的影响。2014 年 IUCN 的 F.泰弗农（F. Thevenon）、C.卡罗尔（C. Caroll）和 J.苏泽（J. Sousa）撰写的《海洋中的塑料碎片》是有关塑料及微塑料的最新出版物。该出版物针对海洋塑料垃圾提出了以下应对措施：

（1）在执行减少世界各地海洋塑料的行动计划时，需要吸收旅游业、塑料加工业、非政府组织、地方当局和国家政府等不同利益攸关方参与，以便从全球和可持续的角度有效处理与塑料污染有关的社会经济和环境问题。④

①② 参见 https://www.iucn.org/sites/dev/files/content/documents/towards_a_western_indian_ocean_regional_oa_action_plan_-_workshop_report_final_270620.pdf，2022-12-13。

③ 参见 https://www.iucn.org/content/microplastics-a-global-disaster-arctic-ocean，2022-12-13。

④ 参见 https://portals.iucn.org/library/sites/library/files/documents/2014-067.pdf，2022-12-13。

（2）在沿海地区，必须尽量减少固体废物流，以防止塑料通过雨水或河流等原因进入海洋。提高市民的意识，减少使用单一塑胶物料，并鼓励市民循环再用及循环再造塑胶废物。鼓励渔民和市民参与监察和收集海洋垃圾。①

（3）在海滩和沿海地区放置充足的垃圾和回收箱。关于海域、航运、船舶和旅游业，应告知禁止向海中投掷塑料废物的必要性。②

2019 年 IUCN 在挪威发展合作署的支持下开展了减少太平洋和加勒比海以及地中海塑料垃圾的 "Plastic Waste-Free Islands"（PWFI）项目。项目旨在向合作伙伴提供数据与分析以减少塑料废弃物泄漏到环境中的数量；促进旅游、渔业和废物管理部门采取减少塑料排放的措施；共同制定针对具体部门的行动计划，以加强塑料价值链不同利益攸关方之间的协调与合作；基于 PWFI 所采取的策略以及经验，与区域机构合作制定岛屿蓝图减少塑料垃圾。

为实现 PWFI 项目目标，IUCN 认为处理好以下问题是关键：（1）IUCN 与各国合作，共同生成可靠的数据和分析，以了解当前的塑料泄漏状况，从而设定目标并实施行动。（2）IUCN 正在促进主要公共和私营利益攸关方之间的合作，以分享最佳做法，加强塑料废物管理措施。（3）IUCN 正在支持政策和立法分析及改革，以尽量减少塑料泄漏。IUCN 特别致力于通过开发设想方案模型来确定减少塑料泄漏的备选方案。（4）IUCN 正在与私营部门合作，重点是旅游、渔业和废物管理部门，以加强其塑料废物管理措施，并开发替代价值链。③

第三，在深海底采矿方面，IUCN 强调其作为国际海底管理局的官方观察员的作用，其任务是促进深海底的发展。IUCN 在 2018 年 7 月发布报告《深海底采矿：日益严峻的环境挑战》，报告旨在激发人们对深海及其潜在发展的讨论兴趣，特别是对深海开采含硬金属矿物的关注。IUCN 致

---

① ② 参见 https://portals.iucn.org/library/sites/library/files/documents/2014-067.pdf，2022-12-13。

③ 参见 https://www.iucn.org/sites/dev/files/pwfi_factsheet_final_0.pdf，2022-12-13。

力于为国际海底管理局提供与深海采矿勘探授权程序有关的生物多样性保护知识和工具，并为制定"区域"深海底采矿环境法规提供投入。IUCN还与科学家合作，就深海采矿对微生物生态系统和深海水柱生态系统的潜在影响提供见解。[1]

在"深海底采矿：日益严峻的环境挑战"报告中，为应对深海采矿对海洋环境造成的影响，IUCN 提出以下环境管理办法：（1）通过深海底开采前对海底状况进行的基线研究或评估，为比较采矿前、采矿期间和采矿后海洋环境状况建立基准。（2）通过环境影响评估（EIA）评估拟议项目对海洋环境的潜在影响。合规的环境影响评估是环境影响报告（EIS）的基础，并且要求报告提出减少环境影响和遵守相关法律的措施。（3）为了保护环境，各国应根据自己的能力广泛采用预防性做法。在存在严重或不可逆损害的威胁时，不应以缺乏充分的科学确定性为理由，推迟采取成本效益高的措施来防止环境恶化。[2]

2020 年，IUCN 发布关于深海采矿的决议（2020 年），呼吁通过暂停海底采矿保护深海生态系统和生物多样性，除非或直到：（1）已经进行了严格和透明的影响评估，全面了解深海底采矿的文化和经济风险可以确保有效保护海洋环境；（2）预防原则、生态系统方法和污染者付费原则的充分实施；（3）确保负责任地生产和使用金属的政策，如减少初级金属需求，向资源高效循环经济转型，以及制定并实施了负责任的地面采矿实践；（4）公共协商机制已纳入与深海采矿相关的所有决策过程，确保有效参与，允许独立审查。在相关情况下，尊重原住民的自由、事先知情同意和获得潜在受影响社区的同意。建议推动国际海底管理局改革，以确保透明、负责、包容、有效地对环境进行决策和监管。[3]

---

[1] 参见 https://portals.iucn.org/library/sites/library/files/documents/2018-029-En.pdf，2022-12-13。

[2] 参见 https://www.iucn.org/resources/file/strategy-designing-and-implementing-area-based-management-tools-including-mpas-under，2022-12-13。

[3] 参见 https://portals.iucn.org/library/sites/library/files/resrecfiles/WCC_2020_RES_122_EN.pdf，2022-11-16。

（二）IUCN 关于国家管辖范围以外生物多样性（BBNJ）问题治理实证分析

自 2003 年以来，IUCN 一直是国际社会关注国家管辖范围以外生物多样性所面临风险与威胁的推动者，并推动在《公约》基础上更好地利用现有文书以及制定新文书。[①]上述问题经世界环境大会通过多项决议：1. 呼吁各国单独或作为 IUCN 成员通过谈判达成《联合国海洋法公约》下新的关于公海生物多样性养护和可持续利用的执行协定（即 BBNJ 协定），用以解决国家管辖范围以外区域生物多样性养护和可持续利用方面的海洋治理缺口。2. 通过全球海洋与极地项目、环境法项目、世界保护区委员会和其他攸关方的工作，IUCN 就国家管辖范围以外海洋生物多样性的养护编制了指导性文件。文件内容包括向各国政府和其他组织提供科学资料，以及作为谈判人员工具的一系列建议。[②]

联合国正在《联合国海洋法公约》下拟定 BBNJ 协定。虽然有疫情影响，IUCN 也稳步推进 BBNJ 协定制定工作。IUCN 就 BBNJ 协定的有关问题开展网络研讨会，第一次研讨会的主要内容聚焦于国家管辖范围以外海洋遗传资源的保护。IUCN 指出要保护对获取生物遗传资源研究的可得利益，强调保护海洋生物多样性的重要性及必要性。第二次网络研讨会强调要在国家管辖范围以外海域进行的人类活动及生物敏感性进行适当的环境影响评估与广泛的战略环境评估，以防止不恰当的人类活动或其他情况对此类海域造成的负面影响。第三次网络研讨会概述管理人类活动以及保护公海生物多样性的重要工具，包括针对海洋运输、深海采矿、捕鱼和其他行业采取的环保措施，以保护敏感的海域或脆弱的海洋生态系统。此外，在先前研讨会的基础上，主张应将气候变化纳入环境影响评估中。因为大气中增多的二氧化碳被海水吸收导致海洋酸化，破坏海水的酸碱平衡，进

---

① 参见 https://www.iucn.org/resources/file/strategy-designing-and-implementing-area-based-management-tools-including-mpas-under，2022-12-13。

② 参见 https://www.iucn.org/our-work/informing-policy/international-policy/marine-biodiversity-areas-beyond-national-jurisdiction-bbnj，2022-12-13。

而对海洋生物多样性造成严重威胁。①

（三）IUCN 关于参与制定《世界环境公约》的实证分析

ICUN 下设的世界环境法委员会（WCEL）正在协助 IUCN 在制定《世界环境公约》方面作出贡献。自从参与初步起草和推广一套国际上公认的环境法原则草案——《世界环境公约》以来，委员会一直与合作伙伴一道努力，现已促使联合国大会于 2018 年 5 月 10 日通过第 72/277 号决议，启动《世界环境公约》协议进程。②

在联合国大会通过该项决议后，2018 年 5 月 25 日世界环境法委员会在纽约召集了小型专家会议，讨论环境法学界如何继续开展工作以推动《世界环境公约》关于海洋及其他环保目标的实现。③

二、深海保护联盟参与"区域"环境治理的实证分析

深海保护联盟（Deep Sea Conservation Coalition，DSCC）由 100 多个非政府组织、渔民组织以及法律和政策研究所组成，它们共同致力于保护脆弱的深海生态系统。DSCC 旨在大幅减少对深海环境的威胁，并维护深海生态系统的长期健康，完整性和复原力，目标是保护脆弱的深海生态系统并保护深海物种，并认识到这对整个海洋，地球系统和人类福祉具有广泛影响。DSCC 的工作主要在以下三个方面进行：深海采矿、深海捕鱼、海洋治理。④

（一）DSCC 参与制定《"区域"内矿物资源开发规章草案》环境治理部分的实证分析

在国际海底管理局关于《"区域"内矿物资源开发规章草案》的制定过程中 DSCC 作为观察员的身份参加了主要会议，以下将对 DSCC 就与环

---

① 参见 https://www.iucn.org/theme/marine-and-polar/our-work/international-ocean-governance/unclos/bbnj-knowledge-series，2022-12-14。

② 参见 https://www.iucn.org/our-union/commissions/world-commission-environmental-law/our-work/history/foundational-documents-2，2022-12-17。

③ 参见 https://www.iucn.org/news/world-commission-environmental-law/201806/iucn-wcel-meeting-advance-global-pact-environment，2022-12-18。

④ 参见 http://www.savethehighseas.org/about-us/board-of-directors/，2022-12-13。

境治理相关的议题发表的意见进行分析：

1. 关于深海环境保护的重要性问题

DSCC 认为深海采矿对深海环境的威胁占全部威胁的绝大部分，深海是我们地球上最大的生存空间，被称为地球生命维持系统。根据第一次世界海洋评估，深海是地球上物种多样性和生态系统最多的地方。大多数深海物种尚未被发现，它们可能是人类未来的关键：COVID-19 的诊断测试是利用在深海热泉发现的一种酶开发出来的。①

2. 关于"区域"采矿监管的透明度问题

DSCC 认为在保持透明度的前提下，要节省碳排放，并允许偏远国家更广泛地参与。DSCC 对秘书处关于透明度和问责制的强调表示支持，认为这是极为重要的，因为通过公开通明的问责方式能够正确地保护海洋环境，适当的监管办法辅之以公开通明的公示模式，能够更好地实现国际海底管理局和世界各国保护海洋环境最终目标。此外如何最好地把独立的科学专业知识融入国际海底管理局的决策并确保透明的监管和决策过程将是需要解决的重要问题。②

3. 关于"区域"环境管理计划（REMPs）的问题

DSCC 代表认为，随着思维的发展和科学信息的进步，现代科学已能够更清晰地对海洋环境进行检查和评估，其中环境特征、物种和生态系统的基准信息等因素是决定一个地区环境质量的基本因素。环境规划是环境管理的关键，也是建立明确和可评价的目标、量度、阈值、准则、标准以及保护环境机制的关键，唯有此才能够适应一个区域的特定生态特征。DSCC 提出对"区域"内物种和生态系统的累积压力和影响进行评估，并最终由国际海底管理局大会做出评判，从而更好地建设海洋环境治理能力。③

———————

① 参见 http://www.savethehighseas.org/wp-content/uploads/2020/09/DSCC-Submission-to-UNEA4-Minerals-Governance_final.pdf，2022-12-13。

② 参见 https://www.isa.org.jm/files/files/documents/dscc_4.pdf，2022-12-13。

③ 参见 https://www.savethehighseas.org/wp-content/uploads/2021/12/20211210_DSCC-Intervention-on-Agenda-Item-13_LTC.pdf，2022-12-13。

4. 关于"区域"独立环境评估计划的问题

在国际海底管理局第 25 届会议（2019 年 2 月 25 日至 3 月 1 日）上，DSCC 代表针对独立环境评估计划（Independent Assessment of Environmental Plans）发表意见认为环境评估计划应当先由独立专家进行评估，然后与环境影响评估、环境管理计划和关闭计划等一起在国际海底管理局网站上公布，最后再进行环境影响评估。DSCC 代表强调独立的科学建议和专家对所有环境文件的审查是必不可少的，这需要在利益相关者参与的情况下公开进行或公开听取意见。①

综上所述，DSCC 作为国际海底管理局的观察员，对于国家之间的实质性权利义务并未做出过多的表示，议题更为集中地体现在关于环境评估的制定、操作、公示和监督等具体问题上，为环境评估能够成为各国行之有效的环保标准和监督手段提出了技术层面上的解决方案。

(二) DSCC 防治海洋捕鱼造成的环境损害的实证分析

海洋渔业是目前对海洋生物具有直接威胁的一项产业，而且海洋生物的种类和数目将会间接影响"区域"的环境治理效果。

1. DSCC 参加南太平洋区域渔业管理组织委员会第八次会议的实证分析

2020 年 2 月 14 日—18 日，DSCC 参加了南太平洋区域渔业管理组织委员会（SPRFMO）第八次会议。DSCC 认为 SPRFMO 应当设立生态或生物敏感区（EBSAs），该区域的作用主要在于评估特定的时间内 EBSAs 渔业活动的影响，目前共有五个区域可以满足《生物多样性公约》对 EBSAs 的标准。此外，还有重要的区域尚未评估，包括南部的西南太平洋地区、新西兰东部、路易斯维尔的南部山脊和南塔斯曼。因此，DSCC 提议委员会应该重视 EBSAs 在海洋环境和生物遗传资源保护方面的作用，并通过讨论的方式决定适当的监督管理方式，以保证海洋渔业和海洋环境

_____

① 参见 https://www.savethehighseas.org/wp-content/uploads/2021/12/20211215_DSCC-Intervention-on-Item-8.pdf，2022-12-13。

保护的有机统一。[①]

2. DSCC 参加东北大西洋渔业委员会第 39 届年会的实证分析

2020 年 11 月 10—13 日，DSCC 参加东北大西洋渔业委员会（NEAFC）第 39 届年会，并且在年会上提出针对脆弱的海洋生态系统（vulnerable marine ecosystems，VMEs）进行特殊的规定和保护。DSCC 认识到孤立的海山被指定为脆弱海洋生态系统的要素，而且在海山上进行海底拖网捕捞可能会对脆弱海洋生态系统造成重大不利影响。DSCC 认为 NEAFC 应禁止所有海山进行海底拖网捕捞，从而禁止这一做法。DSCC 指出，科学信息明确表明，不可能只通过管理海山底拖网捕捞来防止对脆弱海洋生态系统造成重大不利影响，因为如果船只根据"移入"规则从海山的一个区域移到另一个区域，即船舶在捕鱼过程中进行移动，很可能再次破坏脆弱海洋生态系统。[②]

三、国际科学理事会[③]参加"区域"环境治理的实证分析

（一）国际科学理事会与联合国教科文组织政府间海洋学委员会达成关于海洋十年的谅解备忘录

2020 年 2 月 12 日国际科学理事会（ISC）在联合国教科文组织总部与联合国教科文组织政府间海洋科学委员会（IOC）签署了关于 2021 年正式启动"联合国海洋十年"计划（简称"海洋十年计划"）。ISC 首席执行官海德·哈克曼（Heide Hackmann）表示，全新的谅解备忘录意味着全新的合作框架，这是对海洋环境保护具有重要意义的一件事情，通过新的备

---

① 参见 http://www.savethehighseas.org/wp-content/uploads/2020/01/DSCC-Briefing-to-SPRFMO-Commission-8th-Meeting.pdf，2022-12-13。

② 参见 http://www.savethehighseas.org/wp-content/uploads/2020/09/Opening-statement-DSCC-SAR-NEAFC-AM2019.pdf，2022-12-13。

③ 国际科学理事会（International Council for Science，ICSU），缩写起源于以前的名称，在 1998 年以前，名称是"国际科学联盟理事会"（the International Council of Science Unions）是一个非政府组织，拥有包括国家科学团体和国际科学联盟的全球会员。国际科学理事会为讨论关于国际科学政策的问题提供了一个论坛，而且它积极地提倡科学自由，推动科学数据和信息的合理获取，推进科学教育。它与其他组织进行合作解决全球问题，担任顾问为从伦理到环境等各种话题提供建议。

忘录展示了 ISC 致力于促进联合国海洋科学可持续发展十年的决心，ISC
将会借助"海洋十年计划"呼吁海洋科学界参与全球、区域和地方的可持
续发展目标，通过科学的手段为建设健康和可持续的海洋提供切实可行的
解决方案。此外，ISC 将持续致力于在其成员和更广泛的国际组织中促进
海洋十年计划及其相关活动，其中包括国际科学联盟和协会，国家和地区
科学院和研究理事会关于海洋环境保护的国际倡议。[1]ISC 认为深海海底区
域虽然是地球上最大生存空间，但是在技术层面其相较于表层海面具有更
大的挑战性。因此，与其他生态系统（例如珊瑚）相比，人类对于深海生
物多样性的了解要少得多。而且，从事不同深海栖息地工作的专家，很少
有机会分享经验和方法。ISC 认为应该在海洋十年期间创造这些机会，以
使人们能够深入了解深海生态系统。[2]

（二）新冠疫情背景下强调海洋环境保护与人类健康的关系

联合国海洋科学促进可持续发展十年虚拟研讨会第二期网络研讨会讨论
海洋与人类健康之间广泛的联系，并受到世界各地利益相关者的广泛关注。
国际科学理事会认为海洋生物多样性直接为人类健康、粮食安全和全球经济
做出贡献，全球约有 30 亿人口依靠野生捕捞和养殖的海产品作为蛋白质的
主要来源。对海鲜的广泛依赖处于微妙的平衡之中，但这种依赖正受到威
胁。在微观层面，数以千计的浮游植物构成了海洋食物网的底部，它们参与
了碳固存并有助于塑造地球生物化学循环。由于人类活动而向海洋添加过量
的营养物（氮和磷）的废水时，有害的藻类（HAB）就会形成。这些水中有
毒化合物，会积聚或杀死滤食生物。这是海洋食物链中的第一条环节，对所
有渔业和依赖它们的生计至关重要。但是，有关海洋生态系统的知识非常零
散，立法者以及公众对它的功能，生物学重要性和经济价值知之甚少。[3]

---

① 参见 https://council. science/current/news/new-agreement-mobilizes-global-science-for-
the-ocean-decade/，2022-12-19。

② 参见 https://council. science/current/blog/towards-the-un-ocean-decade-qa-with-marie-al-
exandrine-sicre/，2022-12-19。

③ 参见 https://council. science/current/blog/how-can-we-transform-evidence-on-the-human-
ocean-health-nexus-into-action/，2022-12-19。

第三章 中国深度参与"区域"环保立法的对策研究①

第一节 中国深度参与"区域"环保立法的实践梳理

一、《"区域"内矿物资源开发规章》

(一) 规章概述

从 2016 年开始，国际海底管理局主持制定《"区域"内矿物资源开发规章》，2018 年 7 月 2 日至 13 日，在金斯敦审议和通过《"区域"内矿物资源开发规章草案》。《"区域"内矿物资源开发规章草案》在序言中重申"区域"及其资源是人类共同继承的财产；《"区域"内矿物资源开发规章草案》第 3 条有关合作义务与资料交换中要求"国际海底管理局成员和承包者应与海底管理局一道相互合作，并与其他承包者以及国家和国际科学研究机构合作，以期分享、交换和评估'区域'环境资料"；在草案第 11 条提出公布和审查"区域"环境计划；《"区域"内矿物资源开发规章草案》第四部分"保护和保全海洋环境"明确规定"国际海底管理局、担保国和承包者应各自就'区域'内活动根据《联合国海洋法公约》第 145 条有效保护海洋环境免受有害影响而必须采取措施"和"承包者按照适用标准，在合理可行的范围内采取必要措施，防止、减少和控制其'区域'内活动对海洋环境造成的污染和其他危害"等许多与"区域"环保密切相关的规定。

---

① 本章所指环保立法，同时也包括国际软法的创设。

（二）中国有关"区域"环境保护部分的深度参与

中国政府就 ISBA/23/LTC/CPR.3 号文件所载《"区域"内矿物资源开发规章草案》以及国际海底管理局秘书处就"草案"所列有关问题，于 2019 年 10 月 15 日发表《中华人民共和国政府关于〈"区域"内矿物资源开发规章草案〉的评论意见》，《意见》指出关于《"区域"内矿物资源开发规章草案》的重点问题有：（1）企业部相关问题的规定失之简略。（2）在落实《联合国海洋法公约》和《关于执行 1982 年 12 月 10 日〈联合国海洋法公约〉第十一部分的协定》有关缴费机制的规定和要求方面尚有差距。（3）关于检查机制，应明确、清晰地界定有关各方在检查活动中的权利、义务和责任，避免增加承包者的负担。（4）考虑到深海采矿的复杂性，国际海底管理局相关机构根据自身履职需要，斟酌决定"邀请"独立专家就特定事项提供咨询确有必要。[1]

2017 年 8 月 14 日，中国代表团在国际海底管理局第 23 届会议理事会"开发规章草案"议题下的发言中提到：

1.《"区域"内矿物资源开发规章》应以鼓励和促进资源开发为导向，同时依法确保海洋环境不受重大损害。

2. 环境事项是《"区域"内矿物资源开发规章》的重要组成部分，中国代表团乐见环境规则不断取得进展。环境规则有关环境管理措施，既要有实质性的证据证明存在环境损害的风险，也要因地制宜、有的放矢，根据不同区域和资源种类的特点采取有针对性的环境管理措施。环境规则有关"区域"活动的环境影响评价应当遵守《海洋法公约》中的此类规定。[2]

2018 年 3 月 5 日至 9 日，在国际海底管理局第 24 届会议第一期理事会会议上，中国重申，作为担保国将继续致力于发展"区域"环境管理计

---

[1]　《中华人民共和国政府关于〈"区域"内矿物资源开发规章草案〉的评论意见》，https://isa.org.jm/files/files/documents/Comments％20of％20China％20％28Chinese％20Version％29.pdf，2022-11-17。

[2]　《中国代表团在国际海底管理局第 23 届会议理事会"开发规章草案"议题下的发言》，http://china-isa.jm.china-embassy.org/chn/hdxx/t1487167.htm，2022-11-17。

划，确保海洋环境得到保护；同时中国呼吁法律技术委员会（法技委）以及今后可能召开的研讨会，研究保留参照区和影响参照区之间的联系，呼吁建立一个有效的、强健的、均衡的环境保护框架，并确保接受公众的意见。①

2018 年 8 月 7 日，中国代表团在国际海底管理局第 24 届理事会第二期会议上就《"区域"内矿物资源开发规章草案》第四、第九部分阐述中方立场时声明"环境责任信托基金用途不能宽泛，应聚焦深海环境保护的目标"。②

2019 年 2 月 25 日，在国际海底管理局第 25 届理事会第一期会议上针对标准、准则和关键概念等问题，中国代表提出"标准和准则的制定过程应公开透明，广泛听取各利益攸关方特别是承包者的意见。并与当前深海采矿的技术水平和实践能力相适应，保持稳定，不应朝令夕改，无故加重承包者负担。同时其制定进程应与《"区域"内矿物资源开发规章草案》制定相协调，两者最好同步，在必要的标准和准则出台前不应启动深海开发。"③

2019 年 2 月 26 日，在国际海底管理局第 25 届理事会第一期会议上关于区域环境管理计划的发言中，中国代表赞同"区域"环境管理计划（REMP）对保护海洋环境具有重要意义并认为：

1. 已建立的克拉里昂—克利珀顿区内的 REMP 明显缺乏管理和复查。

2. 秘书处 ISBA/25/C/13 号文件关于制定 REMP 的战略说明，仍有诸多问题且不够明确，比如责任义务问题、数据的来源和可靠性、REMP 的法律地位等，中方建议先明确设立 REMP 的责任义务、具体程序和路线图，再讨论其与《"区域"内矿物资源开发规章草案》和深海开发的关系；（3）设立和管理 REMP 应顾及国际海底管理局 2018 年制定的 2019—2023

---

① 《国际海底管理局第 24 届会议第一期理事会会议》，http://china-isa.jm.china-embassy.org/chn/gljhy/jh/t1551866.htm，2022-11-17。

② 《中国代表团在国际海底管理局第 24 届会上关于开发规章草案第四、第九部分的发言》，http://china-isa.jm.china-embassy.org/chn/hdxx/t1583508.htm，2022-11-17。

③ 《中国代表在国际海底管理局第 25 届理事会第一期会议上关于标准、准则和关键概念的发言》，http://isa.china-mission.gov.cn/chn/hyyfy/202208/t20220819_10746366.htm，2022-11-20。

年五年期战略计划,在制定"区域"环境评估和管理计划过程中,应采取协作和透明的方式开展环境数据收集和分享。有关过程应确保发展中国家的全面参与,特别是与能力建设相关的国际义务。^①

2020年2月27日在国际海底管理局第26届理事会第一期会议上关于"区域"环境管理计划提案的发言中,中国代表团提出"中方原则上同意在REMP的设立过程中应公开、透明、确保各方平等有效参与以及考虑预防性方法而非原则,中方认为将'专家委员会'的说法改成'非正式专家组'更为合适。"^②

2022年11月15日,在国际海底管理局第27届会议第三期理事会上有关环境阈值制定的发言中^③,中方认为:确定公平合理、切实可行的环境阈值,承包者的参与不可或缺,所以在环境阈值的确定过程中,法技委应充分征求承包者意见;在有关保护海洋环境的发言中^④,中方认为:应兼顾深海环保和深海开发这两方面,推进深海开发进程,以根本增进全人类福祉;在谈及聘请外部专家进行"区域"环境评估和REMP执行审查时^⑤,中方认为:海洋环境保护专家的意见应当被采纳、咨询事项应限于海洋环境问题、独立专家不能影响法技委的主导地位、独立专家应考虑地域平衡和文化多样性;在有关《"区域"内矿物资源开发规章草案》制定路线图的发言中^⑥,中方认为:应本着实事求是的态度,适时对规章制定进展进行客观评估,以在确有必要时对规章制定作出更加务实合理的安排。

---

① 《中国代表在国际海底管理局第25届理事会第一期会议上关于区域环境管理计划的发言》,http://isa.china-mission.gov.cn/chn/xwdt/201808/t20180807_8200715.htm,2022-11-20。

② 《中国代表团在国际海底管理局第26届理事会第一期会议上关于区域环境管理计划提案的发言》,http://isa.china-mission.gov.cn/gljhy/jh/201804/t20180417_8254481.htm,2022-11-20。

③ 《中国代表团在国际海底管理局第27届会议第三期理事会上有关环境阈值制定的发言》,http://isa.china-mission.gov.cn/chn/hyyfy/202211/t20221115_10974777.htm,2022-11-20。

④ 《中国代表团在国际海底管理局第27届会议第三期理事会上有关保护海洋环境的发言》,http://isa.china-mission.gov.cn/chn/hyyfy/202211/t20221115_10974767.htm,2022-11-20。

⑤ 《中国代表团在国际海底管理局第27届会议第三期理事会上"法技委主席报告"议题下的发言》,http://isa.china-mission.gov.cn/hyyfy/202211/t20221115_10974816.htm,2022-11-23。

⑥ 《中国代表团在国际海底管理局第27届会议第三期理事会上有关开发规章制定路线图的发言》,http://isa.china-mission.gov.cn/chn/hyyfy/202211/t20221115_10974783.htm,2022-11-22。

二、BBNJ 协定

（一）协定概述

2018 年，在联合国主持下各国开始制定 BBNJ 协定的谈判。①协定草案在序言中强调："需要一个全面的全球制度，以更好地处理国家管辖范围以外区域海洋生物多样性的养护和可持续利用问题，希望代表今世后代担任国家管辖范围以外区域的海洋守护者"。因而我们可以看出，若要保护国家管辖范围以外区域海洋生物多样性，则必然要保护国家管辖范围以外区域的海洋环境。同时在协定草案的第 1 条"用语"中也指出："国家管辖范围以外区域"是指公海和"区域"；BBNJ 协定草案第四部分专门规定"环境影响评估"。因此 BBNJ 协定对"区域"环境保护是很明显的。

（二）中国有关"区域"环境保护部分的深度参与

中国政府在 2017 年 4 月 20 日发布《中华人民共和国政府关于国家管辖范围以外区域海洋生物多样性养护和可持续利用问题国际文书草案要素的书面意见》②。《意见》中中国政府针对 BBNJ 协定环境保护方面的立法提出自己的主张：首先，中国政府认为协定的有关制度安排应有充分的法律依据和坚实的科学基础，并在 BBNJ 养护与可持续利用之间保持合理平衡。其次，中国政府高度重视海洋环境影响评价，认为该协定有关环境影响评价的制度安排应遵循《联合国海洋法公约》所确定的基本法律框架和程序要素，同时顾及其他国际文书有关环境影响评价的规定。除此之外，在具体方面中国政府提出：

1. 该协定所规定的环境影响评价的范围应限于国家管辖范围以外区域的活动，包括可能对沿海国管辖海域产生重大环境影响的活动，而不应包括发生在国家管辖海域内的活动。

---

① 《国家管辖范围外区域生物多样性养护和可持续利用国际协定》，https://documents-dds-ny.un.org/doc/UNDOC/GEN/N19/372/87/pdf/N1937287.pdf?OpenElement，2022-11-18。

② 参见 https://www.un.org/depts/los/biodiversity/prepcom_files/streamlined/China.pdf，2022-11-28。

2. 该协定有关环境影响评价的规定不应损害现有国际机构的职权以及现有国际文书中的有关规定。在深海捕鱼、"区域"深海矿产勘探、倾倒废物等领域已有的环境影响评价方面的规定不应受到损害。

3. 关于制定环评对象活动类型清单，此方式有一定的局限性，如各方认为确有必要制定清单，则该清单应是开放性的、建议性的，不具有法律拘束力。

4. 中国政府认为，原生境获取活动①本质上属于《联合国海洋法公约》规定的国家管辖范围外区域的海洋科学研究，应适用自由获取制度，以促进海洋遗传资源的开发和可持续利用。

中国代表团在 BBNJ 协定谈判第一次政府间大会上提出：

1. 落实《联合国海洋法公约》第 204—206 条有关环境影响评价的规定；

2. 制定有关环评门槛和标准的指南，以明确"有合理依据认为"、"重大污染或重大和有害的变化"的判断标准；

3. 环评程序中的"环评报告草案"和"向公众征求意见"可以适当"国际化"，其余应当由国家主导；

4. 环评报告的内容可包括——对拟议活动及其目的的说明、拟议活动的合理替代方案、对可能受拟议活动及其替代方案显著影响的海洋环境及生态系统的说明、拟议活动对海洋环境及生态系统的潜在影响、说明避免和防止或减轻环境影响对措施、制定环境管理与环境监测计划等；

5. 关于环评报告内容的详细程度新国际文书可仅列出环评报告的一般性框架；

6. 对国家管辖范围以外、有可能对沿海国管辖海域产生重大环境影响的活动进行评价；

7. 认为战略环境影响评价不属于环境影响评价的对象，请提出此主张

---

① 有些国家提出海洋遗传资源获取包括原生境获取、非原生境获取和生物信息数据获取三种类型。原生境获取是指从国家管辖范围以外区域的自然环境中获取或采集海洋遗传资源。非原生境获取和生物信息数据获取是对由原生境获取的海洋遗传资源进行实验室分离、鉴定、筛选、培养和计算机模拟分析后所得的资源、信息、材料和数据等的获取。

的有关国家做进一步说明；

8. 将养护与可持续利用并重原则、国家主导原则、最佳可得科学证据原则、可行性原则、公开透明原则纳入环境影响评价的制定。①

中国代表团在 BBNJ 协定谈判第二次政府间大会提出：

1. 在海洋遗传资源方面不支持将鱼类或其他生物资源作为商品；

2. 在环境影响评估的阈值和标准上，中国更倾向于缔约国评估对海洋环境的潜在影响，因为这些影响对海洋环境不只是轻微的和暂时的，同时中国倾向于不对阈值进行定义。②

中国代表团在 BBNJ 协定谈判第三次政府间大会提出：

1. 支持建立一种生态系统抵御气候变化和海洋酸化的不利影响并恢复生态系统的完整性；

2. 如果缔约国确定计划开展的活动不需要环境影响评估，则必须提供信息以支持该结论；

3. 认为应向利益相关者尽早通知计划中的活动；

4. 中方认为利益相关者的定义太广。应当删除对科学专家、受影响的各方、邻近的社区和组织、感兴趣的和有关的利益攸关方以及在该领域具有现有利益的利益相关者的提及；

5. 中方表示希望通过海洋技术的转让来确保获得技术。③

中国代表团在 BBNJ 协定谈判第四次政府间大会上提出：

1. 在海洋遗传资源收集与获取问题上，中国倾向于许可证制度；

2. 在惠益分享制度上，中国主张惠益分享是强制性的，并在惠益分享监测上主张区分"监测"和"透明度"；

3. 关于 BBNJ 协定中环评的触发条件问题，中国支持单一触发机制；

4. 中国不支持建立环境评估正面或负面清单，认为谈判清单会造成效

---

① 郑苗壮等编：《BBNJ 国际协定谈判中国代表团发言汇编》（一），中国社会科学出版社 2019 年版，第 111—115 页。

② 参见 https://enb.iisd.org/vol25/enb25195e.html，2022-11-29。

③ 参见 https://enb.iisd.org/vol25/enb25218e.html，2022-11-30。

率低下;①

5. 人类的共同遗产是 BBNJ 保护和可持续利用的基础,中方呼吁致力于公平和平等。②

中国代表团在 BBNJ 协定谈判第五次政府间大会上新提出③:

1. 要求以协商一致方式通过草案中包括的四个议题;

2. 建议各代表团应利用当前谈判中吸取的经验教训,将未来的文书纳入基于人类共同遗产的"2011 年一揽子计划"中确定的议题;

3. 反对在全体会议期间召开非正式工作组会议,因为这会导致"制度重叠"。

中国代表在 BBNJ 协定谈判第五次政府间大会上强调,第五次政府间大会使各代表团更好地彼此了解,并为今后的谈判奠定了良好的基础。中方敦促确保各方平等和广泛参与审议,强调 BBNJ 协定是一项一揽子协定,应平衡四个主要部分的制定。④

三、《世界环境公约》

(一) 公约概述

2018 年在联合国的主持下,国际社会开始制定《世界环境公约》。⑤公约草案序言明确表示"意识到面对日益严重的环境威胁,国际社会必须协同一致、共同制定出更加雄伟的目标才能更好地保护环境。重申在开发利用自然资源时必须保证生态系统的恢复能力,保护地球上生命的多样性,以确保生态系统能够为人类发展持续服务"。公约草案第 2 条(保护环境的义务)中提出"任何国家或国际机构、法人或自然人,无论公私,都有保

---

① 参见 http://www.cibos.whu.edu.cn/index.php?id=1898,2022-11-23。

② 参见 https://enb.iisd.org/marine-biodiversity-beyond-national-jurisdiction-bbnj-igc4-summary,2022-11-23。

③ 参见 https://press.un.org/en/2022/sea2160.doc.htm,2022-11-23。

④ 参见 https://enb.iisd.org/marine-biodiversity-beyond-national-jurisdiction-bbnj-igc5-summary,2022-11-23。

⑤ 参见 http://www.cbcgdf.org/NewsShow/4854/5197.html,2022-12-06。

护环境的义务。为此，每个人都要在自己的层面为保护、维持和修复完整的地球生态系统做出贡献"。公约草案强调所保护的环境为世界范围整体的生态环境，其中自然包括海洋环境以及"区域"环境，而且公约将国际环境法由碎片化带到了整体体系化的新层面，这对更加完善地保护"区域"环境具有重大意义。

（二）中国有关"区域"环境保护部分的深度参与

2017年9月19日，外交部长王毅在纽约联合国总部出席《世界环境公约》主题峰会，在会上王毅外长表示："中方支持国际社会加强对话合作，通过多边平台共同应对包括环境保护在内的可持续发展问题。中方愿积极参与全球环境治理进程，坚定支持和落实《巴黎协议》，推动形成公平合理、合作共赢的国际环境治理多边体系。"王毅外长还提出了"四个坚持"："一是要坚持在可持续发展框架下讨论环境问题，以利实现环境保护与经济、社会发展的协调统一；二是要坚持'共同但有区别的责任'原则，帮助发展中国家稳步提高环境治理水平和可持续发展能力；三是要坚持环境资源国家主权原则，这是国际环境领域合作的前提，是《联合国宪章》和一般国际法原则赋予国家的权利；四是要坚持发展中国家的充分参与，发展中国家在面临发展经济和改善民生重任的同时，有加强环境保护和治理的现实需求，应当成为国际环境治理不可或缺的重要参与方。"①

2019年2月19日中国发布关于联合国大会"迈向《世界环境公约》"特设工作组的评论意见。在该评论意见中，中国政府提出："在国际环境立法中应当坚守环境资源国家主权原则、合作原则、共同但有区别的责任原则、可持续发展原则、发展权原则等重要原则。"②

2019年《中法联合声明》第12条明确"两国将继续努力，共同支持'迈向《世界环境公约》'特设工作组根据联合国大会决议授权开展工作，

① 王毅出席《世界环境公约》主题峰会，http://new.fmprc.gov.cn/web/gjhdq_676201/gj_676203/oz_678770/1206_679134/1209_679144/201709/t20170928_9338908.shtml，2022-11-21。

② 《中国关于联大"迈向〈世界环境公约〉"特设工作组的评论意见》，https://globalpact.informea.org/sites/default/files/documents/China_report.pdf，2022-11-11。

保持密切沟通，以改善国际环境法及其执行"。①这些均表明中法支持联合国大会"迈向《世界环境公约》"的决议，以及中国政府努力参与并改善国际环境立法的决心。

2020 年 1 月 14 日至 18 日中国代表团在联合国大会"迈向《世界环境公约》"特设工作组第一次实质会议的发言中表示②：

1. 关于加强国际环境治理的原则，中方认为应统筹各方利益，做到"四个坚持"：坚持在可持续发展框架下讨论解决环境问题；坚持"共同但有区别的责任"原则；坚持环境资源国家主权原则；坚持发展中国家充分参与原则。

2. 关于推进工作组工作的程序要求，中方认为应坚持科学民主决策、凝聚共识动力、协同增效。应不与既有国际公约或机制的工作重复；坚持渐进式发展，聚焦全球性问题，避免介入双边及地区性问题；应坚持国际法原则和方法，尊重国家意愿和实际情况，坚持国家同意原则，立足国家实践，避免超越实际强行推进。

3. 中方对《国际环境治理不足报告》表示赞赏③，该《报告》为工作组实质讨论提供了有益参考，同时，中方认为如果成员国在报告之外提出关于国际环境治理的不足，工作组亦应予以重视。

2019 年 3 月 20 日中国代表团在联合国大会"迈向《世界环境公约》"特设工作组第二次实质会议上的发言要点（一）中表示：

1. 工作组应在严格遵循联合国大会 72/277 号决议授权的前提下，本着开放、包容和务实原则，推动各国开展充分和深入讨论，以期形成能为各方普遍接受和切实有效的工作建议。

2. 目前，中方就加强国际环境法的研究和编纂问题，尚无倾向性意见，也不排除任何可能的解决办法。如果工作组认为确实存在国际环境法

---

① 《中华人民共和国和法兰西共和国关于共同维护多边主义、完善全球治理的联合声明》，http://www.scio.gov.cn/31773/35507/htws35512/Document/1650697/1650697.htm，2022-11-20。

②③ 参见 http://cserl.chinalaw.org.cn/portal/article/index/id/368/cid/8.html，2022-11-18。

原则不明的问题，需要认真评估各种选项的附加值、可行性，探讨并确定最为有效的解决办法。①

3.对于国际环境法碎片化可能引起的规则与原则冲突，可以通过关于条约冲突的成熟国际法工具协助解决。此外，国际环境法还可采取与其他领域相协调的做法，以加强联合国环境规划署的相关协调职能。②

同日，中国代表团在联合国大会"迈向《世界环境公约》"特设工作组第二次实质会议上的发言要点（二）中就具体问题表示③：

1.关于跨界损害问题。中方重申由于环境问题性质各异，国际社会难以制定统一适用于各领域环境问题的跨界损害赔偿规则，通过合作和协商而非机械套用国家责任解决跨界损害问题是最为科学可行的方式。

2.关于非国家行为体参与问题。中方欢迎非国家利益相关方根据国内法参与环境治理，在国际环境治理中发挥更大作用。同时，环境条约的主体是国家，非国家行为体不是条约主体，不能冲淡甚至破坏主权国家在国际环境法中的主体地位。④

3.关于加强遵约机制问题。遵约机制是促进履约而非惩罚性质的机制，有关制度设计不能影响遵约机制的这一性质。

四、《减少船舶温室气体排放的国际海事组织初始战略》

（一）初始战略概述

国际海事组织海洋环境保护委员会（MEPC）于2018年主持制定《减少船舶温室气体排放的国际海事组织初始战略》⑤。

《初始战略》在目标中指出："通过处理国际航运的温室气体排放，加强海事组织对全球努力的贡献。通过国际力量解决温室气体排放任务，这

---

① ② ③ ④　参见 https://globalpact.informea.org/sites/default/files/documents/China_day2.pdf，2022-11-21。

⑤　参见 https://unfccc.int/sites/default/files/resource/250_IMO%20submission_Talanoa%20Dialogue_April%202018.pdf，2022-12-03。

些任务包括《巴黎协议》及其目标、《2030 年可持续发展议程》的第 13 个任务——采取紧急行动应对气候变化及其影响。"《初始战略》旨在通过技术创新、引进替代燃料以减少全球二氧化碳排放。由于"区域"酸化的主要原因是全球二氧化碳和二氧化硫浓度的增大,因而《初始战略》如果成功减少温室气体的排放,则必将对"区域"酸化问题产生积极影响。

国际海事组织于 2018 年通过《初始战略》,并计划于 2023 年的 MEPC 第 80 届会议上对《初始战略》进行修订。国际海事组织自 MEPC 第 77 届会议开始,开启对《初始战略》修订问题的审议。①MEPC 第 78 届会议围绕战略目标和愿景的修订、确保公平公正过渡,以及确保在 MEPC 第 80 届会议之前完成《初始战略》修订这三个问题开展了讨论。经审议,大会决定延续 MEPC 第 77 届会议形成的结论,加强《初始战略》中提出的减排目标,持续推进修订工作,并在 MEPC 第 80 届会议通过修订后战略。为推进这一工作,《初始战略》修订问题将在 MEPC 第 79 届会议召开前进行进一步审议,同时大会决定在 MEPC 第 79 届会议期间设立温室气体减排工作组,并在 MEPC 第 79 届会议至第 80 届会议之间召开两届温室气体减排会。

（二）中国有关"区域"环境保护部分的参与

《初始战略》作为应对气候变化的全球行动向前迈出重要一步,这一历史性步骤向整个航运业发出明确信号,刺激了对开发低碳和零碳燃料以及创新能源效率技术的投资。在此之后,中国作为国际海事组织成员国,与其他成员国于 2018 年 10 月共同投票通过了《至 2023 年初步战略的后续行动方案》。②

《行动方案》是用于实现《初始战略》预期时间安排的规划工具,《行

---

① 参见 http://www.eworldship.com/html/2022/ship_inside_and_outside_0611/182911.html,2022-11-24。

② 参见 https://www.imo.org/en/OurWork/Environment/Pages/GHG-Emissions.aspx,2022-12-18。

动方案》中确定接下来要采取的行动包括：在国际海事组织现有文书下正接受审议与处理的短期备选措施；国际海事组织现有文书下尚未进行且有待处理的短期备选措施；解决现有障碍的中长期措施；国际海事组织第四次温室气体研究；能力建设、技术合作及研究与开发等措施。①中国以及其他成员国希望通过《行动方案》实现《初始战略》中减少船舶温室气体排放的目标。

五、《海洋科学促进可持续发展十年（2021—2030）计划》

（一）计划概述

从 2017 年开始，联合国主持制定《海洋科学促进可持续发展十年（2021—2030）计划》②，在其第一部分理论基础明确了两个有关"区域"的成果，分别是"成果 1：一个清洁的海洋，即海洋污染源得到查明并有所减少或被消除；"和"成果 2：一个健康且有复原力的海洋，即海洋生态系统得到了解、保护、恢复和管理"。

（二）中国有关十年计划中"区域"环境保护部分的参与

2017 年第 72 届联合国大会通过决议，授权联合国教科文组织政府间海洋科学委员会（IOC）牵头制定"十年计划"。IOC 从世界各国及不同组织中遴选专家组成执行规划组，开展实施方案的编制工作。经中国政府提名，自然资源部第一海洋研究所乔方利研究员作为中国代表入选该专家组。我国代表入选规划工作组，体现联合国对我国在全球海洋事务中影响力的认可，也有助于我国在海洋环境保护领域中发挥更大的作用。③

2019 年 9 月，主题为"拥抱海洋科学十年，共筑蓝色伙伴关系"的国

---

① 参见 https://www.imo.org/en/MediaCentre/PressBriefings/Pages/18-MEPCGHGprogramme. aspx，2022-12-18。

② 《海洋科学促进可持续发展十年（2021—2030）计划》，https://oceanexpert.org/document/ 27347，2022-12-06。

③ 参见 http://www.fio.org.cn/news/news-detail.jsp?id=8791，2022-12-19。

际研讨会在中国青岛召开。为促进我国有效参与联合国海洋科学十年，展示中国科研实力和深化全球海洋治理，研讨会邀请了我国主要涉海单位相关领导和专家参与。会议围绕"十年计划"六大目标中的瓶颈问题及解决方案进行深入讨论，并重点介绍微塑料、浒苔、赤潮、海洋灾害及风险治理方面的研究进展。①

2022 年 8 月 19 日，为推动联合国《海洋科学促进可持续发展十年（2021—2030）计划》实施，经中国国务院批准成立"海洋十年"中国委员会②。委员会成立会议于 8 月 19 日在北京举行。中方审议并通过了《"海洋十年"中国行动框架（草案）》作为参与"海洋十年"的指导性文件；同意成立专家咨询工作组，指导协调向联合国申报"海洋十年"行动的相关工作；围绕加快海洋强国建设重大战略，谋划、部署和推动"海洋十年"工作；加强资源整合，信息共享，完善工作机制，形成工作合力，力争在国际海洋科学前沿理论和关键技术方面取得突破性进展；积极发展蓝色伙伴关系，策划和实施一批具有影响力的国际科学计划和"小而美"的合作项目，作为中国参与"海洋十年"的贡献③。

除中国国家层面的积极参与外，中国学者也就"十年计划"提供思路。2019 年 5 月，华东师范大学教授李道基在丹麦哥本哈根召开的第一次全球规划会议上谈到海洋污染物处理的优先次序问题，他指出：虽然所有的问题都很重要，但不是所有的问题都很紧急；必须制定标准，并了解优先事项，而制定优先事项是紧迫的，需要在全球一级与所有利益攸关方进行协商；必须把重点放在海洋污染源的控制而不是清洁上；关于废物来源、沉积物及各种废物类型的区域协定和倡议的制定是一个优先事项。④

---

① 参见 http://aoc.ouc.edu.cn/2019/0815/c9814a255562/page.htm，2022-12-19。

②③ 参见 http://www.gov.cn/xinwen/2022-08/23/content_5706488.htm，2022-11-20。

④ 参见 http://legacy.ioc-unesco.org/index.php?option＝com_oe&task＝viewDocumentRecord&docID ＝24807，2022-12-19。

第二节　中国深度参与"区域"环保立法的问题分析

一、中国参与区域环保立法的角色定位问题

（一）中国总体上尚未成为"区域"环保立法的倡导者

中国正在参与的"区域"环保立法大多是由国际组织或是发达国家率先提出。比如：《世界环境公约》是由法国率先提出，联合国大会批准后开始制定；《"区域"内矿物资源开发规章》最早的立法样板来源于美国1980年制定的《深海海底硬矿物资源法》，现在大多数国家的深海采矿立法都与美国相似，如英国、日本、中国；BBNJ协定源于联合国大会的立法倡议，2015年6月19日，联合国大会决定将制定《联合国海洋法公约》下的可持续利用国家管辖以外区域的海洋生物多样性的国际法律文书。

（二）中国总体上尚未成为"区域"环保立法的引领者

1. 中国成为引领者的内部条件尚未完成

作为"区域"环保立法的引领者应当具备以下几个条件：一是国内已有比较成熟完备的深海环保法律体系；二是制定科学合理的"区域"环保立法标准；三是具有参与国际立法的丰富经验；四是有强大的综合国力做支持。然而中国尚不能完全满足上述条件。具体来说：首先，中国国内有关"区域"环保的立法数量少、不成体系，只有2016年出台的《中华人民共和国深海海底区域资源勘探开发法》，有关海洋酸化、深海噪声污染、深海微塑料、深海油污治理的国内法基本处于空白状态。其次，鉴于有关"区域"环保立法所需的环保标准与技术标准均处于激烈的讨论中，中国在此方面也未能有所突破。第三，虽然中国参与了诸如《联合国海洋法公约》《巴塞尔公约》等国际立法，已经有比较丰富的国际立法经验，但是和美国等发达国家相比还有一定的差距。最后，虽然中国的综合国力在国际社会有一定的影响力，中国也有能力团结发展中国家共同参与"区域"

环保立法，但是相比较美国欧盟的影响力还是有限。

2.中国成为引领者的外在客观表现也有一些不足

（1）起步晚

相比较于美国 1980 年就出台《深海海底硬矿物资源法》，我国在有关"区域"环保立法方面的探索起步较晚，2016 年才出台《中华人民共和国深海海底区域资源勘探开发法》。在 BBNJ 方面，世界自然保护联盟早在2003 年就开始推动国际社会关注国家管辖范围以外区域生物多样性所面临的风险与威胁。①但是我国从 2015 年才开始正式加入 BBNJ 方面的谈判。

（2）国际合作方面有待深化加强

我国在"区域"环保立法谈判中除与发展中国家保持基本立场一致、基本行动一致，共同维护发展中国家的权益外，还应当加强与发达国家在技术方面的合作。此外，我国较少与重要的国际环保组织展开"区域"环境保护方面的合作，总体而言，我国国际合作范围不够广泛。

（3）能为国际社会广泛接受的立法倡议和法律观点比较少

中国在参与有关"区域"环保立法谈判中，提出的法律观点大多针对《"区域"内矿物资源开发规章》《世界环境公约》BBNJ 协定，但是能够为国际社会广泛接受的立法倡议和法律观点较少。

（三）中国整体上尚未达到深度参与"区域"环保立法的程度

中国参与不同"区域"环保国际立法的程度深浅不一。在《"区域"内矿物资源开发规章》BBNJ 协定《世界环境公约》这三项国际立法中中国不仅深度参与，而且与上述立法的组织机构——联合国大会与国际海底管理局保持着密切的联系。中国政府代表在上述三项国际立法会议上或是有内容丰富的发言或是发表政府评论意见，同时中国政府在上述组织设有常驻代表处可以随时沟通交流。而关于其余正在进行中的"区域"环保立法，中国政府的参与程度则总体一般。特别是有关规制海洋噪声污染和海洋酸化方面的"区域"环保立法如《减少船舶温室气体排放的国际海事组

① 参见 https://www.iucn.org/sites/dev/files/ocean_governance_website.pdf，2022-12-11。

织初始战略》《针对特定产生海洋噪声活动的减缓准则》，中国政府鲜有发表意见或评论。

从深层次上分析，在"区域"环保立法的前期，中国着重参与诸如《"区域"内矿物资源开发规章》、BBNJ协定《世界环境公约》等有利于中国迅速扩大影响力。鉴于重要的"区域"环保立法都已有众多成果，立法向前推进难度很大，产生新的立法成果越来越不容易，而有关规制海洋酸化、深海噪声、深海油污、深海微塑料等方面的"区域"环保立法尚处于立法初期、进展缓慢，中方应当加大参与力度，利用已积累的"区域"环保立法经验快速推进这些领域的立法进程，此举不仅可以扩大中国在此方面的影响力，而且有利于"区域"环保国际法律体系的完善。

二、中国参与"区域"环保立法的实体内容存在有限性

中国在参与《"区域"内矿物资源开发规章》《世界环境公约》BBNJ协定立法的实体内容方面存在一些比较明显问题。

（一）《"区域"内矿物资源开发规章》

中国政府针对《"区域"内矿物资源开发规章》中的"环保规章"发布《中华人民共和国政府关于〈"区域"内矿物资源开发规章草案〉的评论意见》，在近年召开的国际海底管理局第26届会议第一期理事会及第27届第三期理事会会议上中国代表亦有相关发言，但是存在如下问题：

1.中国政府的建议大多属于原则性或倡议性的规定，如仅阐述"工作程序不够简洁、清晰，并且申请周期较长"而没有进一步给予解决方案，又如呼吁召开研讨会和建立环境保护框架而没有明确相关期限和如何进行实际操作等。

2.中国政府关于"区域"环境保护部分的建议较少，《评论意见》和中国代表在国际海底管理局的历届会上的发言内容主要是围绕制定该规章所应遵守的原则、与现行国际条约或协定之间的关系以及开采的利益和责任等展开。虽然发言内容对于"区域"矿物开采过程中的环境保护有所涉

及，但是内容较少而且是原则性提法。

3. 中国代表虽然指出了 REMP 存在的问题，如"责任义务问题、数据的来源和可靠性、REMP 的法律地位"[①]等，同时认为应当明确 REMP 的责任义务、具体程序，但是这对于解决 REMP 的问题只是提供了思路而不是具体方法。在 2022 年 10 月召开的国际海底管理局第 27 届会议第三期理事会上中国代表就有关《开发规章》制定路线图进行了发言，同样的问题在于建议的措辞都相对原则性与笼统性，且并未提出具体、可操作性的建议。如中国代表认为：各方应继续积极和建设性参与规章谈判，尽可能按已达成的路线图推进规章制定，同时本着实事求是的态度，适时对规章制定进展进行客观评估，以在确有必要时对规章制定作出更加务实合理的安排。[②]

（二）《世界环境公约》

中国政府深度参与《世界环境公约》的立法主要体现在中国政府代表关于"联合国大会迈向《世界环境公约》"特设工作组的评论意见和发言、王毅外长在纽约联合国总部《世界环境公约》主题峰会上的发言、中国与该公约的最初提出者法国所发布的联合声明等。但是存在如下问题：

1. 在这些参与活动中，中国提出了"四个坚持"和一系列国际环境立法原则，但是中国并没有更进一步提出一些具体的实施措施以加快推进这项国际立法。

2. 中国政府没有专门针对海洋环境的保护提出具体建议。

3.《世界环境公约》并非联合国最先提出，虽然联合国大会已通过决议制定《世界环境公约》，但是仍有比较大的反对声音，如美国对此持有较大疑义[③]，中方若只协同法国难以推进该公约。

---

① 《中国代表在国际海底管理局第 25 届理事会第一期会议上关于区域环境管理计划的发言》，http://isa.china-mission.gov.cn/xwdt/201903/t20190327_8200834.htm，2022-11-18。

② 《中国代表团在国际海底管理局第 27 届会议第三期理事会上有关开发规章制定路线图的发言》，http://isa.china-mission.gov.cn/hyyfy/202211/t20221115_10974783.htm，2022-11-21。

③ 彭亚媛、马忠法：《〈世界环境公约（草案）〉制度创新及中国应对》，《太平洋学报》2020 年第 5 期，第 25 页。

4. 中国政府提出"对于国际环境法碎片化可能引起的规则与原则冲突，可以通过关于条约冲突的成熟国际法工具协助解决。"例如，"特别法优先于普通法，和后法优先于先法、不得与强行法抵触等"这一观点不严谨，原因如下：

（1）"特别法优先于普通法、后法优先于先法"在解决国内法层面的法律冲突尚可，但是在解决国际法适用冲突时不能简单套用这种方法，因为在国际法层面很少有特别法和普通法的提法，而且成文国际法规制大多表现为条约的形式，不同的条约有不同的缔约国，当缔约国不同时简单地说两个条约是特别法与普通法、后法和先法的关系并不科学。

（2）在国际法层面，即使是针对同一事项的新旧两个条约，由于缔约国的可能不同，并非简单地适用新约取代旧约的关系，不同缔约国之间关于适用哪个版本还需要重新协商。

（三）BBNJ 协定

中国政府针对 BBNJ 协定的立法，自筹备会议至现在正在进行的政府间实质会议都有深度参与，且主要体现在四次筹备会会议和五次政府间会议中国代表的发言。有关"区域"环保的发言虽然比较充分和全面，但仍有值得改进的地方。具体如下：

1. 虽然中国代表高度重视海洋环境影响评价，但是对于环评的主体却仅表述为："环评程序中的'环评报告草案'和'向公众征求意见'可以适当'国际化'，其余应当由国家主导"①，由于环评的主体应当涉及环评时主体、环评审查时主体、环评监测时主体，因而此种表述并不能完全涵盖环评的主体范围。

2. 中国缺乏对于有关海洋环境影响评价监督管理机构的建议，环评监督管理机构应当成为海洋环境影响评价的重要组成部分，缺乏监督将使海洋环境影响评价形同虚设，对此部分应当予以重视。

———————————

① 郑苗壮等编：《BBNJ 国际协定谈判中国代表团发言汇编》（一），中国社会科学出版社2019 年版，第 111—115 页。

3. 中国代表虽然认为对海洋环境评价利益相关者的定义应该进行部分删除，但是并未有合理论证。

第三节　中国深度参与"区域"环保立法的建议

一、中国参与区域环保立法的角色定位方面

（一）中国应当积极成为"区域"环保立法的倡导者和引领国

中国应当积极在国际上提出制定"区域"环保立法的行动和倡议，做"区域"环保立法的引领国。原因如下：首先，中国是负责的海洋大国。从 2016 年起，中国提出了做国际海洋法治的维护者，做和谐海洋秩序的构建者，做海洋可持续发展的推动者的立场①；2017 年 10 月，中国共产党的十九大报告明确提出，中国推动构建人类命运共同体；2018 年 1 月，中国政府郑重作出承诺：中国始终把解决全球性环境问题放在首要地位，积极承担海洋环境保护责任。②2022 年，中国共产党第二十次全国代表大会的报告指明"促进人与自然和谐共生"与"推动构建人类命运共同体"是中国式现代化本质要求之二。③其次，中国的综合国力大幅增强，中国参与全球海洋治理的观念与目标、方式与手段、责任与权限均与之前发生了很大的变化。④第三，目前国际社会上并没有直接关于"区域"环保的立法，已有的相关立法都是以章节的形式体现在其他协定中且大都尚在制定过程中，中国若此时提出制定专门的"区域"环保法律将具有较大的可行性，

---

① 史宵萌、顾震球：《中国代表呼吁建立和维护公平合理的海洋秩序》，http://world.people.com.cn/n1/2016/1208/c1002-28935286.html，2020-11-28。

② 中国国务院新闻办公室：《中国的北极政策》，https://www.fmprc.gov.cn/web/ziliao_674904/tytj_674911/zcwj_674915/t1529258.shtml，2022-11-28。

③ 习近平：《高举中国特色社会主义伟大旗帜　为全面建设社会主义现代化国家而团结奋斗——在中国共产党第二十次全国代表大会上的报告》，http://www.qstheory.cn/yaowen/2022-10/25/c_1129079926.htm，2022-11-24。

④ 王勇：《国际海底区域开发规章草案的发展演变与中国的因应》，《当代法学》2019 年第 4 期，第 88—89 页。

并且将产生积极的国际影响。

从具体方法与路径来说，首先，中国政府应当在思维上将深度参与"区域"环保立法作为构建人类海洋命运共同体的一个重要组成部分，并且高度重视参与"区域"环保立法。其次，中国应当加快完善国内有关"区域"环境保护的相关立法，如加快制定防治深海噪声、深海微塑料、海洋酸化、深海油污方面的国内法。第三，中国应当将中国标准推向世界，如环保标准、"最佳技术标准"等，以便增强中国在"区域"环保立法协商中的话语权。此外，中国应当及时总结参与"区域"环保立法的经验与教训，以便在后续立法协商中争取更多的主动权。

最后，中国应当进一步加强"区域"环保立法方面的国际合作，中国在与发展中国家保持基本立场一致的基础上，可以扩大在"区域"环保立法上利益集合体的范围，充分吸收与中国有相同利益的立法参与方以形成有影响力的利益集合体，以在"区域"环保立法方面发挥更大作用。例如，中国与法国在《世界环境公约》上的合作就是良好的范例，应当继续下去。

（二）中国应当整体上达到深度参与"区域"环保立法的程度

1. 完善中国参与"区域"环保立法的形式方面

中国除了深度参与《"区域"内矿物资源开发规章》、BBNJ 协定、《世界环境公约》以外，还要大力加强对当前其他"区域"环保立法的参与程度，尤其是需要加强对于《减少船舶温室气体排放的国际海事组织初始战略》《针对特定产生海洋噪声活动的减缓准则》的参与程度，此外，中国还要积极倡议国际社会在深海微塑料、深海油污、海洋酸化等方面开展立法。

2. 完善中国参与"区域"环保立法的实体内容

中国在参与"区域"环保立法时，除阐述一般性的法律原则和立法理念以外，还应重点阐述具体法律制度和具体法律条款；中国在积极引导立法方向的同时要加强对立法内容和立法措施的引导；中国还要加强"区域"环保立法的舆论引导、制度铺垫与立法规划。特别是中国要抓住

BBNJ 等国际重要议题磋商进程中的机遇，在分歧点上引入"海洋共同体"理念，将中国的"区域"政策与理论融入重要议题的磋商中，并进一步积极寻求其在重要的条约、协定中体现的机遇，从而逐步成为"区域"环保立法的倡导者和引领国。

二、中国参与重要"区域"环保立法的具体建议方面

中国在参与《"区域"内矿物资源开发规章》《世界环境公约》、BBNJ 协定立法方面仍有进一步完善的空间。

（一）《"区域"内矿物资源开发规章》

第一，中国可以对已经提出的建议继续深化。例如中国提出"申请者必须提交的'环境影响报告'、'环境管理和监测计划'和'关闭计划'，均需对外公布以征求各方意见，相关工作程序不够简洁、清晰，并且申请周期较长"。我认为，中国代表可以继续明确，哪些程序不够简洁、清晰？简洁和清晰的标准是什么？程序的内容是什么？合理的申请周期是多少或者界定该长短的标准是什么？原因如下：首先，"环境影响报告"、"环境管理和监测计划"和"关闭计划"涵盖开采前、中、后三个时期，是对"区域"环境保护的必然要求，且后一程序是前一程序的必然衔接、前一程序是后一程序进行的基础，因而总体上这三个程序是不可省略的。[1]其次，关于如何具体简化这三项程序，我认为《"区域"内矿物资源开发规章》第 50 条有关环境管理和监测计划执行情况评估程序本身就比较简洁且多为必要程序如文书的固定格式和上交时间期限；第 57、58、59 条关于关闭计划的程序亦类似于第 50 条，但第 50 条中的二年一次的频率可以改为一年一次以确保"区域"环境安全；第 11 条中有关 60 日的期限应当改为 30 日为宜，以加快环境影响报告的通过，这样既可以节约开发成本，又可以缩减评议时间成本，同时建议成立一个常设评议组，评议组成员应当包

---

① 王勇：《国际海底区域开发规章草案的发展演变与中国的因应》，《当代法学》2019 年第 4 期，第 90 页。

括国际海底管理局成员、利益攸关方、提交环境影响报告方，以便对环境影响报告提出全面合理的修改意见。

第二，中国可以完善关于"环境责任信托基金用途不能宽泛，应聚焦深海环境保护的目标"和 REMP 问题的建议。首先，就完成深海环境保护的目标来看，主要包括三个阶段——预防、限制、修复，因此环境责任信托基金的主要用途便是针对此三方面。BBNJ 协定草案第 53.c 条"与保护海洋环境有关的教育和培训方案"并非直接针对深海环境保护，该款是针对广泛的海洋环境保护，与深海环境的关系仅仅是间接的，而且各国大多在国内教育中普及对深海环境保护的意识、开采方内部也会培训有关深海环境保护的专业人士，足以完成第 53.c 条的内容，因此该款可以删除。其次，就 REMP 问题而言，中国可以建议国际海底管理局就克拉里昂-克利珀顿区内的 REMP 进行复查以证明 REMP 的成效。

第三，中国可以加强对"区域"采矿立法中有关环境保护部分的建议。中国可以针对规章草案环境保护部分中"最佳可得技术和最佳环保做法"、"最佳可得科学证据纳入环境决策"、"根据或按照良好行业做法采取的管理和应对措施"、"承包者应按照适用标准"、"国际海底管理局与此类采矿排放有关的要求、方法和技术标准"等模糊概念提出具体的标准或制度建议，明确何为"最佳"（譬如在某一地理范围最好）、什么是"良好行业做法"（譬如不低于国际一般标准）、从而对上述标准加以具体化。

第四，中国还要进一步推动相关技术与信息的共享。由于各国之间的经济实力和科技实力存在较大差异，特别是发展中国家仍处在相对落后的地位，因此在"区域"环保法律的制定过程中，中国应当通过大数据的方式对海洋生态环境进行分析，将国内数据与国际数据接轨，并推进国家间有关开采、预防污染、减污、污后救治等方面的信息与技术共享。国际数据库的建立是国际合作的重要部分，[1]国家之间互相借鉴预防污染经验可使

---

① 黄玥、韩立新：《BBNJ 下全球海洋生态环境治理的法律问题》，《哈尔滨工业大学学报》（社会科学版）2021 年第 5 期，第 50 页。

预防措施更完备安全。发生污染时及时的信息交流不仅可以避免新污染的发生，而且还能减少同类污染所造成的损害继续扩大、发生污染后互相学习修复经验将使得受损害的"区域"环境快速恢复。

（二）《世界环境公约》

第一，中国应该推动改进《世界环境公约》中"共同但有区别的责任"原则的内涵。《世界环境公约》草案中有关"共同但有区别的责任"原则的部分体现在第20条"国情多样性"项下，草案的表述是"鉴于各国国情不同，共同但有区别的责任和各自能力应在有充分依据时得以遵守"。依照该表述，"共同但有区别的责任"是在"有充分依据时"才得以遵守，这与中国代表提出的将该原则法律化、条款化的意见是不相符合的，而且草案对"有充分依据时"也未予以说明，这使得"共同但有区别的责任"的具体适用存在很大的不确定性，从而可能会加大发展中国家保护环境所承受的负担，不利于对世界环境的保护。具体改进做法可以比照该公约第8、9、17条，提出以"共同但有区别的责任"为标题将"共同但有区别的责任"原则单独设置成一条，在该条项下规定："各缔约方在保护环境和生态方面承担共同但有区别的责任。各缔约方应开展合作，发达国家应当向发展中国家提供及时和适当的资金和技术，协助它们进行能力建设，促进它们履行本公约规定的各项义务的能力。"[①]

第二，中国应该推动改进"对于国际环境法碎片化可能引起的规则、原则冲突，可以通过关于条约冲突的成熟国际法工具协助解决。例如，特别法优先于普通法、后法优先于先法、不得与强行法抵触等。"[②]关于这一观点，建议将"特别法优先于普通法、后法优先于先法"删掉，修改为"例如，按照《维也纳条约法公约》第28条之规定解决、不得与强行法抵触、不减损现有条约之相关义务等"。理由如下：首先，《维也纳条约法公

---

① 彭亚媛、马忠法：《〈世界环境公约（草案）〉制度创新及中国应对》，《太平洋学报》2020年第5期，第27页。

② 《中国关于联大"迈向〈世界环境公约〉"特设工作组的评论意见》，https://globalpact.informea.org/sites/default/files/documents/China_report.pdf，2022-11-20。

约》拥有广泛的缔约国，该公约解决条约冲突问题的规定具有权威性。其次，当《维也纳条约法公约》不能充分解决冲突问题时，可以以"不得与强行法抵触、不减损现有条约之相关义务"两项原则做补充，这样不减损现有条约之义务并可以使全球环境保护更加稳固。

第三，中国应该提出更有说服力的理由来驳斥美国反对制定《世界环境公约》的观点，具体可从如下两个方面展开：

（1）中国要指明《世界环境公约》是经过有效、公开、透明、深思熟虑后讨论制定的，并不存在先入为主的判断，能够成为解决环境问题的国际立法典范。

（2）中国要认同环保资金筹措方式的重要性，并提议新公约在弥补国际环境法律体系漏洞时要加强对筹措环保资金问题的解决。

具体原因如下：首先，美国是《世界环境公约》的主要反对国，如何有力反驳美国的观点对于尽快达成《世界环境公约》具有重要意义。其次，美国在第72届联合国大会进行对《世界环境公约》表决之前的解释性发言中有两点阐释：一是先前各缔约国通过有效合意达成的关于环境保护的国际环境法律体系，不论在实质内容上还是具体执行措施上都是经过深思熟虑的，对于其中未作出明确规定的原因并不由于法律漏洞，而是缔约各国基于本国的公共利益和国家主权所做的消极性处理。与其探讨如何制定新的国际公约，不如考虑如何筹措环保资金，以及筹集到的资金如何有效帮助到需要的人。[1]二是不论是将新的《世界环境公约》定义为更高层次的环境法律原则还是对现有法律体系的补充，都难以在联合国成员国之间达成合意。此外，由于世界环境保护手段本身并未有显著的提高，此时对于先前环保法律体系之中的空白问题作出规定，本身就是对原有条约的削弱，难达成合意。[2]第三，就目前联合国大会迈向《世界环境公约》特设工作组举行的数次会议内容来看，各参与国都有发言记录，会议是公开透明

---

[1] 参见 http://hdl.handle.net/20.500.11822/27752，2022-11-19。

[2] 参见 https://wedocs.unep.org/bitstream/handle/20.500.11822/27980/US_proposal.pdf?sequence=1&isAllowed=y，2022-11-21。

的且体现出各参与国希望达成《世界环境公约》的态度，从而足以反驳美国的疑虑。

（三）BBNJ 协定

第一，中国要明确海洋环境影响评价主体的范围。海洋环境影响评价的主体应当包括执行"区域"环境影响评价的主体以及环境影响评价后续活动的审查和监测主体，这些主体都应当是主权国家。根据中国代表已有的发言和 BBNJ 协定草案第 32 条可知执行"区域"环境影响评价的主体必须是主权国家。至于审查和监测主体，应当延续"区域"环境影响评价的主体继续由主权国家主导。

第二，中国要呼吁建立环境影响评估监督管理机构。目前有关环境影响评估监测的规定只有 BBNJ 协定草案第 39 条。[①] 该条只规定了国家如何监测，但是对于国家的监测行为缺乏管制。虽然监测主体为国家，但是国家的监测行为也需要一定的规制以应对因一国未执行环境影响评价而造成国家管辖范围外区域环境损害或他国合法利益受损害的事件。

第三，中国要慎重对待利益攸关者定义的修改。中国主张删去的部分为："科学专家、受影响的各方、邻近的社区和组织、感兴趣的和有关的利益攸关方以及在该领域具有现有利益的利益相关者。"[②] 该利益攸关者完整的定义为："可以确定的可能受影响的国家，特别是毗邻的沿海国、在毗邻沿海国具有相关传统知识的原住民和当地社区、相关全球、区域和部门机构、非政府组织、公众、学术界、科学专家、受影响的当事方、具有特殊专门知识或管辖权的毗邻社区和组织、有关和相关的利益攸关方以及目前在区域内具有利益的各方面。"[③] 我认为受影响的各方，邻近的社区和

---

① 根据《联合国海洋法公约》第 204—206 条，缔约国应按照活动批准书规定的条件，持续监测所授权活动的影响，确保所授权活动的环境影响得到计划开展的活动的提议方的持续监测和监督。参见《国家管辖范围外区域生物多样性养护和可持续利用国际协定》第 39 条，https://documents-dds-ny.un.org/doc/UNDOC/GEN/N19/372/87/pdf/N1937287.pdf?OpenElement，2022-11-18。

② 参见 https://enb.iisd.org/vol25/enb25218e.html，2022-11-30。

③ 《国家管辖范围外区域生物多样性养护和可持续利用国际协定》，https://documents-dds-ny.un.org/doc/UNDOC/GEN/N19/372/87/pdf/N1937287.pdf?OpenElement，2022-11-18。

组织也应当成为利益攸关者的一部分，如果直接删去则不能够保障这两方主体的合法利益。同时为了避免利益攸关者的范围过于广泛，可以对影响程度和邻近范围加以界定，以避免利益攸关者主体的不必要扩大。

三、中国要加强与联合国、欧盟的合作

（一）加强与联合国在"区域"环境保护方面的合作

联合国作为当今世界上最重要的政府间国际组织，在海洋环境保护以及"区域"环境保护方面一直发挥着举足轻重的作用。中国作为联合国安理会的常任理事国之一，一方面要遵守联合国制定的海洋环境保护的决议及相关立法，另一方面要在"区域"环境保护方面发挥引领国作用，并加强与联合国在此方面的协调与合作，从而在"区域"环境保护方面贡献中国智慧，发出中国声音。具体建议如下：

1. 在立法层面，联合国现阶段针对"区域"环境保护的专门立法相对较少，主要包括 BBNJ 协定、《"区域"内矿物资源开发规章》等，聚焦于"区域"内生物多样性保护与矿物资源开发问题，所解决的"区域"环境问题覆盖范围较为狭窄。因此，中国有必要向联合国提出专门针对"区域"环境保护的立法倡议，与联合国及其成员国共同商议讨论有关"区域"环境保护对策，以解决诸如"海洋酸化"、"深海油污"、"深海微塑料"、"深海噪声"等有关立法尚有缺位的"区域"环境问题。

2. 在实践层面，中国应更深入地参与联合国海洋环境保护有关活动。如联合国《海洋科学促进可持续发展十年计划》《减少船舶温室气体排放的国际海事组织初始战略》，中国的参与度并不高。中国要加强与联合国在"区域"环境保护方面的合作，一方面有助于中国在"区域"环境保护方面发挥常任理事国的模范带头作用，并且有助于展现中国作为负责任大国的形象；另一方面，有助于将"区域"环境保护问题上升到国际关注层面寻求更加广泛的解决途径。

3. 在科技层面，"区域"的环境保护，离不开人类科技的发展，中国

一直在致力发展环境保护科学技术。有关"区域"环保立法的政策需要实践来支持，中国要认识到深海科学技术发展与法律规则互动的重要性，将我国对环境保护科学技术成果及装备环保性能的追求转化为我国的政策立场。①因此，在国际规则制定的进程中，中国要加强与联合国在"区域"环保科技方面的互动，一方面有助于本国科技发展，另一方面有利于提升国际形象，进一步发挥引领国作用。

（二）加强与欧盟在"区域"环境保护方面的合作

欧盟作为国际上重要的区域组织和政治力量，对国际立法具有十分深远的影响。欧盟正在积极参与 BBNJ 协定和《世界环境公约》的国际立法，并多次在例行会议上有充分而重要的发言，从而为推动这两项国际立法正式出台发挥了积极作用。目前中国也正在积极参与 BBNJ 协定与《世界环境公约》的国际立法，中国应当抓住时机与欧盟展开合作，共同推动这两项有关"区域"环保立法的早日出台。我认为可以从以下两方面进行合作：

1. 在 BBNJ 协定方面

中国和欧盟都针对 BBNJ 协定中的环境影响评估报告提出较为明确的建议，中方认为"环评报告的内容可包括对拟议活动及其目的的说明、拟议活动的合理替代方案、对可能受拟议活动及其替代方案显著影响的海洋环境及生态系统的说明、拟议活动对海洋环境及生态系统对潜在影响、说明避免和防止或减轻环境影响对措施、制定环境管理与环境监测计划等"。②欧盟认为"关于环境影响评估报告应包含清晰、明确和简洁的语言，根据新协议，该语言最有可能付诸实践"。③因而，中国与欧盟可以就环境影响评估报告的具体内容展开合作，以共同推动 BBNJ 协定中的这一重要内容获得通过。

---

① 薛桂芳：《国际海底区域环境保护制度的发展趋势与中国的应对》，《法学》2020 年第 5 期，第 50 页。

② 郑苗壮等编：《BBNJ 国际协定谈判中国代表团发言汇编（一）》，中国社会科学出版社 2019 年版，第 111—115 页。

③ 参见 https://www.un.org/press/en/2019/sea2098.doc.htm，2022-11-30。

2. 在《世界环境公约》方面

《世界环境公约》的最初倡议国法国是欧盟的创始成员国之一，中国已经就《世界环境公约》与法国展开合作如 2019 年的《中法联合声明》①，同时法国的《世界环境公约》倡议也得到欧盟全体成员国的支持。在 2019 年 1 月联合国迈向《世界环境公约》第一届实质性会议中，欧盟代表发言指出：欧盟及其成员国支持建立《世界环境公约》的倡议，以加强国际环境法和国际环境相关文书的执行。②因此，为推动《世界环境公约》早日出台，中国有必要在与法国合作的基础上加强开展与欧盟的合作，推动王毅外长提出的"四个坚持"在《世界环境公约》中得到实现。

四、中国要加强与重要国际环保组织的合作

中国在加强与联合国、欧盟合作的同时，还应当加强与重要国际环保组织的合作。相比较联合国与欧盟，国际环保组织的政治意识形态并不强烈，与其合作的阻力较小，取得成果的可能性更大。目前参与"区域"环保立法的国际环保组织主要有世界自然保护联盟（IUCN）、深海保护联盟（DSCC）、国际科学理事会（ISC）、《保护野生动物迁徙物种公约》项下科学理事会等。中国主要应该在以下两个方面加强与上述国际环保组织的合作。

（一）加强"区域"环保立法方面的合作

世界自然保护联盟主要参与 BBNJ 协定与《世界环境公约》的立法；深海保护联盟主要参与《"区域"内矿物资源开发规章》的立法；《保护野生动物迁徙物种公约》项下科学理事会则注重海洋噪声防治的立法。中国应当根据各环保组织的特点与其开展"区域"环保立法合作。

1. 目前世界自然保护联盟已举办了五次关于 BBNJ 的网络研讨会，第

---

① 《中华人民共和国和法兰西共和国关于共同维护多边主义、完善全球治理的联合声明》，http://www.scio.gov.cn/31773/35507/htws35512/Document/1650697/1650697.htm，2022-11-20。

② 参见 https://wedocs.unep.org/bitstream/handle/20.500.11822/27202/EU％20Opening％20Statement％20GPE％20AHOEWG％20January.pdf，2022-12-05。

六次网络研讨会尚未开始。①中国作为联盟的重要成员，应当利用此机会在接下来的网络研讨会上与联盟展开关于 BBNJ 协定立法方面的深入合作，宣传中国在 BBNJ 方面的立法态度和意见。除此之外，世界自然保护联盟下设的世界环境法委员会正在领导该联盟参与《世界环境公约》立法，中国应当组织相关专家与该环境法委员会举办小型专家会议，共同商讨有关《世界环境公约》立法原则和细节问题。

2.深海保护联盟的工作主要围绕以下三个方面展开：深海采矿、深海捕鱼、海洋治理。②同时联盟以观察员的身份参与了《"区域"内矿物资源开发规章》的制定。③因此联盟在有关"区域"采矿方面有着十分丰富的环保经验，中国应当与该联盟积极联系，开展交流，在《"区域"内矿物资源开发规章》制定过程中争取该联盟的支持。

3.《保护野生动物迁徙物种公约》项下科学理事会关注的海洋噪声问题是"区域"环保立法的重要组成部分。由于中国不是《保护野生动物迁徙物种公约》的缔约国，因此中国尚未参与该科学理事会主持制定的《针对特定产生海洋噪声活动的减缓准则》。④海洋噪声污染是"区域"污染来源的重要组成部分，中国应当与该科学理事会进行合作，具体措施如下：（1）争取成为该公约的缔约国；（2）派遣民间组织成为该公约的观察员，或者派遣相关专家以民间身份加入该理事会；（3）与该科学理事会共同举办专家组会议。

（二）加强"区域"环保实践方面的合作

上述国际环保组织除积极参与"区域"环保立法外，还进行了大量的与"区域"环保相关的实践活动。如 2019 年世界自然保护联盟在挪威发展

---

① 参见 https://www.iucn.org/theme/marine-and-polar/our-work/international-ocean-governance/unclos/bbnj-knowledge-series，2022-12-22。

② 参见 http://www.savethehighseas.org/about-us/board-of-directors/，2022-12-22。

③ 参见 https://www.isa.org.jm/observers，2022-12-22。

④ 参见 https://www.cms.int/sites/default/files/document/cms_cop12_doc.24.2.2_marine-noise_e_n.pdf，2020-12-22。

合作署的支持下开展了减少太平洋和加勒比海以及地中海塑料垃圾的 "Plastic Waste-Free Islands"（PWFI）项目。又如《保护野生动物迁徙物种公约》项下科学理事会设立了重要哺乳动物识别保护区。[1]中国也应当积极参与这些实践活动，积累实践经验，从而为参与"区域"环保立法提供有力支持。具体做法如下：

1. 为这些国际环保组织的实践活动提供一定的经费支持。

2. 邀请这些国际组织到中国设立办事处，与中国有关部门共同进行有关"区域"环保的实践活动，如开展海洋酸化研讨会、进行深海微塑料污染调查等。

3. 共同完成实践活动报告并向国际社会发布，从而推动"区域"环保立法。

---

[1] 参见 https://www.cms.int/en/document/important-marine-mammals-areas-immas-0，2020-12-20。

第四章 中国深度参与"区域"环境治理的具体法律问题研究

第一节 中国深度参与治理海洋酸化的法律问题研究

一、海洋"酸化"及其危害性

海洋作为地球碳循环中的重要一环,其正在大量吸收人类产生的二氧化碳,在过去这被广泛认为是有益的现象,因为世界海洋是巨大的碳汇,从大气中去除和储存 CO_2 将放慢全球变暖的速度。但是,近年来我们逐渐意识到,我们过去所认为的有价值的缓解措施导致了海洋及其生物和生态系统的化学变化。科学家证实由于人为排放二氧化碳到地球大气中,海洋正在发生着化学变化。当二氧化碳进入海洋时,它与水反应形成碳酸,释放出氢离子并降低海洋的 pH 值。碳酸释放的一部分氢离子与海洋中的碳酸根离子反应生成额外的碳酸氢根,这种反应耗尽了海洋中的碳酸根离子储备,从而引起海洋酸化的化学反应。有数据显示,自工业革命以来,海洋吸收了人类向大气排放 CO_2 的 30%—40%,[1]导致表层海洋 pH 值在过去的二百五十多年间降低了约 0.1 个 pH 单位。尽管这看似不是重大变化,但在这段时间内海洋酸度增加了约 30%,变化速度令人震惊,因为今天的海洋酸化速度是过去五千万年的十倍。这个变化比率比过去一亿年来的任

---

[1] Sabine C. L., Feely R. A., Gruber N., et al. The oceanic sink for anthropogenic CO_2. *Science*, 2004, 305: 367—371.

何时候都高。海水本来应该呈弱碱性，吸收了空气中过多的二氧化碳之后，海洋自身的碳酸盐的化学平衡就被打破，从而对海洋生物甚至整个海洋生态系统造成巨大的损害。[①] 海洋酸化的具体危害后果如下：

首先，海洋酸化会损害钙化生物构建贝壳或骨骼的能力。对于海洋酸化影响的早期研究大多集中在其对海洋钙化生物的影响上，海洋钙化生物包括牡蛎、蛤、扇贝、贻贝、鲍鱼、螃蟹、翼足类、珊瑚、藤壶、海胆、沙钱、海星、海参、浮游植物和浮游动物。而钙化生物的生存取决于碳酸根离子，这些离子是钙化生物用于构建壳或骨架的必不可少的"构建基块"，降低的溶解碳酸盐离子浓度会损害这些生物形成壳和骨骼的能力。

其次，海洋酸化还被证明可能会影响不同物种的多种生物学功能。例如，海洋酸化还可能损害鱼类幼虫在关键且短暂的发育期内听到和回应声音的能力，导致它们无法从公海中流向受保护的水域进行生长。在食物链的顶部，海洋酸化可能会改变鲨鱼血液的化学性质和行为方式，使动物休息时间减少，花更长的时间游泳。

因为科学家才刚刚开始研究，所以我们在海洋生态系统水平上预测海洋酸化将如何影响全球海洋环境的能力受到限制。但是，鉴于已经证明有大量物种对海洋酸化产生负面反应，食物网的结构和功能可能会发生变化，这可能导致物种组成的长期变化。海洋酸化会引起海洋系统的一系列化学变化，从而不同程度地影响海洋生物的生长、繁殖、代谢与生存等，可能最终会导致海洋生态系统发生不可逆转的变化，进而影响海洋生态系统的平衡及其对人类的服务功能。[②]

二、中国深度参与治理海洋"酸化"的具体法律问题

（一）国际社会缺乏规制海洋酸化的国际公约

海洋酸化是无法通过快速简便的方案一次性解决的国际性问题，这是

---

① 贺仕昌、张远辉、陈立奇、林奇、李伟：《海洋酸化研究进展》，《海洋科学》2014 年第 6 期，第 85 页。

② 唐启升、陈镇东、余克服等：《海洋酸化及其与海洋生物及生态系统的关系》，《科学通报》2013 年第 14 期，第 1308 页。

一个长期的挑战，也是一个国际性的挑战。在这个挑战中，仅仅依靠中国一个国家的力量是不够的，需要在多个前沿领域做出持续的努力，也需要各个国家之间协商一致制定严格的标准和行为规范，但是就目前而言海洋酸化问题尚未在国际上形成有效的多边环境条约。

由于海洋酸化和气候变化都是由大气中的二氧化碳驱动的，因此可以说气候制度是与海洋酸化密切相关的制度，针对与海洋酸化密切相关的气候制度，国际法上有相对成熟的国际法规范，主要是《联合国气候变化框架公约》《京都议定书》及《巴黎协议》。尽管在上述公约中均未提及海洋酸化现象，但它们为国际气候变化法奠定了基础，因此其中的一系列规定均与海洋酸化相关。依据《联合国气候变化框架公约》对于气候系统的解释，海洋酸化问题也应当属于《联合国气候变化框架公约》的规制问题之一。但是，《联合国气候变化框架公约》着重于解决各种引起气候变化的辐射活性气体，因此可能需要进行一些调整从而有意义地解决海洋酸化问题。[①]同样，《京都议定书》也需要一些调整才能适用于解决海洋酸化问题。《京都议定书》的目标是要减少大气中温室气体总量的排放，并不必然导致二氧化碳排放量减少。这就使得现阶段的《联合国气候变化框架公约》和《京都议定书》也不能完全解决海洋酸化问题。[②]《巴黎协议》于2016年生效，是气候变化领域的又一里程碑式的法律文件。与《京都议定书》不同，《巴黎协议》采用自下而上"国家自主贡献"的治理模式制定长期战略，提出"将全球气温升幅限制在比工业化前水平高2摄氏度以内，并寻求将气温升幅进一步限制在1.5摄氏度以内的措施"的目标。目前已有194个缔约方加入《巴黎协议》。

综上，国际社会尚未形成治理海洋酸化的专门性国际公约，现有的国际公约当中也没有相应的标准，这是现阶段中国参与海洋酸化治理的难点所在。

---

① Bluebook 20th ed. Sarah R. Cooley；Jeremy T. Mathis，Addressing Ocean Acidification as Part of Sustainable Ocean Development，27 *Ocean* Y. B. 29（2013）.

② 张晏瑲：《论海洋酸化对国际法的挑战》，《当代法学》2016年第4期，第143页。

（二）中国缺乏海洋酸化的国内立法

相比于其他发达国家而言，我国虽然在海洋酸化方面已经引起相应的重视，并且国家自然科学基金委员会也将治理海洋酸化列为重点支持方向之一①，但是就目前情况来看，中国尚未对海洋酸化问题进行深入的研究，更缺乏专门针对海洋酸化的立法，对海洋酸化的治理文件大多集中在非正式的倡议书方面。

而作为国际上最早对海洋酸化进行研究和治理的国家之一，美国早在2009 年就通过《联邦海洋酸化研究和监测法案》，并且根据该法案成立了机构间海洋酸化工作组（IWGOA），总体设计"国家海洋酸化计划"和"美国国家海洋和大气管理局（NOAA）海洋酸化计划"。2012 年，IWGOA就发布《联邦政府关于海洋酸化的研究和监测战略计划》草案，②并送交美国国家研究委员会审查。该战略研究计划分为以下七个主题：（1）监测海洋化学和生物影响；（2）对海洋酸化响应的研究；（3）建模以预测海洋碳循环的变化以及对海洋生态系统和有机体的影响；（4）技术发展和测量标准；（5）保护海洋生物及生态系统对社会经济产生影响的评估；（6）海洋酸化方面的教育、扩展研究及策略；（7）数据管理和整合。此外，美国于2019 年颁布关于海洋酸化的四部法律，分别是《沿海社区海洋酸化法案2019》《海洋酸化创新法案 2019》《2019 年国家河口和酸化研究法》《2019年沿海和海洋酸化胁迫和威胁研究法》。2020 年 7 月，美国 NOAA 发布《海洋、沿海及大湖区酸化研究计划 2020—2029》，新计划是上一个十年计划的延续，它从美国国家层面和区域层面对美国海洋酸化的未来研究方向进行了规划。③可以看出美国已经对于海洋酸化的检测、治理的资金来源等进行了详细的计划并制定了相应法案。

---

① 石莉、桂静、吴克勤：《海洋酸化及国际研究动态》，《海洋科学进展》2011 年第 1 期，第126 页。

② *Review of the Federal Ocean Acidification Research and Monitoring Plan*，http://dels.nas.edu/Report/Review-Federal-Ocean-Acidification/17018，2022-11-28.

③ 《NOAA 发布应对海洋、沿海和五大湖酸化的十年研究计划》，http://www.jsos.org.cn/page24.html?article_id=198，2022-11-28.

2009 年 5 月，英国自然环境研究理事会（NERC）提议发起"英国海洋酸化研究项目"，该项目几乎与美国《联邦海洋酸化研究与监测法案》同时发布。此外，英国近年来也通过了两个与海洋酸化有关的计划，分别是"2025 年海洋"科学计划和《英国海洋战略 2010—2025》。其中"2025 年海洋"科学计划的研究方向之一就是在高二氧化碳环境中海洋生物的地球化学循环及其反馈，以及生物碳泵及其对气候变化的敏感性。该计划虽未明确指出将海洋酸化治理作为研究方向，但是抽象地指出了海洋上的碳循环，并且将高碳环境下海洋生物的敏感反应作为重要的研究方向。不仅如此，英国自 2012 年起关注北极地区的海洋酸化问题，研究海洋酸化对北极的影响。[1]NERC 于 2017 年宣布投入 1 000 万英镑并连同德国联邦教育和研究部一并研究海洋酸化对北冰洋海洋环境的影响，该项目持续至 2022 年。[2]

反观我国有关海洋酸化的活动，国家海洋局在 2011 年启动北黄海酸化的试点性监测工作。[3]在 2015 年 10 月 19 日开幕的北太平洋海洋科学组织（PICES）第 24 届年会上，国家海洋局副局长陈连增在致辞中表示"将多渠道积极推动我国科学家参与 PICES 活动，提升中方资深和年轻科学家的参与度，在海洋基础研究、海洋环境保护、极地科学合作、海洋酸化监测评估、气候变化及海洋生态响应等重大科学问题方面加大智力和资金支持"。[4]2019 年召开的全球海洋酸化观测网第四届国际研讨会发布《全球海洋酸化观测网实施战略》，该战略旨在为实施《全球海洋酸化观测网需求和治理计划》提供指导，包括扩大海洋酸化观测范围，缩小人员和技术能力差距，促进区域和全球科学家合作，推动成员实现全球海洋酸化观测网

① Natural Environment Research Council：*The UK Ocean Acidification Research Programme-Science Plan 2009-2014*，http://www.oceanacidification.org.uk/default.aspx. 2022-11-28.

② Changing Arctic Ocean：implications for marine biology and biogeochemistry，https://www.ukri.org/what-we-offer/browse-our-areas-of-investment-and-support/the-changing-arctic-ocean-implications-for-marine-biology-and-biogeochemistry/，2022-12-01.

③ 徐雪梅：《中国海洋酸化及生态效应的研究进展》，《水产科学》2016 年第 6 期，第 736 页。

④ 参见中国新闻网，https://www.mnr.gov.cn/dt/hy/201510/t20151028_2332746.html，2023-01-13。

的共同目标。由于我国尚无任何的强制性法律规范与海洋科学计划，这将导致我国在海洋酸化的研究和治理方面缺乏统一的标准，无法及时应对海洋酸化所造成的生态效应以及随之而来的巨大经济效益，故无法立足于海洋强国之列。

三、解决对策

（一）中国要推动将海洋酸化纳入到现有的国际法规制

2008 年，来自 26 个国家的 155 名科学家签署预防海洋酸化的《摩纳哥宣言》，截至目前，国际社会并无针对海洋酸化的统一专门立法。二氧化碳等温室气体的过量排放导致海洋酸化现象产生，而海洋酸化现象的产生直接破坏海洋生态系统与海洋生物多样性。结合现有的国际法律体系，可以从：（1）气候变化相关法律规制；（2）海洋相关法律规制；（3）生物多样性相关法律规制三个层面中推进治理海洋酸化的具体法律规制。

（1）气候变化相关法律规制

《联合国气候变化框架公约》《京都议定书》《巴黎协议》虽然在全球气候变化制度方面起到了至关重要的作用，但是在如何限制二氧化碳排放量从而减缓海洋酸化进程方面的作用有限。上述气候变化公约文本中并未直接提及海洋酸化的防治，对于海洋酸化的管控，仍然依赖于对上述公约文本的解释。中方应积极参与《联合国气候变化框架公约》《京都议定书》《巴黎协议》的缔约方会议，将海洋酸化视为"气候变化不利影响"，推动气候变化法对海洋酸化的治理。另外，《京都议定书》作为《联合国气候变化框架公约》附件一的执行协定，在其第 2.2 条中已将船舶温室气体排放规制权赋予国际海事组织。2022 年 6 月召开的国际海事组织海上环境保护委员会第 78 届会议（MEPC 78）[①] 与前几届会议相同，仍然将"减少船舶温室气体排放"作为会议的重点。中方应积极参与该委员会相关会议，参与制定国际海事组织温室气体排放战略及相关实施细则；呼吁在海上环

---

① 参见 http://imcrc.dlmu.edu.cn/info/1128/5438.htm，2022-12-03。

境保护委员会第79届会议前召开温室气体工作会议，有针对性地解决海洋酸化问题。

（2）海洋相关法律规制

对海洋酸化现象的有效管制，最为便捷的方式便是将海洋酸化纳入《联合国海洋法公约》的规制范畴，但是《公约》谈判时并未意识到海洋酸化对海洋的影响。因此，中国应积极推动将海洋酸化纳入《公约》保护范畴，利用条约解释的方法，结合《公约》中"海洋环境污染"、"海洋环境保护"等相应条款，将海洋酸化现象纳入《公约》保护范畴。

另外在BBNJ协定草案的谈判过程中也有提及海洋酸化问题。在2015年至2016年BBNJ协定草案的四次筹备会议期间，海洋酸化问题就被纳入海洋复原力与海洋保护区部分受到特别关注。在2018年第一次政府间会议中，在确定需要保护的海洋区域过程中，与会者一致认为，应当根据现有的最佳科学知识，包括现行的国际准则和标准制定关于海洋酸化的标准。在2022年8月第五次政府间会议中，与会国家就"累积影响"概念中应该包括气候变化、海洋酸化以及相关影响问题进行了讨论。中国应积极参与BBNJ协定草案的谈判，在第五次政府间会议上积极建言献策，争取在BBNJ协定草案框架中推进海洋酸化问题的解决。

（3）生物多样性相关法律规制

海洋酸化最直接的影响对象是海洋生物与海洋生态系统，中方应积极推进在现有保护生物多样性的国际法律框架中解决海洋酸化问题。《生物多样性公约》在生物多样性的保护与可持续利用中起到至关重要的作用。2010年《生物多样性公约》第10次缔约方大会中通过《2011—2020年生物多样性战略计划》[1]，其中目标10明确提及"减少气候变化或海洋酸化对珊瑚礁和其他脆弱生态系统的多重人类压力，以维护完整性和功能"。各缔约方同意在两年内将这一总体国际框架转化为经修订和更新的"国家

---

[1]　2011—2020年《生物多样性战略计划》，https://www.cbd.int/doc/meetings/cop/cop-10/official/cop-10-27-add1-zh.pdf，2022-11-30。

生物多样性战略和行动计划"（National Biodiversity Strategies and Action Plans，NBSAPs）。①自《生物多样性公约》第 10 次缔约方大会以来，至 2022 年 12 月，已有 178 个缔约方提交战略和行动计划，147 个缔约方提交了修订版②，其中各缔约方均将目标 10 的内容纳入本国的战略和行动计划中，以履行公约义务。例如最近一次由塞浦路斯于 2020 年 6 月 3 日提交的战略和行动计划中就提及"保护珊瑚礁和其他沿海生态系统免受全球气候变化和海洋酸化的影响"。③由此可见，虽然尚无国际硬法依据，但中方仍然可以积极响应《生物多样性公约》缔约方大会的倡议与决策，并积极推动生物多样性法律制度的完善，从而应对海洋酸化问题。

（二）制定中国国内有关海洋酸化的科学研究计划及法律

从各发达国家的国内实践来看，在决定开展重要的海洋酸化研究活动之前，都会优先制定科学研究计划或法案，例如英国的"2025 年海洋"科学计划与《英国海洋战略 2010—2025》以及日本的《海洋基本计划（2013—2017）》。通过制定研究计划，可明确在海洋酸化方面的研究目标，协调各个部门之间的分工计划与资金分配。相对来说中国关于海洋酸化的研究尚处于初级阶段，虽然也开始重视海洋酸化的监测和研究问题，但是并未制定配套计划，这可能导致研究内容重复以及效率低下。建议我国可以从以下两方面制定海洋酸化研究计划：一是制定专门针对海洋酸化问题的科学研究计划；④二是制定关于海洋治理的基本计划，并在计划中将海洋酸化问题作为研究重点之一。

此外，我国也应当将治理海洋酸化提上国内立法日程，其中建立综合协调的海洋管理机构是重要的任务。我国尚未建立海洋酸化的专门管理机构，反观美国于 2009 年《联邦海洋酸化研究和监测法案》就成立了

①　参见 https://www.cbd.int/sp/，2022-12-02。
②　参见 https://www.cbd.int/nbsap/about/latest/，2022-12-02。
③　参见 https://www.cbd.int/nbsap/about/latest/#cy，2022-12-02。
④　王金平、张波、鲁景亮、高峰：《美国海洋科技战略研究重点及其对我国的启示》，《世界科技研究与发展》2016 年第 1 期，第 228 页。

海洋酸化工作组，负责制定战略研究和监测计划以及指导联邦政府对海洋酸化的研究，此外又通过进一步立法指定美国国家海洋和大气局为负责协调联邦政府对海洋酸化和沿海酸化的应对措施的主要联邦机构，以负责海洋酸化信息的交换指导。英国也早在2008年成立了海洋科学协调委员会负责科学战略的具体操作。因此，提高海洋酸化研究的效率，除了制定海洋酸化科学计划之外，还要通过国内立法建立综合协调的海洋管理机构来协调各部门各团队间海洋酸化研究和战略实施，保障彼此之间的信息交换和数据存档。建议我国可以通过酸化法案设立专门的协调和管理委员会，在法案成立之前可以优先指定海洋管理局作为总的协调机构。

（三）保障海洋酸化任务的执行

受美国华盛顿州的蓝丝带专家小组启发，我国也可以成立海洋酸化专家组作为具体执行海洋酸化治理任务的机关，为海洋酸化的研究和治理行动制定具体行动计划。除此之外，必须提供其他的政策支撑或者机构协助执行专家小组所提出的一系列关键行动，从而确保专家小组任务执行的可行性和有效性。例如美国华盛顿州为了协助关键行动的执行，建立起协助执行和协调作用的华盛顿海洋酸化中心和华盛顿海洋资源咨询委员会。此外，海洋酸化治理是庞大的工程，无论是检测研究还是进行国家间的协商都需要大量的资金支持，因此如何进行资金调度就成为了非常值得关注的事情。以英美为例，美国的国家科学基金会与英国自然环境研究委员会都是主要的海洋酸化研究的资助机构，为英美的海洋酸化研究提供了稳定的资金支持。华盛顿海洋资源咨询委员会也是为华盛顿州正在进行的海洋酸化技术分析寻求公共和私人资金的主要机构。基于此，为了保证海洋酸化技术的先进性，保证海洋酸化的检测和治理技术，我国也必须提供稳定的资金来源，通过相应的规范性文件明确指定专门的资金分配机构。

第二节　中国深度参与治理深海噪声的法律问题研究

一、深海噪声及其危害性

深海远未像许多人想象的那样安静和宁静，深海环境中回荡着各种噪声，尽管某些噪声源是自然物理和生物过程的结果，但其他噪声源却是人类活动的副产品。随着商业运输、资源开采活动以及军事活动的增加，水下海洋环境几乎充斥着嘈杂的声音，即使是深海环境也不例外。海洋中的背景噪声水平在过去的五十年中大幅增长，使得深海生物的生存环境发生了很大的变化，其原本生态系统的平衡也被打破。

深海环境中的人为噪声源对在深海中生活的海洋哺乳动物和其他形式的海洋生物构成了很多威胁。美国国家研究委员会将人为的声源分为六类：运输、地震勘测、声纳、爆炸、工业活动和其他。[①]

由于声音能通过水非常有效地进行传播，特别是在基本无光照的深海中，声音是深海生物用于交流、捕食和其他活动的主要途径。通常来说，声音随着海洋温度、盐度和压力的增加而传播得更快。深海中的声音传播受波长与水深之比的影响，低频声音可能在深水中传播数千公里，因此在低频（低于 500 赫兹）情况下的船舶交通被认为是导致深海噪声的重要人为因素。

与航运业的地理分布不同，石油和天然气工业的活动更常见于世界上特定的资源丰富地区的大陆边缘。尽管石油和天然气的开采活动通常发生在深度小于 200 米的浅水区，现在的技术已经允许在几百米或更大深度的水域中进行勘探，从而导致更深层的海洋哺乳动物也受到工业噪声的影响。[②]

---

① Cummings，Jim，Regulating Ocean Noise：Entering Uncharted Waters，*Journal of International Wildlife Law and Policy*，Vol. 10，Issue 2（April—June 2007），p. 116.

② Jim Cummings，Seismic Surveys：What We Don't Know May Hurt（Nov. 2003）.

同时，军事硬件（尤其是有源声呐系统）以及工业噪声（主要是地震勘测）已经变得越来越普遍。仅美国海军就在其 300 艘船的一半以上部署了中频有源声呐系统；北约盟国也广泛采用了这项技术，该技术旨在寻找"安静的"敌方潜艇。有证据证明声呐在过去十年中，使得多个地方的深海海洋哺乳动物异常搁浅。声呐的声音根据记录甚至可以传播至万米之深并将鱼类赶走，因为低频声呐传播距离特别远。但低频声呐主要对大型鲸类有影响，因为它的频率在大型鲸类的听觉敏度内。由于生活在可见度差的深海，鲸豚利用听觉和声音来寻觅食物、躲避天敌、交流和繁殖。如果鲸豚离声呐较近则会使其失去听觉，这对它们来说是致命的；如果鲸豚离声呐较远，声呐的响声也会盖过鲸豚的鸣音而使它们无法通信以及用回声定位、寻觅食物和同伴；即使鲸豚离声纳非常远，由于声呐能传播很远，这种噪音也会使它们感到烦躁而影响其正常活动。[①]美国国家海洋渔业局（National Marine Fisheries Service，NMFS）通过对海军演习附近发生的几起鲸鱼大规模搁浅事故的调查发现，使用中频主动声呐的鲸鱼受到了明显的伤害，表现为"气脂栓塞综合征"，包括各种特定的组织和血管损伤，耳朵和大脑周围的出血，以及肝脏和其他器官的组织损伤。

二、中国深度参与治理深海噪声的具体法律问题

（一）相关国际公约缺乏可操作性

国际法上关于深海噪声的规制几乎空白，并且尚未建立专门规制深海噪声污染的全球性或者区域性国际公约，只有一些框架性的原则作为各国治理深海噪声污染时的参考。

首先，《联合国海洋法公约》对海洋环境保护作出了一般性的规定，即"各国有保护和保全海洋环境的义务"。《公约》将"海洋环境的污染"界定为：人类直接或间接把物质或能量引入海洋环境，其中包括河口湾，

[①]　对鲸豚和声呐的研究参考美国国家海洋和大气管理局（NOAA），https://www.noaa.gov/，2021-02-03。

以致造成或可能造成损害生物资源和海洋生物、危害人类健康、妨碍包括捕鱼和海洋的其他正当用途在内的各种海洋活动、损坏海水使用质量和减损环境优美等有害影响。据此可以认为，噪音作为一种造成或可能造成损害生物资源和海洋生物的污染应当纳入《公约》的考虑之中。除了概括性的保护义务之外，《公约》第 12 部分第 194 条要求"各国应适当情形下个别或联合地采取一切符合本公约的必要措施，防止、减少和控制任何来源的海洋环境污染"，"各国应采取一切必要措施，确保在其管辖或控制下的活动的进行不致使其他国家及其环境遭受污染的损害，并确保在其管辖或控制范围内的事件或活动所造成的污染不致扩大到其按照本公约行使主权权利的区域之外"。《公约》第 204 条要求"各国应在符合其他国家权利的情形下，在实际可行范围内，尽力直接或通过各主管国际组织，用公认的科学方法观察、测算、估计和分析海洋环境污染的危险或影响。各国特别应不断监视其所准许或从事的任何活动的影响，以便确定这些活动是否可能污染海洋环境"。作为海洋法领域最权威的国际公约，各缔约国应当在《公约》列出的原则和目标之下，对深海噪音污染问题制定适当的国内政策。《公约》对各国海洋环境的保护义务所作出的框架性规定可以作为规制海洋噪音的重要参考依据，但也仅仅是重要的参考依据，不能产生直接的国际义务。

其次，作为最广泛签署的国际公约之一的《生物多样性公约》，其所指的生物多样性不仅指生态、社会、经济、教育等方面，它更实质性地要求缔约国采取足以维持生存种群和保护受威胁物种的措施，包括建立保护区和在保护区内外对生物资源进行调控和管理。缔约国实现这些目标的方法之一是"尽可能适当地"评估那些可能产生"重大不利影响"的拟议项目的环境影响。根据该规定，海洋噪声作为危害生物多样性的一种污染形式，缔约国就有义务评估诸如地震勘测活动、商业船只和主动声呐等手段对海洋哺乳动物种群构成的威胁并采取行动保护这些种群。此外，《执行1982 年 12 月 10 日"联合国海洋法公约"有关养护和管理鱼类种群和高度洄游鱼类种群的规定的协定》《保护迁徙野生动物物种公约》等也有包括通过检测、评估、养护来保护海洋哺乳动物的相关规定。但是，上述国际条约更多是构建框架性的规则以达到治理目的，如明确各国保护海洋环境的一般义务，从而使得深海人为水下噪声作为一个下位概念被吸纳而受到规制。较少数的国际条约直接涉及深海人为水下噪声，[①]如《保护迁徙野生动物物种公约》制定了海洋噪声产生活动环境影响评估家庭指南（第12.14号决议附件1）。[②]《关于保护波罗的海、东北大西洋、爱尔兰和北海小鲸类的协定》强调规制海洋噪声对海洋环境保护的重要性，但是其对于对海洋噪声治理所能发挥的作用十分有限。

(二) 相关“软法规定”缺乏执行力

为了弥补现行国际条约所存在的不足，各国际组织和委员会也制定了一些决议和规则。国际海事组织制定的《减少商业运输水下噪声准则》，考虑到与船舶设计和建造相关的复杂性，重点针对水下噪声的主要来源即螺旋桨提出各种操作和维护建议。该准则是非强制性的，旨在为船舶设计师、造船厂和船舶经营者提供有关降低水下噪声的一般建议。国际海事组织在2005年修正《关于识别和指定特别敏感海域的准则》，修改后的准则认识到船舶噪音会对海洋环境和海洋生物资源产生不利影响，这些区域由于其公认的生态、社会经济或科学意义而被认为应受到特别保护。此外，国际捕鲸委员会发布《2018年人为水下噪声决议》。在该决议中，委员会列出了一系列措施，建议各缔约国政府按照共同商定的条件，互相转让减轻人为水下噪声对鲸类影响的技术和战略，适当时还应采取监管措施；考虑与适当的利益攸关方合作，酌情建立国家和区域人为噪声登记册和监测计划，以支持评估人为水下噪声对鲸类的影响；与工业界、学术界、非政府组织和其他利益相关者合作，以支持并根据生态系统方法和预防方法来

---

① 张晏瑲、黄平伟：《论国际法对人为水下噪音规制的必要性与中国的立法完善》，《中国海洋大学学报》(社会科学版) 2020年第1期，第49页。

② CMS Family Guidelines on Environmental Impact Assessment for Marine Noise-generating Activities. https://www.cms.int/sites/default/files/document/cms_cop12_res.12.14_annex_marine-noise_e_0.pdf, 2022-12-01.

制定和实施保护鲸类动物的缓解策略和最佳做法；考虑最佳实践准则，以确保进行可靠，全面和透明的评估，并促进缓解人为水下噪声的不利影响。但是，由于上述准则和决议都是"软法"，缺乏强制力，从而导致了在国家利益至上的国际环境中无法保障责任主体的实施。

（三）中国缺乏规制深海噪声的上位法和科学研究计划

中国对于深海噪声的研究落后于英美等发达国家，有关海洋组织缺乏对深海噪声污染的重视，尚未制定出关于深海噪声的科学研究计划，且并未将深海噪声纳入国内立法议程。在美国，人为噪声对海洋生物的影响一直是最高级别的科学研究主题。早在1999年美国自然资源保护委员会的白皮书就强调了人为水下噪声水平的上升，并为建立更全面的监管制度提供了建议。文件中提出的其他建议包括：在评估水下噪声对海洋物种的影响时，应更严格地采用预防原则；建立新的海洋保护区，以及对现有产品进行更严格的保护；改善保护潜水员福利的标准；通过将噪声污染标准纳入国际协定以及制定解决噪声污染的区域协定来加强国际社会的合作。[1]美国国家科学研究委员会针对海洋噪声（特别是低频声音）对海洋哺乳动物的影响，发布了四个一系列的报告，每个报告都基于先前报告，提出新的发现和建议。美国国家海洋渔业局也早在2006年首次为地震勘测建立了缓解标准，该标准要求当弓头鲸对处于可以避免发出声音的距离时，必须关闭，而不是只有当它们足够接近以致遭受身体伤害时。

我国虽然出台了《中华人民共和国海洋环境保护法》，但并未明确界定海洋噪声是否属于海洋污染[2]，至于《中华人民共和国噪声污染防治法》中对噪声污染的定义以及环境噪声的规定都是以人类自身作为出发点，并未涉及水下环境保护。[3]2022年9月26日，中国自然资源部发布《人为水

---

① NRDC，Sounding the Depths II：The Rising Toll of Sonar，Shipping and Industrial Ocean Noise on Marine Life，available at https://www.nrdc.org/resources/sounding-depths-ii-rising-toll-sonar-shipping-and-industrial-ocean-noise-marine-life. 16，2022.

② 参见《中华人民共和国海洋环境保护法》第94条。

③ 参见韦冉、郑淑裕：《海洋噪声防治的法治解构与完善路径——以海洋命运共同体理念为指引》，《山东警察学院学报》2022年第2期，第40页。

下噪声对海洋生物影响评价指南》。①《评价指南》提供了人为水下噪声对海洋生物影响评价涉及的评价对象、工作程序、现场测量和分析评价等方面的指导，其中将人为水下噪声定义为：人为活动所产生的各种噪声源所辐射的，并在海洋中传播的噪声，包含涉海工程建设中的水下爆破、水下打桩、水下凿岩、水下气枪阵列、水下疏浚、人造声呐等产生的噪声。②可以说，《评价指南》是针对海洋噪声的系统性的评价标准，对我国海洋噪声治理起到了积极作用。

三、解决对策

（一）促进现有的国际公约修改

在国际法层面，中国有两个完善深海噪声规制的路径，一个是通过国家之间的协商达成区域间规制深海噪声污染的国际公约，另一个就是修改现有的国际公约纳入深海噪声的规制。就第一个路径而言，尽管国际社会对深海噪声污染已经开始相应的研究，但是对于具体治理的方法，以及国家之间的利益协调机制等还存在着很大的不确定性。因此，路径一的实现存在着若干阻碍，制定关于海底噪声污染的国际条约需要综合考虑很多因素。首先，由于国际社会围绕着声音以及声音对于海底生物影响的科学研究没有达到十分确定的程度，使得各国对于该污染的认识并未十分充分，也使得该问题引起的国际社会关注度没有达到一定程度。因此，相对于深海噪声来说，国家更为重视其他更为紧迫的海洋环境问题。其次，由于很多国家特别是一些沿海国家对于海洋的依赖性比较严重，而军事船舶、石油勘探等是形成深海噪声的重要原因，使得深海噪声的治理问题成为国家之间的重要利益问题。国家之间的利益博弈再加上缔约的周期长和谈判的复杂冗长，使得达成深海噪声污染规制的国际公约不是最好的选择。因

---

① 参见 http://gi.mnr.gov.cn/202210/t20221009_2761188.html，2022-11-30。
② 《人为水下噪声对海洋生物影响评价指南》，http://gi.mnr.gov.cn/202208/P0202208164
10059849780.pdf，2022-11-30。

此，中国可以积极促进在现有的国际法律框架下进行完善和修改，譬如积极推进在《联合国海洋法公约》下达成深海噪声专门章节，《公约》的缔约国必须将该公约的标准适用于其管辖下的活动，任何一个国家都可以通过法律法规，要求船舶进入其领海或专属经济区时必须遵守其国家声学法规，以此作为进入其管辖范围的条件。此外，为了促进执行，我国还可以考虑推动设置完善的国际监管机制。监管如果只停留在倡议层面则会使社会各界的努力付之东流，因此需在法律层面细化海洋噪声的国际监管机制，并设置专门的国际监管机构。海洋噪声的专门监管机构必须是国际性的，可以考虑将此机构设在联合国旗下，如设置国际海事组织噪声监管委员会。

（二）推进软法的"硬法化"

由于前文中所提到的关于深海噪声的科学研究并不是很成熟，并且可能涉及国家之间的重要利益关系，因此制定关于规制深海噪声的新国际公约或者促进现有国际公约的修改注定是一个漫长且复杂的过程。而由于国际社会已经形成了规制深海噪声污染的法律框架，因此可以优先在区域范围内形成预防深海噪声污染的措施。中国作为海洋大国，也极有可能优先与周边国家制定相应的措施和协定。

前文中提到，这些措施和协定都是"软法"，缺乏一定的法律强制力，但是由于软法可以为各个国家的实践提供指导，因此通过各个国家前后多次、反复一致的实践和遵守，是可能逐渐发展为硬法的。软法和硬法的直接区别在于是否具有约束力，但软法与硬法不是始终处于法律效力的两极状态，借助于义务、精确性与授权等要素的逐渐变化，硬法与软法的界限会呈现模糊化状态。[1]然而软法要发展为硬法并不是一件易事，不是仅仅依靠一个国家的力量就可以完成，需要各个国家不仅仅在意识层面提升对深海噪声治理发展为硬法的认识和责任，还需要各个国家在海洋噪声方面的

---

① 胡玉婷：《论软法与硬法在多维界分中的渐变——以〈巴塞尔协定〉为视角》，《东方法学》2014 年第 2 期，第 107 页。

科学研究和治理实践中的不断合作和探索。中国可以依靠国际组织的力量，譬如前文中所提到的国际海事组织，通过不断地修改和谈判使得《减少商业运输水下噪音准则》逐渐发展为具有强制力的硬法。随着成员国之间科技合作的不断增加，以及对于深海噪声污染问题认识的进一步提升，软法"硬法化"将成为一项可操作性的措施。

（三）完善国内深海噪声立法

我国尚未制定关于深海噪声的相应法律，使得深海噪声治理工作缺乏法律依据，必须通过完善国内立法鼓励深海噪声规制技术的发展以及设置客观噪声标准，从而推动在源头上对深海噪声的治理。国际上有关降低深海噪声的技术革新主要包括：运用船舶静音技术，即对船舶水下辐射噪声、船舶振动与噪声、船舶电磁兼容的有效控制，从而抑制深海噪声污染；通过技术设计降低地震勘测和石油勘探产生的噪声；运用数据标签技术将创新的吸力式 DTAG 附着于将要观察的动物身上，既可以记录动物听到的声音，又可以跟踪其潜水模式，这使得研究人员能够观察长期隐藏在水下的行为，以及因噪声而发生的任何变化；除了揭示有关正常行为的未知细节之外，这些标签还提供了中等噪声暴露影响的清晰图片。中国作为科技大国，为了可以从源头上对深海噪声问题进行遏制，应当加入国际科研大军，通过制定国内政策积极鼓励本国深海噪声治理技术的革新。此外，虽然国际上对深海噪声尚无统一的标准，但是我国可以先行通过国内立法初步确定深海噪声污染的标准，为国内先行治理设立法律依据，并且可以通过国际合作等使之逐渐发展为国际社会权威标准。

第三节　中国深度参与治理深海微塑料的法律问题研究

一、深海微塑料及其危害性

海洋学对深海的定义是海洋水深 200 米以下、不透光且无法进行光合作用的部分①，而国际法意义上的深海一般是从国家管辖范围角度来描述的，通常包括公海范围的深海水体和"区域"。学术界对微塑料的定义是直径小于5毫米的塑料颗粒，其被称为海洋中的PM2.5，根据来源可以分为以下两类：一是原生的直径小于5毫米的人造工业产品，如牙膏、洁面乳中的微粒等；另一种是大型的塑料垃圾通过物理抑或是化学手段形成的直径小于5毫米的次生微塑料。②世界自然保护联盟（IUCN）在2014年的报告中指出，海洋中的微塑料主要来自陆地污染物和海洋污染物，其中98％的初生微塑料是陆源，海源仅占2％。③

无论是哪一种类型的微塑料，都会随地表径流进入海洋，这些进入海洋中的部分微塑料在洋流、潮汐、重力等多重因素的作用下会形成淤积、聚集，待其密度大于海水密度时便会沉入海底。如前文所述，深海中由于光照、温度等影响，微塑料很难被降解，有研究表明这些深海底处的微塑料可能一直存在几千年。④即使是暂时漂浮于海洋中的微塑料，也是危害无穷。这些漂浮的微塑料要么是随着时间的推移不断加重最终坠入深海底部，要么是通过摄食或附着等途径进入海洋生物的体内，最终沿生物链进入人类体内。无论深海中的塑料最终归宿如何，都会破坏深海的生态系统，影响到深海的调节功能，最终危及人类自身。

近年的研究数据表明，作为全球已知的海洋最深处的马里亚纳海沟2 673—10 908米深处的水体中，微塑料含量高达为2.06—13.51个每升，比开放大洋表层及次表层水中微塑料含量还要高出数倍。⑤即使是在远离人类活动的极地，动物体内以及粪便中也检测出了微塑料。随着深海勘探技

---

① 参见 https://zh.wikipedia.org/wiki/％E6％B7％B1％E6％B5％B7，2021-02-04。

② 李道季：《海洋微塑料污染状况及其应对措施建议》，《环境科学研究》2019年第2期，第198页。

③ Boucher J., Friot Primary Microplastics in the Oceans: A Global Evaluation of Source, Switzerland: IUCN, 2017.

④ 钭晓东、赵文萍：《深海塑料污染国际治理机制研究——人类命运共同体的深海落实》，《中国地质大学学报》（社会科学版）2019年第1期，第61页。

⑤ Peng X., Chen M., Chen S., et al. Microplastics contaminate the deepest part of the world's ocean, *Geochem Perspect Let*, 2018, 9: 1—5.

术的发展，全球深海行动会更加频繁，深海面临的微塑料威胁会进一步加剧。显然，当下需要全球合作对深海微塑料威胁进行防范与控制以避免"公地悲剧"在作为国家管辖范围外的深海区域上演。

二、中国深度参与治理深海微塑料的具体法律问题

美国佐治亚大学的一个团队研究了全球 192 个国家和地区生活在距离海岸 50 公里内的人口排放的塑料垃圾量，并将研究结果刊登于 2015 年的《科学》杂志上。该研究结果显示排放塑料垃圾量前五的国家全部是亚洲国家，其中，中国排放最多。[①]这篇文章给中国在国际社会上造成较大的舆论压力。中国作为全球海洋治理的重要一员，且在习近平主席 2019 年提出积极推进构建海洋命运共同体的背景下，亟须具体分析参与治理深海微塑料过程中的法律困境，维护深海的环境和生态系统，消除国际社会的质疑。中国深入参与治理深海微塑料的具体法律问题如下：

（一）关于治理深海微塑料的国际公约仍在谈判中

深海微塑料是海洋垃圾的一种，国际社会关于治理海洋垃圾的法律文件并不稀缺，最早可以追溯至 20 世纪 70 年代制定的《防止倾倒废物及其他物质污染海洋的公约》以及《国际防止船舶造成污染公约》。但现有的这些国际公约并不是专门针对深海微塑料治理的，同时目前针对微塑料的科研本身还不够成熟，相应的国际立法工作也跟不上，因此专门治理深海微塑料的国际法仍然处于空白状态。2010 年美国学者在《科学》杂志上发表了他们关于海洋塑料研究的文章，首次证实全球洋流中存在塑料垃圾聚集区，塑料及微塑料对海洋环境的影响是真实且紧迫存在的。这才正式拉开了世界各国对海洋微塑料开展各种科学研究的序幕。[②]2022 年 2 月，在联

---

① Jambeck J. R., Geyer R., Wilcox C., Siegler T. R., Perryman M., Andrady A., Narayan R. and Law K. L., "Plastic Waste Inputs from Land into the Ocean", *Science*, Vol. 347, No. 6223, 2015, pp. 768—771.

② 李莹莹：《海洋微塑料污染防治法律问题初探》，《西安电子科技大学学报》（社会科学版）2018 年第 1 期，第 74 页。

合国环境大会第五届会议上，政府间谈判委员会提出将制定一项关于塑料污染（包括海洋环境）的具有法律约束力的文书，该文书将致力于寻找解决塑料全生命周期问题的综合方法。①该文书谈判目标是在 2024 年底前完成谈判，国际社会应该积极推动该立法工作。在 2022 年 11 月 28 日至 2022 年 12 月 2 日开展第一次政府间谈判会议后，政府间谈判委员会计划于 2023 年 5 月 29 日至 2023 年 6 月 2 日之间开展第二届政府间谈判会议。

（二）关于治理深海微塑料的国际合作有待加强

《联合国海洋法公约》以主权国家为基础，对海洋进行人为的分区，以区域边界作为管辖边界，这忽视了海洋生态系统的整体性和系统性，忽视了全球海域是一个联动的和统一的整体，彼此关联、相互影响。②这种人为的划分使得发达国家和发展中国家之间的利益冲突、环境保护和经济发展之间的矛盾显露无遗。在深海微塑料的治理层面具体表现为，欧美等海洋大国距离饱受微塑料污染的海域较远，且出于自身利益的考量，他们并不愿意投入过多的资源援助发展中国家治理深海微塑料。这种资源和能力的不平衡加重了深海微塑料问题的严峻程度。③

以东南亚地区为例，该地区多为发展中国家，且沿海国家和岛国数量较多。这些国家降解陆源塑料的科技与欧美等发达国家相比本就相对落后，政府的治理能力、可运用资金都十分有限，民众、企业的海洋保护意识也不够强。此外，还有众多发达国家的含塑料固体废物被运往了这些国家。在上述众多因素的作用下东南亚成为全球微塑料污染最为严重的地区之一。形成鲜明对比的是，西方传统的海洋强国拥有丰富的海洋治理经验和资源，加之西方发达国家大量的塑料垃圾被转移至发展中国家处理，因此这些发达国家直接面临的微塑料污染并不十分紧迫。幸运的是，海洋塑

---

① 参见 https://www.unep.org/about-un-environment/inc-plastic-pollution，2022-11-16。

② 郑志华：《全球海洋治理碎片化挑战与因应之道》，《国际社会科学杂志》（中文版）2020 年第 1 期，第 175 页。

③ 崔野：《全球海洋塑料垃圾治理：进展、困境与中国的参与》，《太平洋学报》2020 年第 12 期，第 88 页。

料垃圾整治问题已经开始受到各国关注，2022 年 10 月，东亚海协作体（COBSEA）第 25 次政府间会议第二阶段开幕。[①]柬埔寨、中国、印度尼西亚、韩国、马来西亚、菲律宾、新加坡、泰国和越南 9 个成员国代表与会，在讨论协作体未来两年工作计划时专门提及：关于海洋塑料垃圾的行动计划以及建立东亚海域海洋垃圾全球伙伴关系，草拟符合东亚海域行动计划的项目文件。

（三）中国关于治理深海微塑料的国内立法基本空白

深海中大部分的微塑料源自陆地，国家是降低微塑料污染的重要主体，而国内法就是从源头限制深海微塑料污染加剧的关键一环，因此可以通过对塑料的生产、流通、使用、处理进行系统严格的管理，从源头应对深海微塑料污染问题。我国没有专门针对微塑料管理的立法，仅部分法律法规的个别条文中涉及微塑料的相关内容，[②]近年来，我国涉及塑料垃圾问题的相关法规不断完善。环保部在 2017 年发布的《环境保护综合名录》将"含塑料微珠的化妆品和清洁用品"、"塑料微珠添加剂"划为高污染和高环境危险的产品[③]，但这个文件只是以表格形式呈现的种类划分，并未对这些"双高产品"作进一步的限制规定。同年国家发展改革委、住建部共同发布《生活垃圾分类制度实施方案》[④]，为生活垃圾分类制度实施制定路线图。2018 年 1 月，国务院发布《禁止洋垃圾入境推进固体废物进口管理制度改革实施方案》。[⑤]2019 年 2 月，海南出台《海南省全面禁止生产、销售和使用一次性不可降解塑料制品实施方案》[⑥]。2019 年 7 月 1 日，上海出

---

① 参见 https://aoc.ouc.edu.cn/_t719/2022/1024/c9829a380271/page.htm，2022-11-30。

② 中国法律法规数据库，https://flk.npc.gov.cn/总结得出。

③ 环境保护部发布《环境保护综合名录》（2017 年版），http://www.gov.cn/xinwen/2018-02/06/5264316/files/27c5704a32e941e8ac20e40d61209a94.pdf，2021-02-04。

④ 《国务院办公厅关于转发国家发展改革委住房城乡建设部生活垃圾分类制度实施方案的通知》，http://www.gov.cn/zhengce/content/2017-03/30/content_5182124.htm，2022-11-30。

⑤ 《国务院办公厅印发〈禁止洋垃圾入境推进固体废物进口管理制度改革实施方案〉》，http://www.gov.cn/xinwen/2017-07/27/content_5213919.htm，2011-10-30。

⑥ 《中共海南省委办公厅　海南省人民政府办公厅　关于印发〈海南省全面禁止生产、销售和使用一次性不可降解塑料制品实施方案〉的通知》，https://www.hainan.gov.cn/hainan/swygwj/201902/839b212841524e14aa9b0548873d21f7.shtml，2022-11-30。

台《上海市生活垃圾管理条例》。[①]最为重要的是，2020年国家发展改革委颁布的《生态环境部关于进一步加强塑料污染治理的意见》指出，到2020年底，禁止生产含塑料微珠的日化产品，到2022年底，禁止销售含塑料微珠的日化产品。[②]这一治理新政的出炉，推动我国塑料垃圾污染治理进入新阶段，极大推动我国塑料循环经济的发展。2020年修订的《中华人民共和国固体废物污染环境防治法》第69条和第106条对塑料制品的流通和使用都作出了规定，但是该规定还是过于笼统，并没有专门提及微塑料的防治。

概括来说，我国目前调整深海微塑料的法律法规在数量上是非常有限的，且这些规范性文件的法律位阶都相对较低。可以说，针对治理深海微塑料的立法状态还不能够匹配目前该问题的重要性。从内容上看，不论是责任主体还是追责机制都较为泛泛。由于政府具备公共管理职能，其当之无愧应成为参与深海微塑料治理的核心主体，这一点在世界各国均相同。略有不同的是，西方以"地球之友"（Friends of Earth）为代表的非政府环保组织数量众多且在社会活动中十分活跃。这些环保组织虽然在执行力和强制力上远不及政府，但是这些组织的活动的确可以帮助整个社会更清楚地认知到深海微塑料沉积的危害性，强化全社会的环保意识。海洋是公共资源，是属于全球生物共同享有的资源，不可再生，无法替代。因此，在整个社会生产过程中，不论是生产者还是消费者，不论是个人、企业还是非政府组织，都需要承担起一定的责任。我国法律法规并没有对除政府以外的其他主体提出相应的要求，消费者对微塑料的危害性认识不够，对企业相关责任的规定和追责制度尚有缺陷，一些公益性组织的作用也没有得到充分的发挥。

---

① 《上海市生活垃圾管理条例》，https://mzj.sh.gov.cn/sg-zcfg/20200619/MZ_sgw78_1060.html，2022-11-30。

② 《生态环境部关于进一步加强塑料污染治理的意见》，http://www.gov.cn/zhengce/zhengceku/2020-01/20/content_5470895.htm，2022-11-30。

三、解决对策

（一）积极推动《塑料公约》谈判与相关软法制定

全球针对海洋塑料污染的科学研究已有了实质进展，2019 年 12 月联合国环境署发布《解决海洋塑料问题：系统性方法—行动建议》报告，建议全球沿塑料价值链采取系统性行动，包括在材料工程、产品设计和商业模式、消费者行为、废弃物管理（收集、分类、回收和处置）等方面采取行动，但没有对于深海微塑料进行科学指引。①同时，关于海洋塑料治理立法的公约刚开始第一轮谈判，其谈判周期长，从以往相关立法谈判经验来看，很大程度上无法如期完成。因此，短时间内恐难以就深海微塑料的治理达成纲领性的条约或者全球性的标准。但这并不是说，深海微塑料的全球立法工作应在此停滞不前，中国可以积极推动相关"软法"的制定。"软法"与"硬法"相比，一方面具有更强的适应性和灵活性，"软法"在生效和批准程序上更加简单，可以快速针对新出现的国际环境问题作出反应，与"硬法"的滞后性形成互补。另一方面，"软法"可以作为立法工作的"探路"，国际社会可以观察"软法"实施后的实际效果，总结相关的经验，为后续国际立法工作指明方向。

中国在推动参与国际立法时，应呼吁各方关注陆源塑料污染的防控与规制。如前所述，海洋中的微塑料主要来自陆地污染物和海洋污染物，其中 98％ 的初生微塑料都是陆源，海源仅占 2％。因而在应对深海微塑料污染时绝不能只关注污染后的治理而不关注源头的防控，这也与我国针对环境问题提出的"不能走先污染后治理的老路"这一宗旨相一致。具体在国际立法层面，需要对陆源塑料污染的定义和适用范围等设置一个统一的标准②。此外，参考其他环境专项领域的立法经验，鉴于深海在国际法上的属于"国家管辖范围外"这一特征，有必要促进深海微塑料基金的建立，

① 《解决海洋塑料问题：系统性方法—行动建议》，file://C:/Users/dell/Downloads/AMPRA.pdf，2022-11-30。

② 彭洪达：《海洋塑料垃圾治理的国际法研究》，山东大学 2019 年硕士学位论文，第 41 页。

从经济上保证深海微塑料污染能够得到有效的治理，尽可能避免"公地悲剧"的发生。

（二）组织参与深海微塑料治理的多方合作

我国附近的东亚海域和东南亚海域是全球海洋塑料垃圾污染的"重灾区"，治理压力极大。首先，中国应当在周边海域的塑料垃圾治理中扮演好推动者的角色，以区域治理成效的改善来消解全球海洋塑料垃圾治理中的主要矛盾。东亚海域的环境治理机制比较成熟和健全，海洋塑料垃圾治理已进入到区域海洋合作之中。下一步，中国应细化实施方案，及早启动实质性的多边治理行动，如实施海洋联合科考和海上联合执法、打造示范项目等。其次，中国可积极推动相关国家共同制定具有约束力的区域公约，为海洋塑料垃圾治理增添硬性保障。此外，中国还应积极协调区域内国家同联合国环境规划署、西北太平洋行动计划、东亚海环境管理伙伴关系计划等国际组织的合作关系，适当引入国际组织的力量并吸纳俄罗斯和朝鲜的参与，以拓展区域环境治理网络，汇集多方治理合力。

相较而言，东南亚海域的塑料垃圾治理尚处于起步阶段，面临着资金不足、技术受限合作匮乏、政策分歧等困境。为此，中国一方面应妥善协调区域内各国的治理目标，凝聚各方共识，在"洋垃圾"、海上倾废等关键问题上形成一致的政策，并将海洋环境治理合作从南海争端中剥离出来，使其免受政治波动的影响；另一方面，中国应发挥好区域大国作用，将海洋塑料垃圾治理纳入"一带一路"倡议的海上合作项目、中国—东盟海洋环境保护合作机制等框架中，充分运用中国—东盟海上合作基金，在力所能及的范围内加大对东盟国家的资金、技术或设备援助，鼓励我国相关的科研机构扩大与东盟国家的科技交流，助力东盟国家治理能力的提升。①我国可借助与东亚和东南亚海域的合作提高我们处理微塑料的技术、提高区域海域治理的能力，增强我国在深海微塑料治理领域的话语权。

---

① 中国法律法规数据库，http://search. chinalaw. gov. cn/SearchLawTitle? effectLevel＝2&SiteID＝124&Query＝%E5%BE%AE%E5%A1%91%E6%96%99&Sort＝PublishTime&Type＝1，2021-02-04。

（三）完善深海微塑料治理的国内立法及相关配套措施

上文已经阐明深海微塑料治理过程中对陆源塑料污染监管的必要性，而这一点需要各国国内法进行规制和配合。这一点上，中国还可以率先完善国内法，成熟后可以尝试将成功经验推向国际，具体而言，中国应完善《中华人民共和国深海海底区域资源勘探开发法》等相关法律规范，为深海塑料污染治理提供进步的"中国样本"。我国《深海海底区域资源勘探开发法》中的原则性内容相对较多，很多规定的措辞都过于模糊，这就决定了它不具有很强的操作性，很难被司法机关、执法机关等直接适用。《中华人民共和国深海海底区域资源勘探开发法》第三章专门对环境保护作出规定，但第三章仅三条并没有具体规定环保的要求以及如何去落实这些要求，因此有必要尽快将第三章中概括性要求细致化，制定更加精准的具有操作性的规则。还要确立深海勘探的环境影响评价、环境调查报告、环境监管等制度，建立起完善的国内深海勘探的环境保护机制①。

此外，国内的规范性法律文件也应该明确塑料污染的追责制度。首先，以企业为代表的生产者作为塑料产品产生的主要源头，应当承担起相应的责任。但在现行的法律规定下，企业承担的责任是不充分的。追逐利润是企业的典型特征之一，企业通常只关注自己的盈利情况，很难从更加充满人类关怀的角度去考虑企业生产对环境造成的负面影响。这就决定了很多企业在设计和生产产品的过程中力图降低成本而不考虑生产所使用的原料对环境的影响程度和回收处置的难易，亦没有回收处置废旧产品的积极性。若要避免这种现象，必须施加外力对企业进行约束。加强企业在环境保护方面的义务，或者出台专门针对塑料的法律法规加以规制。还需要关注的是，消费者是这些塑料产品的最终使用者，想要降低他们对塑料产品的诉求，应该帮助广大消费者从意识深处树立起环保的观念，而这需要消费者自身的努力，更需要政府和社会的积极倡导乃至需要法律的强制性规定。

---

① 张丹、吴继陆：《我国首部深海海底区域资源勘探开发法评析》，《边界与海洋研究》2016年第1期，第68页。

第四节 中国深度参与治理深海油污的法律问题研究

一、深海油污及其危害性

海上石油污染根据其形成过程的不同可以分为突发性污染和非突发性污染。非突发性污染主要是在海洋油气勘探过程中排放的污染物，而突发性污染相比而言破坏力更大，影响范围更广，主要包括船舶碰撞发生的燃料泄漏以及钻井平台发生的石油泄漏等。[①]

深海石油污染不仅会破坏自然环境资源，还会严重影响到海洋生态系统的调节功能。首先，石油形成的油膜会影响水体中的氧气和二氧化碳量，一方面氧气和二氧化碳是海洋植物体进行光合作用的必要条件，部分石油还会直接侵入植物体内，破坏叶绿素，迫使植物无法呼吸。[②]另一方面，氧气与二氧化碳量的减少会直接影响到深海水体的 pH 值，从而破坏海洋中溶解气体的循环平衡。其次，石油中含有多环芳香烃，具有毒性、遗传性和致癌性。该物质会对海洋生物体造成巨大的影响，不仅可能改变生物体的外形状态，还可能影响其生理代谢和生物性状，而且这些不良影响最终都有可能通过生物链作用于人类自身。最后，海洋石油污染会加剧全球温室效应，直接影响全球环境保护。

第二次工业革命后，石油成为全球经济发展的燃料，是工业的血液。海运与其他运输方式相比具有价格低廉，运输量大的优点。据相关数据，海运贸易量占据全球贸易量的 90%。可以说，海运在全球贸易中仍然具有不可替代性。带来的问题就是海洋船舶碰撞频发，造成的海洋石油污染事故不计其数。2020 年 7 月日本若潮号货轮在毛里求斯发生严重的溢油事故，造成严重的生态灾难。此外，在过去的几十年中，全球对石油的需求

[①] 王国华：《海洋法规与国际石油合作》，石油工业出版社 2016 年版，第 98 页。

[②] 黄建平：《海洋石油污染的危害及防治对策》，《技术与市场》2014 年第 1 期，第 129 页。

量都持增长状态，现有的油气开发难以满足各国需求，这也使各国开始把目光投向深海中的油气资源。全球深海油气勘探开发的脚步正在加快。随之而来的就是海上钻井平台漏油事故的多发。2010年墨西哥湾"深水地平线"发生漏油事故并引发了大爆炸，这是工业史上最严重的漏油事故，这次事故造成大范围水质受到严重污染，很多鱼类、鸟类以及海洋植物都患病甚至死亡。2020年4月，据美国有线电视新闻网（CNN）报道，自墨西哥湾漏油事件发生以来，爆炸现场附近的鱼类种群减少50%至80%。墨西哥湾漏油事件发生10年后，研究人员在墨西哥湾的数千种鱼类中发现较高含量的油污染，其中包括黄鳍金枪鱼、方头鱼和红鼓等人类饭桌上受欢迎的海鲜。[①]

二、中国深度参与治理深海油污的具体法律问题

（一）治理深海油污可依据的国际法比较模糊和滞后

众所周知，国际法是各国家利益冲突与协调之后的产物，必然不可能得到所有国家的支持。故而在涉及本国的利益时，各国大多会选择原则性立法以减少日后可能存在的对本国利益的冲突。这一问题在海洋石油污染治理的国际法中同样存在。生效的海洋油污治理条约内容大多过于原则性，缺乏具体的操作标准或相关细则，导致国际法内容可操作性差，无法解决问题。

进一步而言，关于防治海洋石油污染的国际公约以及区域性条约通常都是基于某一海洋溢油事故的发生才制定的。故而一般都是在事故发生后、伤及国家自身利益时才对防治海洋石油污染进行立法讨论。但是上述事故的发生都具有特殊性，即主要是在海面上或海洋中发生的，并不能够概括所有事故情况，所以导致这些公约只能针对某特定事件而缺乏普遍意义。总之，上述公约很难适用于深海石油开采导致的海底溢油事故，也无法起到保护深海环境的作用。随着钻井平台石油工业的不断发展，缺乏前

---

① 参见 https://www.thepaper.cn/newsDetail_forward_7082303，2022-11-30。

瞻性的立法导致上述条约适用尴尬的缺点暴露无遗。

此外，现有的针对海洋油污治理的条约制定时日均较为久远。《国际防止船舶造成污染公约》制定于 1973 年，并于 1978 年制定修订书、《国际防止海上油污公约》制定于 1954 年。国际海事组织在 1969 年牵头订立《国际干预公海油污事故公约》，1972 年组织签订《防止倾倒废物及其他物质污染海洋的公约》，并于 1990 年组织订立《国际油污防备、反应和合作公约》。除此之外，其他与海洋油污治理相关的公约还有：1969 年订立的《国际油污损害民事责任公约》以及 1971 年签订的《关于设立油污损害赔偿国际基金国际公约》，后一公约于 1992 年发布一次修订案，只是使石油污染受害者获得更快速的赔偿而已。总体来说，全球性的油污治理公约年代都比较久远，加上本身内容不够具体，在应对当前的深海油污状况时导致执行力不足。

（二）国际层面缺乏统一的海上钻井平台油污损害赔偿机制

随着石油需求的增加以及深海油气勘探技术的发展，海洋石油勘探活动显著增多，而钻井平台发生石油污染事故的概率也随之大大提高。钻井平台的突发性油污事故与传统的船舶油污事故相比，破坏性更大，因为海洋勘探活动逐渐在公海和"区域"这样的国家管辖范围外的海域开展，一方面污染的地理范围会更广，另一方面也增加了应对突发性事故、治理油污的难度。当下针对深海勘探引发的突发性石油污染事故的国际立法处于空白的状态。国际上已经生效的调整海洋石油污染的政府间的公约虽然不少，但现有的这些公约都是从更宽泛的角度来规范全球海洋石油污染的治理或者是侧重于从船舶导致的油污这一方面来进行规定的。

《国际防止船舶造成污染公约》是国际海事组织于 1973 年主持制定的，该公约主要针对海上船舶因例行作业产生的油类物质污染行为即常规性的石油泄漏，并试图减少船舶因意外事故或操作疏忽所产生的突发性污染行为。该公约明确规定了其调整对象是船舶造成的污染，这里的"船舶"包括海洋环境中运行的任何类型的船舶，这一规定过于宽泛，很难明确此处的"船舶"是否包括石油勘探活动的钻井平台。但在关于"主管机关"的条文中规定在沿海国家沿岸附近的海底从事勘探的平台，则由该沿岸国家作为这些平台的主管机关。从这一条看出该公约意图将海洋石油勘探纳入调整范围，但也仅止步于此。一方面即使明确钻井平台在公约调整范围内，也仅仅是国家管辖范围内水域的勘探设备；另一方面对钻井平台石油事故发生后的法律救济、损失赔偿等没有专门性的规定。

《国际油污防备、反应与合作公约》也是在国际海事组织的主持下制定的国际性公约，该公约旨在促进各国加强油污防治工作，强调有效防备对付油污事件的重要性，一旦发生突发性的石油泄漏事故，可以立刻展开区域性或全球性的合作，尽可能将油污损害降到最低。该公约第3—7条对油污应急计划、油污报告程序等预防应急措施作出较为详细的规定，但这些规定并不包括油污事故发生后的如何进行损失赔偿。

《国际油污损害民事责任公约》对油污损害发生后如何进行赔偿作出规定，但是其适用范围只包括在缔约国领土和领海内发生的污染损害。显而易见，国家管辖范围外的深海和"区域"发生的油污损害并不受该公约的调整。《关于设立油污损害赔偿国际基金国际公约》借助船舶油污损害的赔偿机制来保证受害者能够在事故发生后得到充分的赔偿，同时又不至于给船舶所有人带来过重的经济负担。但同样的，该公约也仅仅适用于缔约国管辖范围内发生的油污事故，而且仅限于船舶引起的石油污染事件。[1]

三、解决对策

（一）推动并强化治理深海石油污染的国际立法

首先，中国要推动增加现有国际法中的可供实际操作的内容。在防治海上钻井平台石油污染的国际立法中，应明确规定各缔约方的具体权利与

---

[1]　高翔：《论国际海洋石油开发环境污染法律救济机制的构建》，《中国海商法研究》2014年第2期，第33页。

义务，可在明确相关原则性问题后，采取附则形式将详细内容予以说明。明确建设联合风险预防机制、应急处理机制等，以规避风险，减少对海洋环境的破坏。同时因为国际条约的缔约方多为国家，而海上钻井平台石油污染的行为主体却是钻井平台石油开采公司，故而国家在缔结国际公约后，应将国际公约内容迅速转化为国内法予以落实，从而积极履行国际义务。

其次，中国要促进相关立法活动具有一定的前瞻性。纵观关于防治钻井平台石油污染的国际公约、区域性条约和部分国家的国内法，多是伴随着钻井平台石油污染事故而产生，因此多具有历史局限性，无法满足当前社会需要。在今后国际法的完善过程中应当具备时代性和前瞻性，既要符合发展形势，能够充分考虑到科技水平和治理预防能力，又应当注重对环境风险进行前瞻性的考量。同时在国际条约中增加关于防治钻井平台溢油应急计划的具体内容，注重风险防范。

最后，在完善国际法的进程中，中国必须坚持可持续发展原则、防治结合原则以及公平公正原则，并推动将这些原则纳入国际公约、区域性条约。在日常的钻井平台操作过程中，操作方也应当谨记上述原则，提高科技能力和自查能力，不向其他国家尤其是发展中国家转移污染物；开展行业内技术合作，采取清洁生产，避免造成不必要的污染；而国家应当尊重他国主权，承担相应的国际义务等，共同为防治海上钻井平台石油污染努力。

(二)呼吁建立国际海洋石油开发污染损害赔偿机制

现有国际法关于油污损害追责机制的规定并不能直接适用于深海石油开发过程中的油污损害。对此，中国可以积极推动深海石油开发事故追责机制与赔偿机制的建立。鉴于规范船舶石油污染的国际条约比较完善，可以在立法工作中借鉴其相关经验，诸如免责事由的问题就可以借鉴1992年《国际油污损害民事责任公约》规定：地震、海啸等天灾；第三方造成的损失；完全由于政府管理疏忽或失误造成的损害；完全由于受害人自身的原因或过失行为引起损害四种情形属于法定免责情形。

　　与船舶碰撞发生的石油泄漏事故相比，油气勘探过程中一旦发生原油泄漏事故，其对环境造成的影响更具破坏性。"深水地平线"事故发生后，美国成立了一个"总统调查委员会"对事故进行了调查研究分析，并给出了相应的法律建议，这些建议中最核心的内容就是应提高甚至是直接取消石油损害事故中的责任限额。①目前，不论是国际社会还是各个国家的法律都倾向于逐渐提高海事侵权行为的赔偿责任限额。这样的趋势自然也应当在深海石油开发污染损害赔偿机制的构建中得到体现，也就是说深海石油开发责任限额应当高于《国际油污损害民事责任公约》《关于设立油污损害赔偿国际基金国际公约》中规定的赔偿责任限额。除了责任限额的规定外，中国还可以与世界主要深海石油开发国进行协商建立强制责任保险机制，若缔约国的企业想要从事深海石油开发活动必须购买责任保险，即规定购买相应的保险作为从事勘探活动的必要条件，在保险额度的设定上应当比船舶油污强制责任保险数额更高。在海洋石油污染治理领域，与强制责任保险制度共同发挥作用的还有基金制度，关于赔偿基金的设立同样可以去借鉴国际船舶油污损害赔偿基金的做法：建立国际海洋石油开发油污损害赔偿基金，在必要情形下从基金中划拨费用对清污费用先予支付，确保清污行动的及时高效。

　　最后，考虑推广与适用连带责任机制。与船舶碰撞造成的石油泄漏事故不同，深海石油勘探工程环节众多，需要顶尖的技术和充足的资金持续支持，因此这类项目通常是由多家公司合作进行，涉及的主体种类和数量更为繁杂。基于海洋石油开发中责任主体的这一特殊性，可以考虑在深海石油勘探过程中发生的石油泄漏事故适用连带责任制度。如果某一勘探设备有多位经营者，若发生石油泄漏事故，则这些经营者除符合免责事由外应对损害共同承担连带责任。如果在油污事故发生期间经营者发生改变，则该设备的所有经营者除非基于法定免责事由也均应对此损害共同承担连带责任。②

---

　　①　参见 https://www.govinfo.gov/content/pkg/GPO-OILCOMMISSION/pdf/GPO-OILCOMMISSION.pdf，2021-02-04。

　　②　万鄂湘、高翔：《论海洋石油开发环境污染损害赔偿法律机制之构建——以国际法和我国法为视角》，《武大国际法评论》2013 年第 1 期，第 15—16 页。

第五章　中国深度参与"区域"环境治理的难点法律问题研究

第一节　构建"区域"活动担保国责任制度与中国的对策

一、构建"区域"活动担保国责任制度的法律基础

"国际海底区域"属于"全人类共同继承的财产"。[①] "区域"内最为重要的活动是对其资源进行的勘探与开发活动,这是因为占海洋总面积 65％ 左右的"区域"内蕴藏着丰富的金属矿产资源、天然气水合物和深海生物遗传资源,许多国家将开发"区域"的矿产资源视作获取本国战略资源利益的重要方式。[②] 对此,1982 年《联合国海洋法公约》第 153.1 条确立了国际海底管理局通过制定规则、规章和程序对"区域"活动进行管控的职能。[③] 自 1994 年正式成立以来,国际海底管理局根据不同的资源类型先后制定了三个探矿和勘探规章,[④] 对于《公约》的缔约国来说,其在"区域"

---

① 参见《联合国海洋法公约》第 137.2 条。

② 孟令浩:《论国际投资法在国际海底区域开发中的适用及对中国的启示》,《西安石油大学学报》(社会科学版) 2020 年第 1 期,第 81 页。

③ 《联合国海洋法公约》第 153.1 条规定:"'区域'内活动应由海底管理局代表全人类,按照本条以及本部分和有关附件的其他有关规定,和海底管理局的规则、规章和程序,予以安排、进行和控制。"

④ 这三个勘探规章是 2000 年通过的《"区域"内多金属结核探矿和勘探规章》(2013 年修订)、2010 年通过的《"区域"内多金属硫化物探矿和勘探规章》、2012 年通过的《"区域"内富钴铁锰结壳探矿和勘探规章》。参见王超:《国际海底区域资源开发与海洋环境保护制度的新发展——〈"区域"内矿产资源开采规章草案〉评析》,《外交评论》2018 年第 4 期。

内的活动不仅应当遵守《公约》及其附件的相关规定，还应当遵守海底管理局制定和通过的有关规则。

《联合国海洋法公约》第139.1条、第153.4条和附件三第4.4条等条文确立起缔约国的担保义务。《公约》第139.1条规定："缔约国应有责任确保'区域'内活动，不论是由缔约国、国营企业、或具有缔约国国籍的自然人或法人所从事者，一律依照本部分进行。国际组织对于该组织所进行的'区域'内活动也应有同样义务。"此外，"区域"内活动根据《公约》第1条的定义是指："勘探和开发'区域'的资源的一切活动。"但是，这种定义仍然较为模糊，没有具体指明活动的类型。在2011年国际海洋法法庭的咨询意见中，法庭列出这些活动包括："钻探、疏浚、取芯和挖掘；处置、倾倒和向海洋环境排放沉积物、废物或其他液体；"[①]根据《公约》附件三第17.2（f）条的规定："在矿址上方对来自该矿址的矿物进行船上加工应被视为包括在'区域'内活动范围之中。由于上述活动清单不加区分地提到'区域'内活动和'船上'加工直接造成的有害影响，两者应被视为同一类活动的一部分。"[②]更进一步而言，《公约》第139.2条分三种情形规定了相关赔偿责任的承担，[③]第一种情形是缔约国应当对因为其没有履行义务而造成的损害承担赔偿责任；第二种情形是缔约国与其他主体共同活动而造成的损害承担连带责任；第三种情形是不属于上述情形的，缔约国不承担赔偿责任。作为补充，《公约》附件三第4.4条同时还进一步对担

[①]　Responsibilities and obligations of States sponsoring persons and entities with respect to activities in the Area，para. 87，https://www.itlos.org/fileadmin/itlos/documents/cases/case_no_17/17_adv_op_010211_en.pdf，2020-12-20.

[②]　Responsibilities and obligations of States sponsoring persons and entities with respect to activities in the Area，para. 88，https://www.itlos.org/fileadmin/itlos/documents/cases/case_no_17/17_adv_op_010211_en.pdf，2020-12-20.

[③]　《联合国海洋法公约》第139.2条规定在不妨害国际法规则和附件三第22条的情形下，缔约国或国际组织应对由于其没有履行本部分规定的义务而造成的损害负有赔偿责任；共同进行活动的缔约国或国际组织应承担连带赔偿责任。但如缔约国已依照第153.4条和附件三第4.4条采取一切必要和适当措施，以确保其根据第153.2(b)条担保的人切实遵守规定，则该缔约国对于因这种人没有遵守本部分规定而造成的损害，应无赔偿责任。

保国不承担赔偿责任的情形进行了解释性规定。①

由上可见，《联合国海洋法公约》通过上述条款规定的担保责任是一种"确保"义务，此种义务不是要求在每一种情况下都要实现被担保的承包者遵守《公约》及国际海底管理局规定的结果，而是要求担保国采取适当的措施，以尽最大努力取得这一结果。这包括两层含义：一是要求担保国制定法律和规章；二是要求担保国确保相关法律和规章的实施，采取一切必要和适当措施防止承包者违反《公约》所规定的义务。②否则，担保国应承担连带赔偿责任。而担保国对在遵守上述两个层面的担保义务后仍然出现的损害也同样不用承担赔偿责任。

二、构建"区域"活动担保国责任制度的过程回顾

（一）构建"区域"活动担保责任制度的过程

当前，对"区域"矿产资源的商业化开采已经日益成熟，制定相应的开发规则已经成为国际海底管理局需要优先考虑的事项和国际社会关注的焦点议题。2012 年，国际海底管理局第 18 届理事会通过《工作计划》，决定启动制定《"区域"内矿物资源开发规章》的进程，并且作为国际海底管理局工作的优先事项。③2016 年，国际海底管理局出台第一个《"区域"内矿物资源开发规章草案》，并且在前述草案的基础上出台了 2017 年、2018 年和 2019 年的《开发规章草案》。但是由于在《"区域"内矿物资源开发规章》的制定过程中，各国提出了不少争议点，导致《"区域"内矿物资源开发规章》迄今为止仍然没有获得正式通过，④尤其是"区域"活动

① 《联合国海洋法公约》附件三第 4.4 条规定担保国应按照第 139 条，负责在其法律制度范围内，确保所担保的承包者应依据合同条款及其在本公约下的义务进行"区域"内活动。但如该担保国已制定法律和规章并采取行政措施，而这些法律和规章及行政措施在其法律制度范围内可以合理地认为足以使在其管辖下的人遵守时，则该国对其所担保的承包者因不履行义务而造成的损害，应无赔偿责任。

② 刘画洁：《国际海底区域国家担保义务的履行研究》，《社会科学家》2019 年第 6 期，第 115 页。

③ 薛桂芳：《国际海底区域环境保护制度的发展趋势与中国的应对》，《法学杂志》2020 年第 5 期，第 43 页。

④ 王勇：《国际海底区域开发规章草案的发展演变与中国的因应》，《当代法学》2019 年第 4 期，第 80 页。

担保国责任制度便是其中一项重要的争议焦点问题。①

2015 年 2 月，国际海底管理局公布《"区域"内矿物资源开发的规章框架》（*Developing a Regulatory Framework for Mineral Exploitation in the Area*）。2015 年 7 月，经过修订的《"区域"内矿物开发的规章框架》发布，其中关于担保国责任的评论意见认为："担保国和海底管理局之间的职责和责任分工并不明确。这涉及的事项包括执法和监测/检查、犯罪和处罚制度、承包者的责任和义务等。从承包者的角度来看，有可能造成重复的监管和财务负担。需要澄清并更明确地界定职责和责任。这也表明海底管理局和担保国之间需要有效合作。"②

2016 年 2 月，国际海底管理局公布《"区域"内矿物资源开发规章》的第一份工作草案，供国际海底管理局成员和所有利益攸关方审议，对于该工作草案海底管理局共收到 43 份评论意见，其中有 37 份为公开意见、6 份为不公开意见。③该草案关于担保国责任的内容也仅是模糊的规定："担保国、承包者和海底管理局在'区域'开发方面的责任和义务应当符合《公约》的规定。"④2017 年 1 月，国际海底管理局公布《关于制定和起草"区域"内矿产资源开发条例（环境事项）的讨论文件》，该份文件旨在为《"区域"内矿物资源开发规章》的环境保护部分的制定提供基本的思路，并且邀请各方对此提出评论意见。该份文件有关"担保国责任"的内容明

---

①　2015 年，各国在牙买加首都金斯敦召开的关于审议和核准"区域"内矿产资源开采规章草案的会议上提出："必须明确担保国的作用和责任，特别是考虑到国际海洋法法庭海底争端分庭在 2011 年针对'担保国的责任与义务'所发表的咨询意见。"Developing a Regulatory Framework for Mineral Exploitation in the Area, p. 32, https://isa.org.jm/files/documents/EN/Survey/Report-2015.pdf, 2020-12-20.

②　*Developing a Regulatory Framework for Mineral Exploitation in the Area*, p. 48, https://www.isa.org.jm/files/documents/EN/OffDocs/Rev_RegFramework_ActionPlan_14072015.pdf, 2020-12-20.

③　杨泽伟：《国际海底区域"开采法典"的制定与中国的应有立场》，《当代法学》2018 年第 2 期，第 33 页。

④　Working Draft Regulations and Standard Contract Terms on Exploitation for Mineral Resources in the Area, p. 69, https://www.isa.org.jm/files/documents/EN/Regs/DraftExpl/Draft_ExplReg_SCT.pdf, 2020-12-20.

确指出："国际海底管理局与担保国（以及船旗国、《公约》缔约国和非缔约国）以及包括国际海事组织在内的相关国际组织之间的义务和责任（管辖权限）并不完全明确，需要在适当的时候进行研讨。"2016 年 8 月，国际海底管理局公布了修订版的《"区域"内矿物资源开发规章草案》，该草案是国际海底管理局将之前拟定的开采规章与合同条款、环境规章和海底采矿事务局规章三部分合并之后公布的首个完整草案，旨在为国际海底管理局监管"区域"开发活动建立一套更为简洁、综合和结构化的框架，同时可以避免多项监管文书可能造成的重复和矛盾。[1]该草案第 91 条规定："在不损害第 3 条和第 15 条以及《公约》第 139.2 条、第 153.4 条和附件三第 4.4 条规定的义务的一般性的情况下，赞助承包者的国家应特别采取一切必要措施，确保他们赞助的承包者遵守：（a）《公约》第 11 部分、关于执行《公约》第 11 部分的协定、海底管理局的规则、条例和程序以及开采合同的条款和条件；（b）《公约》第 162.2（w）条规定的紧急命令；（c）第 17 和 23 条；（d）草案第 3 部分；（e）草案第 7 部分第 2 节至第 7 节；（f）第 77 条；（g）第 83 条；（h）第 85、86 和 87 条；（i）根据第 89 条发出的遵守通知；和（j）根据第 90.2 条支付海底管理局应付的债务。"由此可见，这份新版《草案》对担保国责任规定得较为详细和全面，并且强调担保国在"尽职义务"的标准基础之上承担过错责任。[2]

2018 年 2 月，国际海底管理局发布《关于提交"区域"内矿产资源开发规章草案的简报》（*Briefing note on the submissions on the draft regulations on the exploitation of mineral resources in the Area*），其中总结认为"担保国责任"是各利益有关方关注的焦点问题，并指出："在先前的利益攸关方协商中引起关切的一个领域是没有充分提及担保国的参与。拟订本规章草案第 91 条是为了更好地反映担保国有义务采取一切必要措施，确保承包

---

① 王超：《国际海底区域资源开发与海洋环境保护制度的新发展——〈"区域"内矿产资源开采规章草案〉评析》，《外交评论》2018 年第 4 期，第 85 页。
② 王勇：《国际海底区域开发规章草案的发展演变与中国的因应》，《当代法学》2019 年第 4 期，第 81 页。

者遵守规章草案规定的若干义务。”进而认为：“理事会应当讨论根据规章草案，担保国应在多大程度上（如果有的话）承担哪些义务？”[①]2018 年 7 月，国际海底管理局发布新修订的《“区域”内矿物资源开发规章草案》，其主要内容包括 105 条正文和 10 个附件、4 个附录、1 个环境影响报告模板。该草案在第 103 条规定了“担保国责任”。[②]但是，该草案规定把担保国应当确保承包者遵守的规则范围扩大到“国际海底管理局的规则、规章和程序以及开发合同的条款”，实际上已经使得担保国责任不仅仅限于“尽职义务”。[③]

（二）构建“区域”活动担保国责任制度的最新进展

2019 年 3 月，国际海底管理局公布最新的《“区域”内矿物资源开发规章草案》，该草案第 105 条对“担保国责任”进行了规定。[④]2019 年《草案》实际上与 2018 年公布的《草案》的内容完全一致。在此基础上，2019 年 11 月，国际海底管理局公布《“区域”内矿产资源开发规章草案理事会成员提出的具体起草建议》，其中将 2019 年《草案》第 105 条“担保国”的相关内容建议调整为“在不影响第 6 条和第 21 条以及《公约》第 139.2 条和第 153.4 条以及《公约》附件三第 4.4 条规定的一般义务的情况下，担保国有责任特别确保其担保的承包者在‘区域’内进行的活动符合《公

---

① ISBA/24/C/CRP.1，Briefing note to the Council on the submissions to the draft regulations on exploitation of mineral resources in the Area，p. 19，https://www.isa.org.jm/files/documents/EN/24Sess/ISBA24C-CRP1-en.pdf，2020-12-20.

② 《草案》第 103 条规定在不损害第 6 条和第 22 条，以及不损害《公约》第 139.2 条、第 153.4 条和《公约》附件三第 4.4 条为承包者规定的义务的普遍性的条件下，为承包者担保的国家应该尤其采取一切必要和适当的措施，以确保其担保的承包者依据《公约》第 11 部分、《协定》、海底管理局的规则、规章和程序以及开发合同的条款和条件切实遵守规定。ISBA/24/LTC/WP.1/Rev.1，Draft Regulations on Exploitation of Mineral Resources in the Area，https://isa.org.jm/files/files/documents/isba24_ltcwp1rev1-en_0.pdf，2020-12-20.

③ 王勇：《国际海底区域开发规章草案的发展演变与中国的因应》，《当代法学》2019 年第 4 期，第 81 页。

④ 2019 年《草案》第 105 条规定在不损害第 6 条和第 21 条，以及不损害《公约》第 139.2 条、第 153.4 条和《公约》附件三第 4.4 条为承包者规定的义务的普遍性的条件下，为承包者担保的国家应该尤其采取一切必要和适当的措施，以确保其担保的承包者依据《公约》第 11 部分、《协定》、海底管理局的规则、规章和程序以及开发合同的条款和条件切实遵守规定。ISBA/25/C/WP.1，Draft regulations on exploitation of mineral resources in the Area，https://isa.org.jm/files/files/documents/isba_25_c_wp1-e_0.pdf，2020-12-20.

约》第 11 部分、《协定》、海底管理局的规则、规章和程序以及开发合同的条款和条件。"①可见，最新版的《草案》仍然延续了"担保国应采取一切必要和适当措施"这样的模糊规定。②在 2020 年第 26 届会议第一期理事会③、2022 年第 27 届会议④第一期理事会上秘书处整理的理事会成员提交有关"区域"草案的简报意见汇总可以看出，各成员努力在公平分享惠益与健全的商业原则之间实现平衡，并且平衡不同类别的国家（即担保国、船旗国、沿海国及港口国）和利益攸关方。对于构建"区域"活动担保国责任制度并使其具有可操作性是世界范围各国共同期望的。

三、构建"区域"活动担保国责任制度的主要争议

担保国除了以缔约国的身份直接从事"区域"资源的开发活动，还要对其管辖下的实体进行担保，以有效管控其对"区域"内资源的勘探和开发活动，部分发展中国家受自身经济实力和技术条件的限制，担心无力承担所担保的个人或实体造成环境污染损害结果的法律风险和经济赔偿，因此希望能够对《联合国海洋法公约》中有关担保国的法律责任加以明晰。对此，在 2011 年 2 月，国际海洋法法庭海底争端分庭发表"担保国的责任与义务"的咨询意见，进一步厘清担保国环境保护的法律义务与责任及免责条件，咨询意见认为担保国责任主要有两个方面内容：一方面担保国承担着确保承包者遵守"区域"内活动规则的尽责义务；另一方面担保国具有自身的直接义务。更为重要的是，咨询意见阐明了担保国的尽责义务（due diligence）是"确保承包者遵守'区域'内活动规则"。⑤对于担保国

---

① ISBA/26/C/CRP.1, Draft regulations on exploitation of mineral resources in the Area Collation of specific drafting suggestions by members of the Council Prepared by the Secretariat, https://www.isa.org.jm/files/files/documents/collation_of_specific_drafting_suggestions_for_posting_0.pdf, 2020-12-20.

② 曾文革、高颖：《国际海底区域采矿规章谈判：理念更新与制度完善》，《阅江学刊》2020 年第 2 期，第 100 页。

③ Comments on the draft regulations on the exploitation of mineral resources in the Area, https://isa.org.jm/files/files/documents/26-c-2-en.pdf, 2022-12-05.

④ 参见 https://www.isa.org.jm/news/isa-council-concludes-part-i-its-27th-session, 2022-12-10。

⑤ See Responsibilities and Obligations of States with Respect to Activities in the Area, *Advisory Opinion*, 1 February 2011, ITLOS Reports, p. 59.

的直接义务而言，法庭认为主要包括协助国际海底管理局的义务、适用风险预防原则和最佳环境做法等环境保护方面的义务，以及确保国际海底管理局向承包者发出紧急命令（emergency order）时提供保证等。①可见，尽管咨询意见已经对担保国"尽职"义务的范围进行了一定突破，但对于担保国责任的标准和范围仍没有明确界定。②

2016 年《"区域"内矿物资源开发规章草案》第 3 条对于担保国责任只是进行了简要的规定，没有对担保国责任的归责原则和责任范围作出规定。2017 年《草案》第 91 条强调担保国以"尽职义务"为行为标准而只承担过错责任。2018 年《草案》第 103 条进一步把担保国的责任范围扩大到国际海底管理局规则和开发合同的条款，③2019 年《草案》第 105 条的规定与 2018 年《草案》第 103 条的规定保持了一致。由此可见，随着《草案》版本的推陈出新，担保国责任的范围实际上正在不断扩大。因此，各方的主要争议点在于担保国采取何种措施方能免除赔偿责任以及赔偿责任的标准和范围。④

在 2020 年 2 月国际海底管理局第 26 届理事会会议上，各方审议在《关于"区域"内矿产资源开发规章草案的评论意见》时一致认为，理事会应制定一份作业政策文件，包括要进一步澄清各种监管机构（例如国际海底管理局、担保国和船旗国）各自的作用和责任，进一步澄清规章案文及其执行工作。⑤因此，2019 年《"区域"内矿物资源开发规章草案》中担保责任的范围不断扩大的同时，其与国际海底管理局、船旗国之间的责任界限，还需要进一步厘清。

---

① 吴士存：《国际海洋法最新案例精选》，中国民主法制出版社 2016 年版，第 233 页。

② 王勇：《国际海底区域开发规章草案的发展演变与中国的因应》，《当代法学》2019 年第 4 期，第 87 页。

③ 2018 年《草案》第 103 条规定在不损害第 6 条和第 22 条，以及不损害《公约》第 139.2 条、第 153.4 条和《公约》附件三第 4.4 条为承包者规定的义务的普遍性的条件下，为承包者担保的国家应该尤其采取一切必要和适当的措施，以确保其担保的承包者依据《联合国海洋法公约》第 11 部分、《协定》、海底管理局的规则、规章和程序以及开发合同的条款和条件切实遵守规定。

④ 张辉：《国际海底区域制度发展中的若干争议问题》，《法学论坛》2011 年第 5 期，第 95 页。

⑤ 《关于"区域"内矿物资源开发规章草案的评论意见》，https://isa.org.jm/files/files/documents/26-c-2-ch.pdf，2022-12-07。

在担保国应履行的义务方面，2022年7月国际海底管理局闭会期间工作组发布的协调人的案文草案中显示，代表团建议列入担保国代表出席国际海底管理局会议的强制性义务，但该建议与《联合国海洋法公约》第165条第3款自愿参加检查规则相违背，暂未被国际海底管理局采纳。[①]该条建议显示了参加国针对担保国的责任与义务的更高要求，以及希望担保国承担更多责任与义务的趋势。

四、中国参与构建"区域"活动担保国责任制度的对策

中国政府分别在2017年和2018年发表了一份《中华人民共和国政府关于〈"区域"内矿产资源开发规章草案〉的评论意见》。中国政府在两份评论意见中指出《"区域"内矿物资源开发规章》的制订应当考虑2011年国际海洋法法庭海底争端分庭发表的咨询意见，以适当方式对担保国责任的基本要素作出规定。[②]由上述意见可得中国政府实际上并没有提出明确的担保国责任制度，更没有对"担保国责任"提出完善建议。对此，中国政府可以提出《开发规章》将"无过错责任"确立为担保国的责任原则，要求担保国在发生损害事件而承包者无力承担的情况下承担责任，理由如下：

首先，2018年《"区域"内矿物资源开发规章草案》中担保国责任制度重新变得模糊，将导致《开发规章》无法获得通过，这是因为担保国责任制度将直接影响相关开发活动的顺利开展。截至2022年12月，国际海底管理局已经核准31份勘探计划，根据2000年《"区域"内多金属结核探矿和勘探规章》第26.1条的规定，勘探合同的期限为15年，到期后只能选择申请延期或者转入开发阶段。在2021年12月14日国际海底管理局第26届会议大会"秘书长报告"议题下发言中，中国常驻国际海底管理局代表田琦大使指出，包括中国大洋协会在内7家承包者的多金属结核勘探矿

---

① 参见 https://isa.org.jm/files/files/documents/PartXI_ICE-Facilitators-text-8July_0.pdf，2022-12-10。

② 中华人民共和国政府关于《"区域"内矿物资源开发规章草案》的评论意见，https://www.isa.org.jm/files/documents/EN/Regs/2018/Comments/China.pdf，2020-12-20。

区合同的延期申请，再次获得理事会核准，有效期延长至 2026 年。并提到"当前国际海底正处于从勘探向开发过渡的关键时期"。①此时如若不能建立起明确的担保国责任制度，那么担保国则可能会出于自身将承担模糊的环境责任的担忧而拒绝进一步为承包者提供担保，"区域"内矿产资源的开发活动也将受到严重影响。另一方面，缺少明确的担保国责任制度，也不利于在开发活动中切实保护海洋环境。实际上，有相当部分的国家不愿意承担过于沉重的担保国责任，因此一旦发生环境损害，将会陷入相关环境责任无人承担的困境。因此，明确担保国责任制度不仅对于"区域"矿产资源开发活动而言意义重大，而且对海底生态环境的保护也具有十分重要的意义。

其次，海底矿产资源的开发是一种高度危险的活动，当承包者是自然人或法人时，其责任能力可能无法完全赔偿海洋环境损害造成的损失。2011 年，国际海洋法法庭在担保国责任咨询意见案中认为这种"尽职"义务是一种"行为性"义务，而非"结果性"义务。因此，现行的担保国"尽职"义务无法用来填补这种环境损害责任缺口，应当对此进行改进，使得国家承担"无过错责任"。一方面国家有雄厚的资金和实力可以承担此方面的责任，国家不仅制定适当的规则、采取适当的措施来约束公共或私人实体，还应当确保这些规则和措施得到实施。②另一方面许多国际组织也明确支持国家承担这种无过错的责任，例如绿色和平组织强调担保国承担补充责任的重要性，认为 2010 年发生的墨西哥湾漏油事件说明深海活动的严重后果，其认为《联合国海洋法公约》第 139.2 条要求担保国履行确保义务，这要求担保国应"确保提供额外的财政资源"以满足环境损害赔偿要求。③因此，由国家来承担"无过错责任"将会有力确保"区域"开发

---

① 《常驻国际海底管理局代表田琦大使在国际海底管理局第 26 届会议大会"秘书长报告"议题下发言》，http://www.fmprc.gov.cn/web/dszlsjt_673036/ds_673038/202112/t20211216_10470273.shtml，2022-12-03。

② See Pulp Mills on the River Uruguay（Argentina v. Uruguay），Judgment of 20 April 2010，ICJ Reports 2010，pp. 79—80，para. 197.

③ 张辉：《论国际海底区域开发担保责任制度》，《人民论坛·学术前沿》2017 年第 18 期，第 45 页。

活动导致的环境损害能得到及时的补偿。

第三，从现有国际条约的规定来看，众多领域的国际条约均采纳了"无过错责任"原则。①这些领域也均集中在一些国际法上不加禁止的，但却具有高度危险的活动方面，例如放射性物质、核物质以及空间物体等。另一方面，"无过错责任"也在国际司法实践中得到了一定程度的承认与适用，例如国际法院在特雷尔冶炼厂仲裁案、切尔诺核事故案、法国核事故案和苏联 954 号核动力碎片案等都涉及了无过错责任。②因此，不论是从现有的条约规定，还是国际司法机构结论来看，由国家承担"无过错责任"原则，能够促使国家采取积极的防范措施，尽最大努力避免这种具有高度危险性的活动造成损失，也能够保障相关损害责任能够得到充分合理的补偿。

最后，中国提出"无过错责任"原则的建议方案有利于解决各方存在的争议。目前各方的争议焦点在于担保国责任中的"合理注意义务"缺乏明确的判断标准，③中国政府在关于《"区域"内矿物资源开发规章草案》的评论意见中仅是笼统提出《联合国海洋法公约》以及《关于执行 1982 年 12 月 10 日〈联合国海洋法公约〉第十一部分的协定》已对担保国责任问

① 例如，1962 年的《核动力船舶经营人责任公约》第 3.2 条规定："经营人应以签发许可证的国家所规定的金额、种类和条件，就其所承担的核损害赔偿责任维持保险或其他财务保证。签发许可证的国家应通过设立不超过本条第 1 款规定限额的必要基金，在上述保险或其他财务保证不足以满足对经营人提出的并已认定的核损害赔偿请求时，保证此种请求的赔付。"1963 年《关于核损害民事责任的维也纳公约》（经 1997 年议定书修正）第 7.1 条规定："管理人必须按照装置国所规定的数量、类别和条件保存保险费或其他财政保证金，以抵偿他对核损害所负的责任。在上述保险费或其他财政保证金不够支付对管理人提出的核损害赔偿要求的情况下，装置国应提供必要的款项保证上述赔偿要求得到偿付，但偿付的数额不得超过依第五条规定的限额，如果规定有此种限额的话。"1972 年《空间物体所造成损害的国际责任公约》第 2 条规定："发射国对其外空物体在地球表面及对飞行中之航空机所造成之损害，应负给付赔偿之绝对责任。"1997 年《国际乏燃料管理安全和放射性废物管理安全联合公约》第 21 条规定："如果无此种许可证持有者或其他责任方，此种责任由对乏燃料或对放射性废物有管辖权的缔约方承担。"1997 年《核损害补充赔偿公约》第 3 条规定："当超出依据（a）分款提供的数额时，各缔约方应按第 4 条中规定的方案提供公共资金。"

② 郑艳：《论国际法中的无过错责任原则》，《法学论坛》1997 年第 4 期，第 62 页。

③ 王勇：《国际海底区域开发规章草案的发展演变与中国的因应》，《当代法学》2019 年第 4 期，第 90 页。

题作出明确规定，《开发规章》不应为担保国创设新的义务。此外，制定
《开发规章》还应充分考虑 2011 年国际海洋法法庭关于担保国责任的咨询
意见。中国的评论意见实际上并没有提出有关担保国责任制度的新提议，
仅是要求保持现状，这对于推动《开发规章》中担保国责任制度的发展非
常有限。因此，中国可以在后续提出"无过错责任"规定为"担保国责
任"，从而不断推动《开发规章》的制定进程。

第二节　构建"区域"环境影响评价制度与中国的对策

一、构建"区域"环境影响评价制度的法律基础

作为当今海洋领域的宪章，《联合国海洋法公约》涵盖海洋法律方面
的几乎所有问题，是海洋领域最重要的公约。《公约》第 12 部分规定"海
洋环境的保护和保全"有关事项。《公约》在第 204 条到 206 条规定环境影
响评价的基本框架，构成"区域"环境影响评价制度的一般法律基础。
《公约》第 204 条规定缔约国对于其海洋活动的监测义务，要求各国用公认
的科学方法观察、测算、估计和分析海洋环境污染的危险或影响，并不断
监视其所准许或从事的任何活动的影响。可见，国家负有"观察、测算、
估计和分析海洋环境污染的危险或影响"和"监视其所准许或从事的任何
活动的影响"两项义务。《公约》第 205 条规定缔约国对于环境影响评价结
果的报告义务，规定各国应发表依据第 204 条所取得结果的报告。《公约》
第 206 条规定环境影响评价义务的内容。[①]根据该条的规定，"管辖或控制"
的表述还包括沿海国管辖范围以外的活动，并包括有关国家及其国民在该
国登记的船舶、飞机和其他设施和结构进行的活动。"海洋环境"一词是
指整个海洋环境，包括国家管辖范围外的海洋环境。环境影响评价的"启

---

① 　《联合国海洋法公约》第 206 条规定："各国如有合理根据认为在其管辖或控制下的计划
中的活动可能对海洋环境造成重大污染或重大和有害的变化，应在实际可行范围内就这种活动对
海洋环境的可能影响作出评价，并应依照第 205 条规定的方式提送这些评价结果的报告。"

动门槛"为"各国如有合理根据认为在其管辖或控制下的计划中的活动可能对海洋环境造成重大污染或重大和有害的变化"，此处是否有合理根据主要由国家自行判断，[①]而判断的标准必须满足"该行为可能对海洋环境造成重大污染或重大和有害的变化"。

除了上述一般性的法律基础之外，《联合国海洋法公约》还特别针对"区域"活动规定了更为具体的环境影响评价要求，为在"区域"内采矿活动中制定更详细的环境影响评估规则提供了基础。[②]《公约》第145条规定："海底管理局负责采取必要措施有效保护海洋环境。在履行这一任务时，海底管理局理事会和大会得到了法律和技术委员会的专家意见和建议的支持"。《公约》第165条设立了法律和技术委员会，其委员应具备有关的专门知识。法律和技术委员会有权编写"区域"内活动对环境影响的评估报告，并就保护海洋环境问题向理事会提出建议，同时考虑到公认专家的意见。更进一步而言，1994年《关于执行1982年12月10日〈联合国海洋法公约〉第11部分的协定》附件第1节第7条规定："请求核准工作计划的申请，应按照海底管理局所制定的规制、规章和程序，附上对所提议活动可能造成的环境影响的评估和关于海洋学和基线环境研究方案的说明。"据此，如果国家或国家担保的承包者提议在"区域"内进行勘探或开发活动，前提是必须进行环境影响评价。根据《公约》第165.2（d）条的规定，"区域"内的环境影响评估受到法律和技术委员会的监管，其有权对环境影响或后果进行评估。而且根据《公约》第165.2（l）条的规定，法律和技术委员会还能向国际海底管理局理事会提出建议，说明"在有实质性证据表明有可能对海洋环境造成严重损害的情况下"是否应停止勘探和开发活动。

从现有的环境影响评价程序来看，国际海底管理局在2000年和2010

[①] N. Craik, The International Law of Environmental Impact Assessment, Cambridge University Press, Cambridge, 2008, 98—99.

[②] Alex G. Oude Elferink, Environmental Impact Assessment in Areas beyond National Jurisdiction, *The International Journal of Marine and Coastal Law* 27（2012）p. 458.

年分别通过《"区域"内多金属结核探矿和勘探规章》《"区域"内多金属硫化物探矿和勘探规章》。这两份规章都阐述了对环境影响评估的要求。2002年，国际海底管理局法律和技术委员会通过《关于承包者评估"区域"内多金属结核勘探可能产生的环境影响的指导建议》。根据2000年《"区域"内多金属结核探矿和勘探规章》通过的该指导建议具体说明了哪些活动需要进行环境影响评估，哪些活动不需要进行环境影响评估，而对于前一类活动，指导建议列出了承包者应提供的详细信息清单。2000年《"区域"内多金属结核探矿和勘探规章》第18条规定担保国在开展环境影响评价方面负有义务并且规定了较为具体的程序。①而2010年《"区域"内多金属硫化物探矿和勘探规章》第20（1）条载有一项几乎与之相同的规定，两者均规定应当评估拟议勘探活动对环境的潜在影响，并且这种对环境的潜在影响包括但不限于对生物多样性的影响。国际海底管理局法律和技术委员会印发了《指导承包者评估"区域"内海洋矿物勘探活动可能对环境造成的影响的建议》，其中界定了需要环境影响评估的活动类型、必要时进行环境影响评估的形式和内容，以及对基线研究、监测和报告的指导。②

因此，总结来看，构建"区域"环境影响评价制度的法律基础主要由《联合国海洋法公约》的一般性规定，特别规定以及国际海底管理局颁布的规章规定所共同构成。

---

① （a）关于拟议勘探方案的一般说明和时间表，包括未来五年的活动方案，例如对勘探时必须考虑的环境、技术、经济和其他有关因素进行的研究；（b）关于按照本规章及国际海底管理局制定的任何环境规则、规章和程序进行的海洋学和环境基线研究方案的说明，以便根据法律和技术委员会提出的建议，评估拟议勘探活动对环境的潜在影响，包括但不限于对生物多样性的影响；（c）关于拟议勘探活动可能对海洋环境造成的影响的初步评估；（d）关于防止、减少和控制对海洋环境的污染和其他危害以及可能造成的影响的拟议措施的说明；（e）理事会根据第13（1）条作出决定所需的数据。Decision of the Assembly of the International Seabed Authority regarding the amendments to the Regulations on Prospecting and Exploration for Polymetallic Nodules in the Area（25 July 2013），ISBA/19/A/9 at 20（b）.

② 《指导承包者评估"区域"内海洋矿产勘探活动可能对环境造成的影响的建议》，https://isa.org.jm/files/files/documents/26ltc-6-rev1-ch_0.pdf，2022-12-07。

二、构建"区域"环境影响评价制度的过程回顾

（一）构建"区域"环境影响评价制度的过程

早在 2015 年 3 月 13 日，国际海底管理局应理事会第 20 届会议的要求，在委员会 2015 年 2 月会议后，向国际海底管理局成员和所有利益攸关方发布了《关于制定"区域"内矿产开采规章框架的报告》，在这份报告的《开采规章框架草案》（*Draft framework for the Exploitation Regulations*）中载明有关"环境影响评价报告"的内容建议，指出"环境影响评价报告"应当：第一，以环境影响评估为基础，以健全的"工程和经济"原则和良好的采矿业做法、预防方法、最佳环境做法为基础，并由国际公认的环境咨询公司核实；第二，以某种语言（定义）编写，以便于有关各方审查，并附有非技术性（定义）摘要；第三，建立环境条件基线；第四，评估与项目有关的重大影响和作用，包括累积影响。但是，针对这份建议，有利益相关方提出这份建议没有涉及环境影响评价程序本身。①

2016 年 2 月，国际海底管理局发布《"区域"内矿产资源开发工作规章和标准合同条款草案》（*Working Draft Regulations and Standard Contract Terms on Exploitation for Mineral Resources in the Area*），该草案关于"环境影响评价"的有关内容较少，仅在第 4.4 条规定开发工作计划中附带的申请书应当包含根据环境法规编制的环境和社会影响声明。除此之外，草案还对"环境信息"进行定义，指出环境信息是指与保护和保全海洋环境有关的任何信息，特别是来自环境评估、管理和监测方案的信息。②这也可以反映出，2016 年时国际海底管理局对于环境影响评价制度的重视程度不够。但是，到了 2017 年，国际海底管理局明显意识到环境影响评价

① Developing a Regulatory Framework for Mineral Exploitation in the Area，p. 12，https://www. isa. org. jm/files/documents/EN/OffDocs/Rev_RegFramework_ActionPlan_14072015. pdf，2020-12-20.

② Working Draft Regulations and Standard Contract Terms on Exploitation for Mineral Resources in the Area，p. 80，https://www.isa. org. jm/files/documents/EN/Regs/DraftExpl/Draft_ExplReg_SCT.pdf，2020-12-20.

制度的重要性，2017 年 1 月，国际海底管理局发布《关于制定和起草"区域"内矿产资源开发条例的讨论文件（环境事项）》，其中指出了"区域"环境影响评价制度所存在的主要问题：第一，指出国际海底管理局尚未阐述环境评价的最终程序（从基线交付到编制影响报告），以及国际海底管理局自始至终参与评估过程的程度和性质。实际上，目前还不清楚的是担保国在环境评估过程以及随后的监测过程中的作用；①第二，广大利益相关方仍未就第 11 部分制度中"严重损害"的构成或如何界定达成共识。②对此，讨论文件建议设立一个工作组来推进讨论，或者重新思考处理这一问题的方式。③

2017 年 8 月，国际海底管理局公布《"区域"内矿物资源开发规章草案》，其中对于"环境影响评价"的规定开始增多，主要集中于《草案》第 4 条"开发工作计划附带的申请程序和信息的形式"、第 7 条"对申请人的评估"、第 18 条"环境范围报告"、第 19 条"环境影响报告书"以及附件四、附件五和附件七之中。草案第 4 条规定申请书应当按照《草案》第 19 条的规定附有"环境影响报告书"，而第 7 条规定委员会应确定申请者是否根据本规章和任何适用的建议进行了环境影响评估。在进行环境影响评价与编制环境影响报告书之前，根据《草案》第 18 条的规定，潜在申请人应编制并向秘书长提交一份环境范围界定报告，其中载有附件四规定的信息。除此之外，委员会应通过秘书长向潜在申请者提供其对于环境范围

---

①　A Discussion Paper on the development and drafting of Regulations on Exploitation for Mineral Resources in the Area（Environmental Matters），p. 8，https://www.isa.org.jm/files/documents/EN/Regs/DraftExpl/DP-EnvRegsDraft25117.pdf，2020-12-20.

②　1990 年，国际海底管理局筹备委员会审议了"严重损害"的定义，"对海洋环境的严重损害"是指"区域"内活动对海洋环境和相关生态系统的生物或非生物组成部分造成的任何影响，其影响超出可忽略不计的范围，或国际海底管理局根据本规章和国际海底管理局通过的相关规则和规章评估和判断为可接受的范围，这些影响代表：（a）海洋和大气环境的生物和非生物组成部分发生重大不利变化；（b）环境中生物群落的生态系统多样性、生产力和稳定性发生重大不利变化；或者（c）科学或经济价值的损失，相对于从有关活动中获得的利益而言是不合理的。

③　A Discussion Paper on the development and drafting of Regulations on Exploitation for Mineral Resources in the Area（Environmental Matters），p. 10，https://www.isa.org.jm/files/documents/EN/Regs/DraftExpl/DP-EnvRegsDraft25117.pdf，2020-12-20.

界定报告的意见，而潜在申请人应根据经修订的环境范围界定报告，根据《草案》第 19 条进行环境影响评价。第 19 条规定申请者应当进行"环境影响评价"的义务，即在提交批准工作计划的申请之前，潜在申请人应进行环境影响评价，并应根据附件五中规定的模板和委员会发布的任何建议编制环境影响报告书。附件五详细提供了环境影响报告书的格式，其中第 7 部分"对物理化学环境影响的评价和建议采取的缓解措施"要求详细描述和评估作业对第 4 节中确定的物理环境组件的潜在影响。这可能需要考虑建设/开发（预调试）、运行和退役阶段可能发生的影响，以及潜在的意外事件。具体而言，第一，任何实际或潜在影响的性质和程度，包括累积影响；第二，为避免、补救或减轻这种影响将采取的措施；第三，不可避免地将继续存在（残余）影响，并且要明确残留效应存在的预期时间。从环境影响的类别来看，第 7 部分规定环境影响评价应当包含对于气象和空气质量、地质背景、物理海洋学环境、化学海洋学环境、海底基质特性、自然风险、噪声和光线、温室气体排放和气候变化、海上安全和与航运的互动、废物管理、累积影响等方面的评价。附件五第 8 部分"对生物环境影响的评估和建议采取的缓解措施"规定了对采矿作业造成的栖息地的移除、动物的挤压、沉积物羽流的产生、噪音、光线等方面的影响进行评价。附件五第 9 部分"对社会经济环境影响的评估和建议采取的缓解措施"中列明了应当对采矿活动对于渔业、海上交通、海上旅游观光、海洋科学研究、海洋保护区以及文化环境的影响进行评估。①

2018 年 7 月，国际海底管理局公布修订版的《"区域"内矿物资源开发规章草案》，其中对于"环境影响评价"制度的内容与 2017 年的《"区域"内矿物资源开发规章草案》相比没有发生实质性变化，2017 年《"区域"内矿物资源开发规章草案》中的大部分内容都得以保留，只是在 2017 年的基础之上增加了关于环境影响报告书的书写形式要求，这些既表明了

---

① Draft Regulations on Exploitation of Mineral Resources in the Area, pp. 72—77, https://www.isa.org.jm/files/documents/EN/Regs/DraftExpl/ISBA23-LTC-CRP3-Rev.pdf, 2020-12-20.

国际海底管理局对于环境影响报告书的要求更加严格，也反映其不断提高对环境保护的重视程度。①

（二）构建"区域"环境影响评价制度的最新进展

2019 年 3 月，国际海底管理局法律与技术委员会发布《"区域"内矿物资源开发规章草案》，该《草案》代表了构建"区域"环境影响评价制度的最新进展。《草案》第 44 条首先从一般意义上明确环境影响评价遵循的指导理念和原则，即"采用《关于环境与发展的里约宣言》原则 15 所反映的预防性办法，评估和管理'区域'内开发活动损害海洋环境的风险"。其次，《草案》第 44 条还规定国际海底管理局、担保国和承包者三方将环境影响评价结果纳入决策的义务，要求"将最佳可得科学证据纳入环境决策，包括就环境评估开展的所有风险评估和管理，以及根据或按照最佳环保做法采取的管理和应对措施"。最后，《草案》第 44 条规定在开展环境影响评价时促进公众参与和透明度的要求，即"在评估、评价和管理开发活动在'区域'内造成的环境影响方面，包括在为此及时提供和获取相关环境数据和信息以及让利益攸关方参与的机会方面，促进问责制并提高透明度"。因此，《草案》第 44 条从环境影响评价的指导理念、环境影响评价的结果以及环境影响评价的公众参与和透明度进行基础性规定。

《"区域"内矿物资源开发规章草案》第 47.1 条规定环境影响评价的主要内容，包括：第一，识别、预测、评估和减轻拟议采矿作业的生物、物理、社会和其他相关影响；第二，从一开始就包括一个筛选和范围界定过程，以确定并优先考虑与潜在采矿作业相关的主要活动和影响，以便将环境影响报告的重点放在关键环境问题上。该评估应包括进行环境风险评估；第三，包括影响分析，以描述和预测采矿作业的环境影响的性质和限度；第四，确定在可接受程度内管理此类影响的措施，包括编写拟订环境管理和监测计划。《草案》第 47.2 条规定申请者和承包者必须根据本条编

---

① 王勇：《国际海底区域开发规章草案的发展演变与中国的因应》，《当代法学》2019 年第 4 期，第 81 页。

写环境影响报告的义务，第 47.3 条则规定环境影响报告的相关要求，具体规定："环境影响报告应采用海底管理局在本规章附件四中规定的格式，并应：（a）包括事前环境风险评估报告；（b）基于环境影响评估过程的结果；（c）符合相关区域环境管理计划的目标和措施；（d）依据适用的准则、良好行业做法、最佳可得科学证据、最佳环保做法和最佳可得技术编写。"

《"区域"内矿物资源开发规章草案》附件四对环境影响评价报告的具体内容进行列举，指出依据本规章及本附件编写的环境影响报告应包括：第一，以通俗的语言和国际海底管理局的一种正式语文编写，并酌情提供正式英文文本；第二，根据相关规章、标准和准则提供与活动规模和潜在重要性相符的资料，以评估拟议活动可能造成的环境影响。这类影响应按其重要性予以讨论。如果申请者认为某种影响不重要，则应提供充分的资料，以证实这一结论，或简要地讨论为什么没有必要作进一步研究；第三，包括一份主要结论和所提供资料的非技术性概要，以便于各利益攸关方了解活动的性质。除此之外，《草案》附件四还提供了一套环境影响评价报告模板，旨在向国际海底管理局及其成员国和其他利益攸关方提供清晰明确的潜在环境影响记录，国际海底管理局可根据记录进行评估并随后核准申请。但是，该环境影响评价报告模板不具有强制性，而是就环境影响报告的格式和总体内容提供指导。

综上，作为"区域"环境影响评价制度最新进展的 2019 年《"区域"内矿物资源开发规章草案》对环境影响评价制度的规定主要由三部分内容组成，第一部分内容是《草案》第 44 条总体上规定环境影响评价遵循的"预防性方法"的指导理念、环境影响评价结果应当纳入决策的义务以及公众参与和透明度的要求。第二部分内容是《草案》第 47 条具体规定环境影响评价的主要内容，为开展环境影响评价提供了具体指引。第三部分内容是附件四，作为第二部分内容的补充，提供环境影响报告的模板及其主要内容。

2020 年在金斯顿召开第 26 届会议第一期理事会会议上秘书处整理的《"区域"内矿物资源开发规章草案》的评论意见对现有环评制度中的不足提出意见并要求国际海底管理局作出细节上的澄清，具体如下：

首先，《"区域"内矿物资源开发规章草案》第 44 条除了需要澄清"确保有效保护海洋环境"、"有害影响"等具体措辞用语之外，还需要更清楚地界定国际海底管理局、担保国和承包者各自的职能和责任。此外有意见指出必须在相关准则中确定对"最佳可得技术"此等内涵广泛的措辞用语的共同理解。

其次，《草案》第 47 条考虑到法技委已建议优先制定环境影响评估和编写环境影响报告的准则和标准，故规章和（或）具有法律约束力的标准需要述及环境影响评估的某些必不可少的方面，要求法技委澄清勘探阶段的环境影响评估是否与本条第 1 款（b）项下的筛选和范围界定过程相互兼容。

最后，对附件提出编辑性质的评论意见和澄清要求。建议增加附件，包括重新插入关于环境问题范围界定报告的附件，以及新增关于区域环境管理计划、试验采矿与关于数据和资料机密性质的行政程序的附件。还建议将附件六分成 2 个附件：一个是述及健康和安全管理计划，另一个是外述及海事安保计划。①

而 2022 年在金斯顿召开第 27 届会议第一期理事会上法技委就《"区域"内矿物资源开发规章草案》第 47 条规定的环境影响评估流程提出了具体要求，并提供指导意见。编写环境影响评估流程标准草案，以此协助申请者或承包者实施环境影响评估，具有重要的意义。②

三、构建"区域"环境影响评价制度的主要争议

2020 年 2 月 17 日到 21 日，国际海底管理局第 26 届年会第一期会议

---

① Comments on the draft regulations on the exploitation of mineral resources in the Area，https://isa.org.jm/files/files/documents/26-c-2-en.pdf，2022-12-05.

② Draft standard and guidelines for the environmental impact assessment process，https://isa.org.jm/files/files/documents/ISBA_27_C_4-2117327E.pdf，2022-12-05.

召开，国际海底管理局理事会的实质性讨论侧重于《"区域"内矿物资源开发规章草案》。在关于《"区域"内矿物资源开发规章草案》中"环境影响评价报告"的部分，各方对于是否应当对"环境影响评价的过程"进行具体规定存在不同意见，有的代表团主张："作为优先事项编写环境影响评价的标准和准则；明确的环境影响评价时间表；在环境影响评价中纳入独立的科学评估和公开听证程序。"①一些代表呼吁澄清环境影响评价和环境影响评价决定之间的概念，并要求澄清承包者和作为监管机构的国际海底管理局的作用，另一些代表建议增加案文，承认并非所有的环境影响都可以减轻，环境影响评价应当查明残余影响。②有代表强调，有必要具体说明环境影响评价或环境影响报告中的措施可以符合区域环境管理计划。另一位代表支持将环境影响评价程序变成强制性的，并指出了对海洋环境造成损害的可能性，因此需要有基线数据作为环境影响评价的基础，并呼吁该进程应当基于有力、透明和协商。一个区域集团和另一个代表团倾向于在案文中明确规定，在环境影响评价过程中，必须让靠近矿区的沿海国家派代表参加，而不是仅仅进行协商，该集团强调不应该等到损害发生后才进行。③有的代表对定义不足表示关切，鼓励列入一个附件，明确解释筛选、范围界定和其他术语，有的代表强调，环境影响评价必须对"区域"内的所有开采活动具有强制性，敦促在草案和正在进行的《生物多样性公约》谈判之间进行协调。另一位代表要求区分环境影响评价过程的不同阶段，并指出以后可能需要对不同地点进行额外评估，而一些观察员呼吁重新设计环境影响评价过程中的步骤。④

在接下来对于"环境影响报告书"附件四的非正式讨论中，一位代表提醒各位代表，该模板与拟议的环境影响报告书规章相关，并呼吁与正在进行的环境影响报告书和环境管理计划保持一致。另一位代表指出，该模

---

① Earth Negotiations Bulletin ISA-26 Part 1 FINAL，p. 8，http://enb.iisd.org/oceans/isa/2020-1/. 2022-12-05.

②③④ Earth Negotiations Bulletin ISA-26 Part 1 FINAL，p. 8，http://enb.iisd.org/oceans/isa/2020-1/.

板可能因此需要相应更新。①许多代表欢迎提及区域海洋环境管理计划，一些代表呼吁根据适用的区域海洋环境管理计划编制环境影响报告书和环境影响评价。因此，讨论的重点是模板的使用是否应该是强制性和标准化的，特别是是否应该要求承包者完成模板的所有或最低数量的具体部分。一些代表对此表示支持，许多代表强调一套模板可以确保一致性和可比性，一位代表说，可以让承包者灵活地不填写不适用的部分，另一位代表建议，如果承包者没有填写某个领域，应提供书面理由。②对此，也有的代表认为模板的强制性不能太强，固定的模板过于复杂，超出了承包者的能力范围，但其他代表则认为缺乏专门知识不应成为不遵守规定的借口，承包者可以从外部寻求必要的专门知识。③许多代表指出，目前案文中提到的"指导意见"表明，该模板将不具有法律约束力，准则和区域环境管理计划都不具有法律约束力，并对遵约的提法提出质疑。一些代表欢迎列入温室气体排放和累积影响等内容，建议将气候变化作为一个贯穿各领域的问题列入环境影响报告，包括提供关于承包者预计排放量的信息。在环境影响评价的社会经济方面，代表建议增加一个关于海底电缆和其他现有用途的新章节，并表示在评估过程中应承认任何拥有电缆的经营者。④

四、中国参与构建"区域"环境影响评价制度的对策

针对构建"区域"环境影响评价制度问题，中国政府分别在 2017 年和 2018 年向国际海底管理局提交评论意见，阐明自身立场。

中国政府在 2017 年的评论意见中认为《"区域"内矿物资源开发规章草案》在环境影响评价制度方面存在不足，具体而言中国政府指出："根据《草案》规定的开发计划申请程序，仅就环境事项而言，潜在的申请者就需要提交'环境范围报告'，并开展环境影响评价，申请者则必须提交'环境影响报告'、'环境管理和监测计划'、'关闭计划'。上述报告和计划

①②③④　Earth Negotiations Bulletin ISA-26 Part 1 FINAL, p. 9, http://enb.iisd.org/oceans/isa/2020-1/.

均需对外公布以征求各方意见，相关工作程序不够简洁、清晰，并且申请周期较长。"除此之外，中国政府在2017年的评论意见中还指出："在《草案》正文中使用的'环境范围报告'等新术语未列入《草案》所附'术语列表'和给出定义，建议予以补充，便于各方准确理解其内涵，并考察这些新术语及相关规则是否与《公约》及其附件以及《执行协定》协调一致。"中国政府在2018年的《评论意见》中并没有重复2017年的评论意见，反而是对《草案》附件四提出了评论意见，认为：本部分环境影响评估报告所列项目过于庞杂、操作性不强。一是部分项目涉及连通性、生态系统功能和生命史等基础科学前沿问题，明显超出承包者的科研能力和合同义务。二是部分项目似无评估必要。根据勘探规章，承包者申请勘探矿区，应确保有关设施"不坐落在可能干扰国际航行必经的公认航道的地点或坐落在捕鱼活动集中的区域"。因此，勘探区和开采区都不应在渔场和航道上，开发时再对渔业和海上运输可能受到的影响进行评估似无必要。再如，海面以下作业对空气质量的潜在影响似可忽略不计。

为支持2019年《"区域"内矿物资源开发规章草案》的实施，国际海底管理局制定了相应的操作指南供国际海底管理局法律与技术委员会批准[1]。2021年，针对《环境影响评价过程的标准和指南》（简称《环评指南》）中方提出以下评论意见[2]：《环评指南》提到利益相关者在环境影响评估过程中的参与情况，但并没有明确界定利益相关者参与的具体时间点，建议对这个问题作出更明确的规定；《环评指南》多次提到"相关专家"的概念，为了便于实际运作，建议澄清需要哪些领域的专家；目前的环评流程是单向的，不清楚承建商们如未能通过国际海底管理局的环评检验，建议明确承建商应采取什么补救措施；最后，建议对"其他海洋用户"具体概念进行进一步澄清，便于实际操作。

综上，中方主张环境影响报告应删减不必要的评估项目，并参照法律

---

[1]　参见 https://www.isa.org.jm/mining-code/standards-and-guidelines_old1，2022-12-07。

[2]　参见 https://isa.org.jm/files/files/documents/Comments_on_Standards_and_Guidelines_by_China.pdf，2022-12-07。

和技术委员会制定的《指导承包者评估"区域"内海洋矿物勘探活动可能对环境造成的影响的建议》（ISBA/19/LTC/8），对"不需要进行环境影响评估的活动"和"需要进行环境影响评估的活动"加以区分。[①]然而，随着2019年《"区域"内矿物资源开发规章草案》的公布以及国际海底管理局第26届理事会会议于2020年成功召开，中国对于构建"区域"环境影响评价制度的相关评论意见需要在结合当前各方最新争议的基础上进行及时更新和完善。对此，建议可以从以下几个方面提出进一步的对策建议。

第一，中国可以建议采取强制性的环境影响评价程序。换言之，"区域"内矿产资源的开发应当在一定程度上突破《联合国海洋法公约》对环境影响评价规定的启动门槛，从而要求所有开发活动在实施之前都应当进行环境影响评价。主要理由如下：其一，《公约》第206条规定的环境影响评价启动门槛显然已经不能适应"区域"矿产资源开发的现状。《公约》第206条仅规定环境影响评价的启动门槛为"可能对海洋环境造成重大污染或重大和有害的变化"，并且是否启动环境影响评价仍然取决于缔约国是否有合理根据。由此可见，《公约》对于环境影响评价规定了较为严格的启动条件，而并非所有海洋活动都应当进行环境影响评价。然而，"区域"内的矿产开发活动具有高度危险性，稍有不慎便会对"区域"生态环境造成不可逆转的破坏。[②]因此，根据预防原则的要求，中国应当建议《"区域"内矿物资源开发规章》适当调整《公约》第206条的一般规定，规定所有开发活动都应当进行环境影响评价；其二，强制性的环境影响评价符合全人类共同利益，既不是对《公约》第206条的减损，反而是在其基础上为各方提出了更高的环境要求。《公约》第136条规定"区域"及其

---

① 中华人民共和国政府关于《"区域"内矿物资源开发规章草案》的评论意见，https://www.isa.org.jm/files/documents/EN/Regs/2018/Comments/China.pdf，2020-12-20。

② 海底管理局在开展了一系列深海采矿环境影响调查和研究的基础上，认为深海采矿可能对海底环境造成三种不同程度的损害效应：一是有机物在采矿机所经之处被碾碎；二是被扰动的沉积物周围的有机物被掩埋或重新分布；三是提升系统泄漏及水面船只排放废弃物会导致水体发生化学和物理变化。参见王超：《国际海底区域资源开发与海洋环境保护制度的新发展——〈"区域"内矿产资源开采规章草案〉评析》，《外交评论》2018年第4期，第84页。

资源是全人类的共同继承财产，而第 140 条更是规定"区域"内活动应依本部分的明确规定为全人类的利益而进行，从而为"区域"内矿产资源开发规章规定强制性环境影响评价提供充分的法律基础，因为强制性的环境影响评价显然更加能够保障全人类在"区域"的共同利益。其三，中国明确支持强制性的环境影响评价，并不会严重损害或阻碍我国将来在"区域"内的矿产资源开发活动。我国 2016 年通过的《中华人民共和国深海海底区域资源勘探开发法》第 13 条已经明确规定承包者应当评估环境影响，反而可以帮助中国抢占"区域"环境保护的道义制高点，进一步彰显自身负责任大国的形象。

第二，中国可以在兼顾环境与效率的基础上，提出具体改进环境事项工作程序的建议，以确保承包者自身权利和义务的平衡。虽然中国政府在 2017 年的《评论意见》中提出环境事项相关工作程序不够简洁、清晰，并且申请周期较长的评论意见，但是该评论意见仍然较为模糊和笼统，并且中国政府在后续 2018 年的评论意见中也没有对于如何改进环境事项的工作程序提出具体的意见。因此，中国可以在借鉴国内法层面的环境影响评价流程的基础之上，具体提出进行"环境影响评价"的步骤。具体程序包括：其一，筛选程序。"区域"内的环境影响评价应当对是否应当开展环境影响评价的拟议活动进行筛选，从而确定拟议开发活动是否需要实施环境影响评价；其二，初步分析程序。"区域"内的环境影响评价应当进行初步的工程分析和环境影响区的环境现状调查，识别拟议活动的环境影响因素，筛选主要的环境影响评价因子，明确评价重点；其三，评价程序。"区域"内环境影响评价应当利用最佳可得科学结果和公众咨询的信息进行影响预测和评估，确定预防和缓解不利环境影响的措施程序。"区域"内环境影响评价应当确定预防或缓解拟议开发的重大不利影响的措施；此外，编制环境影响报告书，记录和报告评估结果。最后，作出环境影响评价的决定等。

第三，中国可以建议将确保"沿海国的参与"有机纳入"区域"环境影响评价过程之中，以切实保障沿海国所享有的邻近权利。从 2019 年最新的《"区域"内矿物资源开发规章草案》的有关"环境影响评价"的内容来看，其中缺少对于利益相关方参与环境影响评价的规定，特别是对沿海国参与权利的保障，而中国也并未在提交的评论意见中提及沿海国的参与权利。然而，从"沿海国参与"纳入"区域"环境影响评价的法律基础来看，其已经在《联合国海洋法公约》中具有一定的依据。根据《公约》第142.1 条明确规定"区域"内活动涉及跨越国家管辖范围的"区域"内资源矿床时，应适当顾及这种矿床跨越其管辖范围的任何沿海国的权利和合法利益。不仅如此，第142.2 条更是直接要求应与有关国家保持协商，包括维持一种事前通知的办法在内，以免侵犯上述权利和利益。因此，根据该条的规定，即便不能在所有情形下都应当保障沿海国的参与，但至少也应当在"区域"内活动涉及跨越国家管辖范围的"区域"内资源矿床时，通过吸纳沿海国参与环境影响评价来适当顾及其权利和利益。将"沿海国参与"纳入"区域"环境影响评价的合理性来看，如果仅由承包者和担保国自行开展环境影响评价，其最终环境影响评价结果极有可能会缺乏权威性和正当性，从而容易遭到其他国家的质疑和反对。而在吸纳相关沿海国参与到环境影响评价之中后，则可使得环境影响评价在沿海国的监督与参与的过程下进行，提高最终结果的可接受性。因此，不论是从合法性还是正当性来看，"区域"环境影响评价制度都应当增加"沿海国参与"的规定。对此，中国可以在后续提交的意见中建议环境影响报告中应当包含与拟议采矿区附近相关沿海国协商的有关文件或记录。

第四，中国可以建议在"区域"环境影响评价制度中增加"公众参与"的有关内容，公众参与和透明度等原则不仅是相关国家国内法和国际法的规定，也一直是国际海底管理局制定有关规章时所遵循的基本原则。例如，美国是最早进行环境影响评价国内立法的国家，其在 1978 年对环境影响评价的公众参与问题作出了详细规定。[①]欧盟在 1985 年发布的环境影

---

① 曹静瑶：《公众参与海洋环境影响评价机制研究》，《哈尔滨师范大学社会科学学报》2015年第 6 期，第 39 页。

响评价指令就明确规定公众可以在环境影响评价的项目审查阶段、确定评价范围的阶段、制定环境报告阶段、最终决策阶段进行参与。①在国际法层面，1992年世界环境与发展大会通过的《里约环境与发展宣言》第10条原则更加具体地规定环境问题的公众参与原则。②在国内立法和国际法的基础之上，国际海底管理局在其2019年发布的《"区域"内矿物资源开发规章草案》中的第2条"基本政策和原则"中明确规定："为推进和遵守《公约》第11部分和《协定》的规定，除其他外，本规章的基本政策和原则如下：（e）为根据《公约》第145条切实保护海洋环境免受开发可能产生的有害影响，按照国际海底管理局的环境政策，包括区域环境管理计划，根据下列原则作出规定：（六）决策问责制和透明度；（七）鼓励公众有效参与；"因此，中国应当建议在"区域"环境影响评价制度中增加公众参与的规定，以对环境影响评价的公众意见以及如何处理这些意见作出详细规定。

第三节　构建"区域"环境补偿基金制度与中国的对策

一、构建"区域"环境补偿基金制度的法律基础

构建"区域"环境补偿基金制度的主要法律基础在于《联合国海洋法公约》第235条的规定，该条规定："1. 各国有责任履行其关于保护和保全海洋环境的国际义务。各国应按照国际法承担责任。2. 各国对于在其管辖下的自然人或法人污染海洋环境所造成的损害，应确保按照其法律制度，可以提起申诉以获得迅速和适当的补偿或其他救济。3. 为了对污染海

---

① 丁若木：《欧盟公众参与环境影响评价法律制度研究》，中国政法大学硕士学位论文，第9页。

② 《里约宣言》第10条规定环境问题最好在所有有关公民在有关一级的参加下加以处理。在国家一级，每个人应有适当的途径获得有关公共机构掌握的环境问题的信息，其中包括关于他们的社区内有害物质和活动的信息，而且每个人应有机会参加决策过程。各国应广泛地提供信息，从而促进和鼓励公众的了解和参与。应提供采用司法和行政程序的有效途径，其中包括赔偿和补救措施。

洋环境所造成的一切损害保证迅速而适当地给予补偿的目的，各国应进行合作，以便就估量和补偿损害的责任以及解决有关的争端，实施现行国际法和进一步发展国际法，并在适当情形下，拟订诸如强制保险或补偿基金等关于给付适当补偿的标准和程序。"其中第 3 款明确规定了各国应当进行合作拟定补偿基金的标准和程序，这为国际海底管理局在"区域"开发规章中建立"环境补偿基金"制度提供了坚实的法律基础。

二、构建"区域"环境补偿基金制度的过程回顾

（一）构建"区域"环境补偿基金制度的过程

2016 年的《"区域"内矿物资源开发规章草案》并没有规定有关"环境补偿基金"的具体内容，仅在第 10 条较为模糊地规定了承包者的履约担保责任，具体规定如下："1. 委员会可向理事会建议，作为批准工作计划的条款和条件的一部分，申请者应在与委员会商定的时间，但不迟于开采活动开始之日，交存一份关于履行工作计划或合同中的义务、承诺或条件的财务担保或抵押。2. 委员会应在与申请人协商后，就履约保函的形式和金额或价值向理事会提出建议。3. 本规则要求的任何财务担保或担保，以及理事会作为工作计划的一部分批准的任何财务担保或担保，可作为环境法规下环境计划批准所附的任何条款和条件的一部分。4. 如果任何财务担保或担保作为工作计划条款和条件的一部分被存放，国际海底管理局应根据其政策和程序持有此类财务担保或担保，其中应规定承包商履行其作为财务担保或担保主体的义务后，偿还或解除任何财务担保或担保；或者如果承包商未能遵守此类义务，则没收任何财务担保或保证金。5. 本规章下的任何财务担保或担保要求应以统一和非歧视的方式适用。"然而，2016 年《"区域"内矿物资源开发规章草案》第 10 条所规定仅是承包者的履约保证金，其性质完全不同于后来增加的"环境补偿基金"，因此在 2016 年的《"区域"内矿物资源开发规章草案》中实际上并没有任何关于"环境补偿基金"的制度。与 2016 年的草案相同，国际海底管理局在 2017 年

8月公布的《"区域"内矿物资源开发规章草案》中仍然没有"环境补偿基金"制度的有关内容。

2018年7月，国际海底管理局公布修订版《"区域"内矿物资源开发规章草案》，其中第52条、第53条和第54条增加了"环境责任信托基金"制度，从而第一次在《草案》中引入了环境责任基金信托制度（2019年又改名为"环境补偿基金"）。2018年《草案》第52条主要规定环境责任信托基金的设立，包括：其一，环境责任信托基金由国际海底管理局设立；其二，基金的规则和程序将由理事会根据财务委员会的建议制定；其三，秘书长应在日历年终了后90日内编制经审计的基金收入和支出报表，以便向国际海底管理局成员分发。2018年《草案》第53条主要规定了环境责任信托基金的宗旨，即：（a）实施任何旨在防止、限制或修复"区域"内活动对"区域"造成的任何损害、其费用无法从承包者或担保国（视情况而定）回收的必要措施；（b）促进研究可减少"区域"内开发活动造成环境损害或破坏的海洋采矿工程方法和做法；（c）与保护海洋环境有关的教育和培训方案；（d）资助对恢复和修复"区域"的最佳可得技术进行研究；以及（e）在技术和经济上可行并有最佳可得科学证据支持的情况下恢复和修复"区域"。2018年《草案》第54条主要规定环境责任信托基金的供资，即环境责任信托基金的资金来源由：（a）向国际海底管理局缴纳的费用中按规定百分比或数额提取的部分；（b）向国际海底管理局缴纳的任何罚款中按规定百分比提取的部分；（c）国际海底管理局通过谈判或因与违反开发合同条款有关的法律诉讼程序而回收的任何数额资金中按规定百分比提取的部分；（d）根据财务委员会的建议、按理事会指示存入基金的任何资金；以及（e）基金通过投资属于基金的资金而获得的任何收入等部分组成。

（二）构建"区域"环境补偿基金制度的最新进展

2019年3月，国际海底管理局法律与技术委员会发布最新版的《"区域"内矿物资源开发规章草案》，该《草案》将2018年《草案》中规定的

"环境责任信托基金"改为"环境补偿基金"，其代表了构建"区域"环境补偿基金制度的最新进展。在该份《草案》第5节"环境补偿基金"部分，分别设置第54条"设立环境补偿基金"、第55条"基金的宗旨"以及第56条"供资"三个条文对环境补偿基金制度进行基本规定。

在"设立环境补偿基金"方面，《"区域"内矿物资源开发规章草案》第54条规定："1. 海底管理局特此设立环境补偿基金。2. 该基金的规则和程序将由理事会根据财务委员会的建议制定。3. 秘书长应在日历年终了后90日内编制经审计的基金收入和支出报表，以便向海底管理局成员分发。"由此可见，虽然"环境补偿基金"由国际海底管理局设立，但国际海底管理局将制定环境补偿基金的规则和程序等事项授权给理事会，要求理事会在根据财务委员会建议的基础上对其作出规定。因此，《"区域"内矿物资源开发规章草案》对于"环境补偿基金"制定的规定十分有限，其具体的规则和程序仍然有待于理事会在后续进行规定。另一方面，该条还明确了秘书长承担着将环境补偿基金收入支出报表向国际海底管理局成员分发的责任。但是，该条规定没有明确指出环境补偿基金的管理主体，国际海底管理局只是授权理事会负责制定相关规则和程序，并没有直接授权其作为环境补偿基金的管理主体。

在"环境补偿基金"的用途方面，《"区域"内矿物资源开发规章草案》第55条规定："基金的主要宗旨将包括：（a）供资用于实施任何旨在防止、限制或修复'区域'内活动对'区域'造成的任何损害、其费用无法从承包者或担保国（视情况而定）回收的必要措施；（b）促进研究可减少'区域'内开发活动造成环境损害或破坏的海洋采矿工程方法和做法；（c）与保护海洋环境有关的教育和培训方案；（d）资助对恢复和修复'区域'的最佳可得技术进行研究；以及（e）在技术和经济上可行并有最佳可得科学证据支持的情况下恢复和修复'区域'。"由此可见，《"区域"内矿物资源开发规章草案》下的"环境补偿基金"并不仅是一种单纯填补承包者或担保国无力承担的"区域"环境损害的剩余部分的基金，而是一种具有复合功能的基金。除了"供资用于实施任何旨在防止、限制或修复'区域'内活动对'区域'造成的任何损害、其费用无法从承包者或担保国（视情况而定）回收的必要措施"以外，"环境补偿基金"还用于促进防止环境损害方法与技术的研究以及修复"区域"，因此其用途较为多样化。

在"环境补偿基金"的资金来源方面，《"区域"内矿物资源开发规章草案》第56条规定："基金将由以下资金组成：（a）向海底管理局缴纳的费用中按规定百分比或数额提取的部分；（b）向海底管理局缴纳的任何罚款中按规定百分比提取的部分；（c）海底管理局通过谈判或因与违反开发合同条款有关的法律诉讼程序而回收的任何数额资金中按规定百分比提取的部分；（d）根据财务委员会的建议、按理事会指示存入基金的任何资金；以及（e）基金通过投资属于基金的资金而获得的任何收入。"可见，"环境补偿基金"的资金主要有五个方面的来源，其一是担保国或者承包者缴纳的费用，分为对二百海里以外的大陆架上的开发应缴的费用和实物以及承包者实际进行开发缴纳的费用等；其二是国际海底管理局对于违反合同规定的承包者进行的罚款等；其三是国际海底管理局通过诉讼程序收回的资金；其四是由任何主体存入基金的任何资金；其五是将基金进行投资而得的收入。因此，"环境补偿基金"的资金来源较为广泛，但其是否能够满足对于"区域"环境损害的补偿需要仍然有待于实践检验。

2021年7月31日，国际海底管理局发布题为《"区域"内活动的环境补偿基金研究》[1] 的第27号研究报告，该报告着重对适用"环境补偿基金"的损害补偿相关情形进行了研究，同时也涉及其他方面。报告指出，虽然《联合国海洋法公约》和国际海底管理局通过的条例都没有具体说明可能构成可补偿损害的内容，但可以设想，这将包括对"区域"及其构成人类共同继承财产的资源的损害，以及对海洋环境的损害[2]。《"区域"内

---

① ISA：Technical Study 27：Study on an Environmental Compensation Fund for Activities in the Area，https://isa.org.jm/files/files/documents/ISA_Technical_Study-27.pdf，2022-12-07.

② See ISA Technical Study No. 27，pp. 39—40，https://isa.org.jm/files/files/documents/ISA_Policy_Brief_02-2022.pdf，2022-12-07.

矿物资源开发规章草案》将"环境补偿基金"的适用范围限制在对"区域"造成的损害，但是该报告中指出，"区域"内的损害有可能扩散到公海和沿海国国家管辖或主权范围内的地区，损害补偿的对象根据个案也就会存在差异。[①]因此，该报告提出，可以使国际海底管理局成为唯一有资格代表所有缔约国获得赔偿的实体。"区域"及其资源作为人类共同继承财产的地位表明，与保护公海和"区域"海洋环境有关的义务应被视为对全球国家共同体的义务，而不是某个或某几个国家的义务。[②]

在国际海底管理局 2022 年 2 月发布的政策简报中强调，"环境补偿基金"的设立应当考虑以下因素：首先，补偿金的首选来源将始终是获得强制性保险支持的承包者或担保国。其次，鉴于其补偿性质，"环境补偿基金"旨在填补海底争端分庭确定的责任缺口，以确保作为环境损害补偿的最后手段。最后，与"环境补偿基金"有关的规定不会取代《联合国海洋法公约》中规定的和咨询意见中解释的责任规则。[③]

三、构建"区域"环境补偿基金制度的主要争议

在 2020 年 2 月举行的国际海底管理局第 26 届理事会会议上，各方审议了秘书处编写的一份由理事会成员提出的提议和意见汇编以及一份由国际海底管理局成员国、观察员和其他利益攸关方提出的提议和意见汇编——《关于"区域"内矿产资源开发规章草案的评论意见》。[④]上述材料粗略概述了书面材料中的主要问题，作为对理事会于 2019 年 7 月举行讨论的补充，并且在附件中概述了具体规章条款的一般性要点。在该份评论意见之中，各方对于环境补偿基金的一个普遍共识是，环境补偿基金的用途

---

① https://isa.org.jm/files/files/documents/ISA_Technical_Study-27.pdf，2022-12-07.

② ISA Technical Study No. 27, p. 40, https://isa.org.jm/files/files/documents/ISA_Technical_Study-27.pdf，2022-12-07.

③ Policy Brief 02/2022: The Environmental Compensation Fund，https://isa.org.jm/files/documents/ISA_Policy_Brief_02-2022.pdf，2022-12-10.

④ 此份报告以秘书处收到 39 份提交的规章草案评论意见为基础，具体包括理事会成员（19份）；海底管理局其他成员国（8 份）；观察员国（1 份）；政府间组织（2 份）；非政府组织（6份）；海底管理局承包者（2 份）；其他利益攸关方（1 份）。

应仅限于国际海洋法法庭海底争端分庭在其 2011 年 2 月 1 日的咨询意见中提出的在环境赔付责任方面可能出现的资金缺口。在 2011 年咨询意见案中，法庭指出：“如果承包者没有充分赔偿损害，情况就变得更加复杂。如果担保国已采取一切必要和适当的措施，但被担保的承包者造成了损害，却无法充分履行其赔偿责任，则可能出现赔偿责任缺口。进一步而言，如果担保国未能履行其义务，但未能履行义务与损害没有因果关系，也可能出现赔偿责任缺口。缔约国在其书面和口头声明中对这一问题表达了不同的观点。一些缔约国认为，尽管担保国未满足《联合国海洋法公约》第 139.2 条规定的担保国承担赔偿责任的条件，但担保国有剩余赔偿责任，即有责任赔偿被担保承包者未予赔偿的损害。其他缔约国则采取相反的立场。”①对此，法庭认为：“《公约》第 139 条和相关文书所确立的赔偿责任制度没有给剩余赔偿责任留下任何空间。担保国的赔偿责任和被担保承包者的赔偿责任同时存在，担保国的赔偿责任产生于其自身未能遵守《公约》和相关文书规定的责任，被担保的承包者的赔偿责任产生于其未能遵守合同规定的义务和根据合同作出的承诺。正如已经确定的那样，担保国的赔偿责任取决于被担保承包者不履行合同所造成的损害的发生。但是，这并不意味着担保国要对被担保承包者造成的损害负责，可能会出现承包者未全额履行其赔偿责任而担保国根据《公约》第 139.2 条不承担责任的情况，海底管理局不妨考虑设立一个信托基金，以赔偿未予赔偿的损害，并且《公约》第 235.3 条提到了这种可能性。”②由此可见，国际海洋法法庭所提出的“信托基金”是建立在担保国承担有限责任的基础之上的，因为只有如此，才可能会在实际过程中出现担保国无须承担责任，而承包者又无力承担全部赔付责任的资金缺口。

因此，对于“环境补偿基金”，主要的争议焦点并不是基金的用途，

---

① See Responsibilities and Obligations of States with Respect to Activities in the Area, Advisory Opinion, 1 February 2011, ITLOS Reports, p. 64.

② See Responsibilities and Obligations of States with Respect to Activities in the Area, Advisory Opinion, 1 February 2011, ITLOS Reports, p. 65.

而是基金具体的内容。目前各方均要求澄清基金的若干方面，包括基金由谁管理、谁能够向基金寻求赔偿、基金运作方式、如何为基金补充资金以及保持最优资金水平等。有些成员还建议成立用以资助研究和培训的其他基金以及提及基金与关闭计划的关联等。法律与技术委员会要求秘书处考虑与这一专题有关的讨论，以期进一步确定这种基金的设立理由、宗旨和供资，以及如何确保供资充足。①

四、中国参与构建"区域"环境补偿基金制度的对策

在 2017 年的《中华人民共和国政府关于〈"区域"内矿产资源开发规章草案〉的评论意见》中并没有对"环境补偿基金"制度提出任何评论意见，这是因为 2017 年之前的《"区域"内矿物资源开发规章草案》并没有对"环境补偿基金"有任何规定。后来，中国政府在 2018 年的《评论意见》中增加了对"环境责任信托基金"的评论意见，中国政府指出："《规章草案》第 53 条涉及环境责任信托基金的宗旨和用途，其中（c）款规定基金将用于'与保护海洋环境有关的教育和培训方案'。中国政府认为，环境责任信托基金应是救济和补充性的，目的在于预防、限制或修复'区域'内活动产生的环境损害。'与保护海洋环境有关的教育和培训方案'过于宽泛，容易稀释基金的核心目标。考虑到相关培训可以通过承包者履行培训义务等渠道予以实施，建议删除有关内容。"②中国的上述意见具有一定的合理性，但主要是针对"环境补偿基金"的用途所提出的建议，而对于"环境补偿基金"的设立以及资金来源没有提出更进一步的完善建议。然而，各方对于"环境补偿基金"制度的争议焦点恰恰已经不在于其用途了，而是对其设立、资金来源、管理等更加具体的内容上存在争议。因此，中国应当重点围绕"环境补偿基金"的其他具体制度更加全面的提

---

① ISBA/26/C/2 Comments on the draft regulations on the exploitation of mineral resources in the Area，p. 11，https://isa.org.jm/files/files/documents/26-c-2-en.pdf，2020-12-20.

② 《中华人民共和国政府关于〈"区域"内矿产资源开发规章草案〉的评论意见》，https://www.isa.org.jm/files/documents/EN/Regs/2018/Comments/China.pdf，2020-12-20。

出自身建议和立场，以实现对构建"区域"环境补偿基金制度的深度参与并且在此基础上引领整个制度构建的方向。

第一，在"环境补偿基金"的设立方面，中国应当建议进一步明确"环境补偿基金"的管理主体和使用程序等方面的规定。在国际海底管理局 2019 年公布的《"区域"内矿物资源开发规章草案》中，关于设立"环境补偿基金"的规定十分模糊，不仅没有明确"环境补偿基金"的管理主体，也没有明确相关的使用程序。从"环境补偿基金"的管理主体来看，2019 年《"区域"内矿物资源开发规章草案》仅规定理事会具有制定规则和程序的权力，而没有明确是否具有日常管理"环境补偿基金"的权力。从"环境补偿基金"的使用程序来看，2019 年《规章草案》没有明确其使用的标准、流程以及方法等重要内容。因此，中国应当在后续提出"环境补偿基金"由理事会进行日常的管理和运营，并且其使用的条件或者标准应当是"区域"环境损害而出现了责任空白的情况下，其在基金分配的决策过程中应当特别考虑到受到"区域"环境损害影响的沿海国或者相关环境脆弱区域利益相关方的参与，以保障"环境补偿基金"能够实际发挥出应有作用。

第二，在"环境补偿基金"的用途方面，中国应当建议进一步对其用途进行精简。中国在 2018 年的评论意见中指出若"环境补偿基金"用于与保护海洋环境有关的教育和培训方案的规定容易稀释基金核心目标，但除此之外，2019 年公布的最新版《"区域"内矿物资源开发规章草案》在"环境补偿基金"的用途方面还存在其他过于宽泛的内容，例如《规章草案》还规定了"促进研究可减少'区域'内开发活动造成环境损害或破坏的海洋采矿工程方法和做法"和"资助对恢复和修复'区域'的最佳可得技术进行研究"等。从这两项的表述可以得出，"环境补偿基金"不仅被用作修复和恢复环境的用途，还被用作一种科研资金对相关技术进行资助，这种用途也已经较为明显地背离了《联合国海洋法公约》第 235 条的规定以及 2011 年国际海洋法法庭咨询意见中的相关结论。因此，中国可以在后续提出一并删除上述两方面用途的建议，使"环境补偿基金"制度仅聚焦于填补"区域"开发过程中所造成的环境损害用途。对于其他用途，中国可以建议国际海底管理局考虑在"区域"《规章草案》中另行设立"'区域'环境研究基金"和"'区域'环境培训基金"，并且单独规定基金目的、规则、程序以及资金来源。

第三，在"环境补偿基金"的资金来源方面，中国应当建议专门设立一个专门的资金提取的协商机制，以使"环境补偿基金"保持在最优数额。目前存在的主要问题是《"区域"内矿物资源开发规章草案》规定的资金来源如何与《联合国海洋法公约》第140.2条的规定妥善协调。根据《公约》第140.2条的规定，国际海底管理局应按照第160.2（f）（l）条作出规定，公平分配从"区域"内活动取得的财政及其他经济利益，并且根据《公约》第160.2（f）（l）条的规定，这种取得的财政及其他经济利益和依据第82条所缴的费用和实物，要特别考虑到发展中国家的利益和需要。因此，《公约》第140.2条和第160.2（f）（l）条为从"区域"内活动取得的财政及其他经济利益设定了公平分享的义务。然而，根据《"区域"内矿物资源开发规章草案》的规定，"环境补偿基金"的资金来源全部都是源自于上述从"区域"内活动取得的财政及其他经济利益，并且更为重要的是《规章草案》并没有具体规定资金提取的比例，仅是笼统地提出"按规定百分比提取"。考虑到"区域"内开发活动一旦对环境造成损害，将势必会产生数额巨大的补偿空缺，正如中国政府在2018年9月提交的评论意见中指出的那样："惠益分享是人类共同继承财产原则的重要内容和体现，也是《公约》为海底管理局规定的一项重要职责。"①因此，"环境补偿基金"到底应当遵照何种比例提取资金才不致影响到国际海底管理局对于从"区域"内活动取得的财政及其他经济利益的"惠益分享"，值得中国重视。而中国应当建议通知考虑深海环境保护与惠益分享之间的关系，

---

① 《中华人民共和国政府关于〈"区域"内矿产资源开发规章草案〉的评论意见》，https://www.isa.org.jm/files/documents/EN/Regs/2018/Comments/China.pdf，2020-12-20。

提议专门设立一个资金提取的协商机制，并根据"区域"开发的实际状况动态调整这种提取比例，从而实现保护深海环境与惠益分享的动态平衡。

第四节 构建"区域"环境管理与监测制度与中国的对策

一、构建"区域"环境管理与监测制度的法律基础

《联合国海洋法公约》第 204 条规定了对环境的监测制度，一方面《公约》要求各国应在符合其他国家权利的情形下，用公认的科学方法观察、测算、估计和分析海洋环境污染的危险或影响；另一方面，《公约》还要求各国特别应不断监视其所准许或从事的任何活动的影响，以便确定这些活动是否可能污染海洋环境。

进一步而言，《联合国海洋法公约》第 205 条还规定了对于环境监测报告的发布义务，要求各国应发布依据第 204 条所取得结果的报告，或每隔相当期间向主管国际组织提出这种报告，各该组织应将上述报告提供给所有国家，并且这种环境监测报告的对象既包括一般性的环境监测，也包括各国对于在其管辖和控制下活动的环境监测。具体到"区域"环境监测方面，《公约》第 165 条在为"法律与技术委员会"设定的义务中明确要求其制定一个建立在公认的科学方法基础之上的，用以定期观察、测算、评价和分析对海洋环境影响的监测方案。因此，《公约》第 165、第 204 及第 205 条共同组成构建"区域"环境管理与监测制度的法律基础。

二、构建"区域"环境管理与监测制度的过程回顾

（一）构建"区域"环境管理与监测制度的过程

2016 年的《"区域"内矿物资源开发规章草案》已经对"区域"环境管理与监测制度进行初步规定。2016 年《规章草案》第 4 条"开发工作计划所附的申请书和资料表"的第 4 款规定申请书中应当包含根据环境规章

制定的环境管理和监控计划，而第 5 款同时也规定委员会可允许在原申请的日期之后交付和提交环境管理和监测计划及关闭计划。第 8 条规定委员会应确定拟议的工作计划是否通过采用最佳环境做法和预防性办法，包括但不限于对生物多样性的影响、保护和养护"区域"的自然资源、保护脆弱的海洋生态系统、通过环境管理和监测计划及关闭计划保护开发活动的累积影响，有效保护海洋环境。第 14 条规定："承包者应在开采合同初始期或续约期（视情况而定）到期前一年内，以书面形式向秘书长提出延长开采合同的申请：（d）应附上一名具有适当资格的专家的报告，核实按照《环境条例》对环境管理和监测计划的遵守程度和建议修改情况。"附件七"开发合同的标准条款"中对"环境管理与监测计划"和"环境计划"的定义进行了界定，明确"环境管理与监测计划"（Environmental Management and Monitoring Plan）是指申请者根据第 4 条向国际海底管理局提交的、由申请者根据《"区域"内矿物资源开发规章》的环境保护部分规定和批准的、作为其申请书一部分的计划，而"环境计划"（Environmental Plans）是指根据《环境规章》批准的《环境影响报告》《环境管理和监测计划》和《关闭计划》。不仅如此，附件七还规定了承包者对于"环境管理与监测"的诸项义务，具体包括第 2 部分规定承包合同基本条款是承包人将根据良好行业惯例执行环境管理和监测计划，第 5 节规定承包者应按照《联合国海洋法公约》第 147 条和经核准的环境管理和监测计划及封闭计划以及主管国际组织制定的任何公认的国际规则和标准，在合理顾及海洋环境中的其他活动的情况下进行本合同规定的开发活动。第 13 节规定："承包者在任何临时暂停期间应继续负责按照环境管理和监测计划、关闭计划和环境规则的规定履行所有环境管理义务。"

2017 年 1 月，国际海底管理局发布《"环境规章"的可能工作结构》（*Possible working structure for the "Environmental Regulations"*），其中第 29 条对"环境管理与监测计划"作出了具体规定："环境管理和监测计划应采用国际海底管理局在本规章附件三中规定的格式，并应当：（a）符合国际海底管理局的准则；（b）以根据本规章第三部分进行的环境影响评估为基础；（c）符合国际海底管理局的有关战略环境管理计划；（d）按照良好行业规范和本规章第二部分第 2 节的指导原则编写；（e）以担保国的官方语言，即平实的语言编写，并在适用的情况下，附上官方的英文版本；（f）由国际海底管理局批准的具有适当资格的专家的报告加以核实；（g）包括一份主要结论和资料的非技术性摘要，以便于有关人员理解"。①第 30 条对"环境管理与监测计划"的具体内容进行了规定，要求环境管理和监测计划应包括："（a）对可能受拟议开发活动影响的海洋环境的描述；（b）环境目标；（c）环境管理制度和申请人环境政策的详细信息；（d）评估拟议的开发活动对海洋环境的潜在影响，包括社会经济状况和文化遗产；（e）对潜在环境影响的重要性的评估摘要，以及符合环境影响评估和环境目标的拟议缓解措施、管理控制程序和应对措施，以尽量减少不利的环境影响；（f）计划中的监测方案和对环境管理和监测计划的绩效评估，包括设定的环境目标和实现预期结果的必要风险评估和管理技术；（g）保存参照区和影响参照区的位置、计划监测和管理；（h）由申请者或代表申请者在"区域"内从事或将从事活动的所有人员的培训方案；（i）审查和环境审计计划的细节。"②

2017 年 8 月，国际海底管理局公布《"区域"内矿物资源开发规章草案》，其中对"区域"开发承包者的"环境管理与监测"义务进行了规定：首先，"环境管理与监测计划"构成申请文件的部分。《规章草案》第 19 条规定："申请者应根据第 4 条提交环境影响说明以及环境管理和监测计划及关闭计划，作为申请批准工作计划的一部分。"

其次，承包者应当不断对"环境管理与监测计划"保持修订和更新，《"区域"内矿物资源开发规章草案》第 29 条规定承包者应在矿区开始生产

---

① ② A Discussion Paper on the development and drafting of Regulations on Exploitation for Mineral Resources in the Area (Environmental Matters), https://www. isa. org. jm/files/documents/EN/Regs/DraftExpl/DP-EnvRegsDraft25117.pdf，2020-12-20.

前至少 12 个日历月，向秘书长提交修订后的环境管理和监测计划。

第三，承包者应当根据"环境管理与监测计划"持续进行环境监测。《"区域"内矿物资源开发规章草案》第 23 条规定："承包者应考虑、调查、评估和通报其活动对海洋环境的环境影响，并应按照《环境管理和监测计划》适当考虑到《最佳行业做法》来管理所有这些影响。承包者应按照环境管理和监测计划，并根据任何指导承包人的建议，持续不断地实施和进行监测。"《规章草案》第 24 条规定："承包者应按委员会规定的时间间隔，对其遵守环境管理和监测计划的情况及其环境管理制度的状况进行独立评估。"

最后，"环境管理与监测计划"构成承包者进行开发活动基本遵循。《"区域"内矿物资源开发规章草案》第 26 条要求承包者应按照《联合国海洋法公约》第 147 条和经核准的环境管理和监测计划及封闭计划以及主管国际组织制定的任何普遍接受的国际规则和标准，在合理顾及海洋环境中的其他活动的情况下，根据开发合同进行开发活动。每一承包者应克尽职责，确保不对合同区内的海底电缆或管道造成损害。除此之外，《规章草案》附件七详细规定了"环境管理与监测计划"所应当包含的信息，但与《"区域"内矿物资源开发规章》的环境保护部分相比较而言缺少了对"环境管理与监测计划"格式的规定。①

在 2018 年海底管理局公布的《"区域"内矿物资源开发规章草案》中，对于"环境管理与监测"制度的相关内容进行了一定的增加和完善：

首先，增加公布"区域环境管理与监测计划"的规定。《"区域"内矿物资源开发规章》第 11.1 条要求秘书长根据第 10 条确定工作计划核准申请书已完成后，应在 7 日内将环境影响报告、环境管理与监测计划以及关闭计划在国际海底管理局网站上公布 60 日，并邀请国际海底管理局成员和利益攸关方按照准则提出书面意见。

---

① Draft Regulations on Exploitation of Mineral Resources in the Area，https://www.isa.org. jm/files/documents/EN/Regs/DraftExpl/ISBA23-LTC-CRP3-Rev.pdf，2020-12-20.

其次，将承包者是否具有承担实施"区域环境管理与监测计划"的能力作为评估申请者的重要考虑因素。因此，《"区域"内矿物资源开发规章草案》第13条规定在考虑申请者的财务能力时，委员会应依照准则确定申请者是否有能力承担或筹集足够的资金资源，以支付拟议工作计划载列的开发活动估计费用，以及符合开发合同条款的所有其他相关费用，包括实施环境管理和监测计划及关闭计划的估计费用。而在考虑申请者的技术能力时，委员会应依照准则确定申请者是否已经或将会拥有为符合环境管理和监测计划及关闭计划条款而必需的技术和流程，包括具有监测关键环境参数和酌情修改管理和操作程序的技术能力。

第三，《"区域"内矿物资源开发规章草案》增加关于"环境管理与监测计划"宗旨的内容。《规章草案》第46条规定，在环境管理与监测的宗旨方面，《规章草案》明确该计划将在如何实施缓解措施、如何监测此类措施的有效性、管理层将对监测结果作何种回应以及将采用和遵循何种报告系统方面规定相关承诺和程序。

最后，《"区域"内矿物资源开发规章草案》增加委员会对承包者开展"环境管理与监测"进行评估的后果。《规章草案》第50条规定如果委员会认为，根据准则或环境管理和监测计划所附条件，承包者开展的执行情况评估无法令人满意，则委员会可要求承包者：（a）重复执行情况评估的全部或相关部分，修订并重新提交报告；或（b）提交委员会索取的任何相关辅助文件或信息；或（c）在承包者承担费用的情况下，任命一名独立合格人员，开展全部或部分执行情况评估，编写报告以提交秘书长并供委员会审查。①

2018年3月国际海底管理局发布《关于制定"区域"的区域环境管理计划的初步战略》的秘书长报告。②区域环境管理计划的开发旨在向国际海

---

① Draft Regulations on Exploitation of Mineral Resources in the Area，https://isa.org.jm/files/files/documents/isba24-ltcwp1-en.pdf，2020-12-20.

② 《关于制定"区域"的区域环境管理计划的初步战略》，https://isa.org.jm/files/files/documents/isba24-c3-c.pdf，2022-12-07。

底管理局的有关机构以及承包者及其赞助国提供积极主动的划区管理工具和其他管理工具,以支持在资源开发与养护之间取得平衡的知情决策进程;为国际海底管理局提供明确和一致的机制,以查明被认为代表相关管理区域内所有生境、生物多样性和生态系统结构及功能的特定区域;为这些地区提供适当程度的保护;帮助国际海底管理局实现全球商定的目标和指标,例如《2030 年可持续发展议程》提出的目标和指标,特别是"可持续发展目标 14"。①

(二)构建"区域"环境管理与监测制度的最新进展

2019 年 3 月,国际海底管理局法律与技术委员会发布最新版《"区域"内矿物资源开发规章草案》,《规章草案》在 2018 年的基础上,不论是从结构上还是内容上均规定了"环境管理与监测"制度。

首先,2019 年《"区域"内矿物资源开发规章草案》第 46 条增加"环境管理系统"的规定,要求承包者应实施和维护一个考虑到相关准则的环境管理系统,而这个环境管理系统应能够在环境管理和监测计划中提供特定地点的环境目标和标准。其次,2019 年《规章草案》第 47 条明确环境影响报告中应当包含编制环境管理与监测计划的相关内容,要求环境影响报告的目的是记录和报告环境影响评估的结果,该评估确定在可接受程度内管理此类影响的措施,包括编写拟订环境管理和监测计划。第三,2019 年《规章草案》延续 2018 年的规定,对于污染控制和限制采矿排放物方面规定了应当遵守环境管理与监测计划的要求。《规章草案》第 49 条规定承包者应按照环境管理和监测计划以及适用的标准和准则,采取必要措施,防止或减少污染海洋环境,而第 50 条规定承包者不得向海洋环境中丢弃、倾倒或排放任何采矿排放物,按照环境管理和监测计划规定允许进行的丢弃、倾倒或排放除外。第四,简化 2018 年《规章草案》中对于环境管理与监测计划执行情况的评估频率要求,2019 年《规章草案》第 52 条仅规定

---

① 参见 https://isa.org.jm/minerals/environmental-management-plan-clarion-clipperton-zone,2022-12-07。

执行情况评估的频率应符合承包者经核准的环境管理和监测计划规定的期限，而 2018 年《规章草案》对此的规定则为："执行情况评估的频率应：（a）符合承包者经核准的环境管理和监测计划规定的期限；或（b）为每两年一次；或（c）由委员会书面同意，同时考虑到有关资源类别的性质。"最后，相比较而言，2019 年《规章草案》第 52 条增加"委员会应每年向理事会报告此类执行情况或秘书长根据第 5—8 款采取的任何行动，该报告应包括供理事会审议的任何相关建议"的规定。①

2019 年 7 月，国际海底管理局第 25 届大会形成《国际海底管理局大会关于海底管理局 2019—2023 年期间战略计划执行工作的决定》，《决定》明确由国际海底管理局负责制定和执行的区域环境管理计划②，从而向国际海底管理局的相关机构、承包商及其赞助国提供主动的区域管理工具和其他管理工具，以支持在资源开发与保护之间取得平衡的知情决策过程；为国际海底管理局提供一个明确和一致的机制，以确定被认为代表相关管理区域内各种栖息地、生物多样性和生态系统结构和功能的特定区域；为这些地区提供适当的保护；帮助国际海底管理局实现全球商定的目标和指标。但是区域环境管理计划本身不是法律文书，而是环境政策的文书，因此，在制定区域环境管理计划的环境管理措施时，确保与《联合国海洋法公约》和国际海底管理局规则的一致性至关重要。这将使区域环境管理计划作为一个强有力的政策工具得到有效实施，以促进实施"矿产资源开发条例草案"的整体环境管理体系以及根据条例草案制定的相关环境标准和准则。③

---

① Draft regulations on exploitation of mineral resources in the Area. Prepared by the Legal and Technical Commission，https://isa.org.jm/files/files/documents/isba_25_c_wp1-e_0.pdf，2020-12-20.

② See ISBA/25/A/15：Decision of the Assembly of the International Seabed Authority relating to the implementation of the strategic plan for the Authority for the period 2019—2023，https://isa.org.jm/files/files/documents/25a-15-c.pdf，2022-12-07.

③ See Guidance to facilitate the development of Regional Environmental Management Plans（REMPs），p. 13，https://www.isa.org.jm/files/files/documents/remp_guidance_.pdf.，2022-12-07.

三、构建"区域"环境管理与监测制度的主要争议

在 2020 年 2 月举行的国际海底管理局第 26 届理事会会议上，各方审议了秘书处编写的一份由理事会成员提出的提议和意见汇编以及一份由海底管理局成员国、观察员和其他利益攸关方提出的提议和意见汇编——《关于"区域"内矿物资源开发规章草案的评论意见》。该意见粗略概述书面提交的材料中提出的主要问题，作为对理事会于 2019 年 7 月举行讨论的补充，并且在附件中概述了具体规章条款的一般性要点。在该份评论意见之中，各方强调应优先制定与海洋环境有关的标准或准则，包括环境影响评估、编制环境影响报告、环境管理和监测计划以及关闭计划。但是，有的提交材料指出需要进一步澄清环境标准、环境管理系统、环境影响报告与环境管理和监测计划（《"区域"内矿物资源开发规章草案》第 45—48 条）之间的关系，包括内容、产出、工作流程和主要实施者。①法技委设立了一个技术工作组，负责按照制定第一阶段准则的时间表，就环境管理和监测计划开展必要的工作，供国际海底管理局第 26 届会议审议。与此同时，秘书处将在适当时候就环境管理系统的制定和应用向法技委提供研究报告和背景说明。

在具体规章案文中出现的问题方面，有必要澄清环境管理系统的定义用语，澄清这一系统的内容和制定者，并说明这一系统与"环境管理和监测计划"、"区域环境管理计划"和"环境影响评估"等其他相关概念的区别。针对环境管理和监测计划的具体条款，各方对环境管理和监测计划的内容和审查程序提出了建议，要求澄清必须达到的环境质量目标和标准，如何确保遵守计划以及环境管理和监测计划与区域环境管理计划之间的关系。针对环境管理和监测计划执行情况评估的条款，有观点认为应由国际海底管理局而不是承包者通过独立专家对环境管理和监测计划的执行情况

---

① ISBA/26/C/2 Comments on the draft regulations on the exploitation of mineral resources in the Area，p. 29，https://isa.org.jm/files/files/documents/26-c-2-en.pdf，2020-12-20.

进行评估，并且应在本条第 6 款详细说明用以推定承包者无法令人满意的开展执行情况评估的合理理由。①针对环境管理与监测计划的附件部分，各方建议增加附件，包括重新插入关于环境问题范围界定报告的附件，以及新增关于"区域"环境管理计划、试验采矿和关于数据和资料机密性质的行政程序的附件。②

《"区域"内矿物资源开发规章草案》所设定的环境管理制度，不同学科领域、不同的国家或机构因各自的利益期待不同而持有不同的立场，且分歧较大。③总结来看，当前各方对于"环境管理与监测"制度的主要争议焦点在于：第一，环境管理与监测计划与环境标准、环境管理系统、环境影响报告等其他制度的关系；第二，环境管理与监测计划的内容、产出、工作流程和主要实施者；第三，环境管理和监测计划与环境管理系统的区别；第四，环境管理与监测计划所必须达到的环境质量目标和标准；第五，如何确保环境管理与监测计划的遵守等问题。

在 2022 年 3 月举行的国际海底管理局第 27 届理事会会议上，法律和技术委员会编写了《环境管理和监测计划编制准则草案》以便帮助和指引申请者或承包者更好地去遵守并实施《"区域"内矿物资源开发规章草案》、相关勘探规章、国际海底管理局的其他相关规则、规章、建议和程序以及其他相关标准和准则。④

四、中国参与构建"区域"环境管理与监测制度的对策

2018 年 9 月 28 日，中国政府向国际海底管理局提交了关于《"区域"内矿物资源开发规章草案》的评论意见，中国的评论意见没有直接对"环

---

① ISBA/26/C/2 Comments on the draft regulations on the exploitation of mineral resources in the Area，p. 31，https：//isa.org.jm/files/files/documents/26-c-2-en.pdf，2020-12-20.

② ISBA/26/C/2 Comments on the draft regulations on the exploitation of mineral resources in the Area，p. 41，https：//isa.org.jm/files/files/documents/26-c-2-en.pdf，2020-12-20.

③ 薛桂芳：《国际海底区域环境保护制度的发展趋势与中国的应对》，《法学杂志》2020 年第 5 期，第 45 页。

④ Draft guidelines for the preparation of Environmental Management and Monitoring Plans，https：//isa.org.jm/files/files/documents/ISBA_27_C_6-2117330E.pdf，2022-12-05.

境管理与监测"制度提出建议，而仅是在针对《规章草案》第33条提出建议的同时附带提到"环境管理与监测计划"，中国认为：《联合国海洋法公约》第147条、经核准的环境管理和监测计划、关闭计划已足以涵盖承包者合理顾及其他海洋活动的义务；"主管国际组织制定的任何适用的国际规则和标准"指向不明，过于宽泛，增加承包者负担，建议将其删去；海洋环境中还包括捕鱼、航行等其他活动，将海底电缆或管道问题单列，并为承包者创设超出"合理顾及"的"尽职义务"，容易造成厚此薄彼，建议将相关内容删除。2022年11月，中国代表团在国际海底管理局第27届会议第三期理事会上"法技委主席报告"议题下的发言中，针对报告"制定区域环境管理计划"和"审查REMP执行情况"部分建议通过聘请外部专家进行区域环境评估和REMP执行审查等，中方认为法技委本身已经具备相应的环境评估和审查能力，应该充分发挥法技委自身的职能和作用，如确需聘请外部专家，应确保专家的资质、聘用和履职的透明度等。①从中国的上述评论意见可以得出，中国实际上并没有对"环境管理与监测"制度内容本身提出任何建议，而中国可以在后续专门提出有关"环境管理与监测"制度的意见和立场，以不断推动该项制度的发展和完善。

为支持2019年《"区域"内矿物资源开发规章草案》的实施。国际海底管理局发布《环境管理和监测计划编制指南草案》《关于环境管理体系的开发和应用的标准和指南的草案》②（简称《环境管理体系草案》），对此中国政府提出以下评论意见③：鉴于是承包商而不是其高级管理人员是其权利和义务的主体，似乎没有必要具体说明承包商的内部业务。中方建议将"承包商高级管理人员"替换为"承包商"；《环境管理体系草案》第18段和《"区域"内矿物资源开发规章草案》第31条相矛盾：《"区域"内

---

① 参见 http://isa.china-mission.gov.cn/chn/hyyfy/202211/t20221115_10974816.htm，2022-12-07。

② 参见 https://www.isa.org.jm/mining-code/standards-and-guidelines-old1，2022-12-07。

③ 参见 https://isa.org.jm/files/files/documents/EMS_EPG_APW%20_China.pdf，2022-12-07。

矿物资源开发规章草案》第31条规定，承包商应在合理期间内考虑海洋环境中的开采及其他活动的合理开展。但是，《环境管理体系草案》第18段只要求承包商考虑到其他海洋活动，而不是通过其他海洋活动对承包商在该地区活动加以重视，两者相矛盾；中方认为承包商应向国际海底管理局提供环境管理体系文件，并支付合同管理费用。所以国际海底管理局有义务为相关信息的获取、宣传、下载和评估提供一个统一的平台，而不是要求承包商管理这些数据。中国参与构建"区域"环境管理与监测制度还应该采取如下措施：

第一，在"环境管理与监测计划"与"环境影响报告"的关系问题上，中国应当提议通过更加明确地界定"环境管理与监测计划"，以澄清两者的关系。虽然，2019年《"区域"内矿物资源开发规章草案》在第48条中规定："环境监测和管理计划的目的是管理和确认环境影响符合采矿作业的环境质量目标和标准。该计划将在如何实施缓解措施、如何监测此类措施的有效性、管理层将对监测结果作何种回应以及将采用和遵循何种报告系统方面规定相关承诺和程序。"但是，此种对于"环境管理与监测计划"的目的规定并没有澄清其与其他制度的关系，特别是与"环境影响评价"的关系。实际上，环境管理与监测计划应当以环境影响评价为基础，环境影响评价所采用的标准同时也构成环境管理与监测计划的重点内容，而最终的环境影响评价决定也应当成为环境管理与监测计划的依据。因此，中国可以在后续意见中提出在《规章草案》第48条中增加环境管理与监测计划应当包含环境影响评估决定中包括的所有条件，以使环境影响评价的结果能为环境管理与监测计划所用。

第二，在"环境管理与监测计划"与"区域环境管理计划"的关系问题上，中国应当提议通过在相关条款中增加"区域管理与监测计划"与"区域环境管理计划"保持一致的方式来澄清两者之间的关系。从实施的主体来看，"区域环境管理计划"是国际海底管理局实施的保护海洋环境战略的一个重要组成部分，旨在向国际海底管理局的相关机构以及承包者及其担保国提供积极主动的区域管理工具和其他管理工具，以支持平衡资源开发和保护的知情决策，从而为国际海底管理局提供一个明确和一致的机制，最终帮助国际海底管理局实现全球商定的目标和指标，如"可持续发展目标14"等。①对于"环境管理与监测计划"而言，其是"区域"承包者在进行开发活动中应当履行的一种环境保护义务。因此，"环境管理与监测计划"的相关标准和内容应当首先符合国际海底管理局层面的"环境管理计划"。然而，2019年《"区域"内矿物资源开发规章草案》中"环境管理与监测计划"的有关规定对此并没有作出强调。中国应当在后续意见中提出"环境管理与监测计划"需要与"环境管理计划"保持一致，例如，建议在《规章草案》第52.1条增加"承包者应对环境管理和监测计划进行执行情况评估，以评估该计划符合适用的区域环境管理计划"。

第三，在"环境管理与监测计划"所应遵循的标准方面，中国应当提议"环境管理与监测计划"必须遵循最佳环境实践、最佳可得科学证据和最佳可得信息等重要的原则。在2019年《"区域"内矿物资源开发规章草案》附件七中，其虽然规定了环境管理和监测计划应以通俗的语言编写和由独立合格人员的报告核实，但却唯独欠缺编写"环境管理与监测计划"的内容标准的规定，而附件七第2条也仅是规定了"环境管理与监测计划"应当载有的内容，也并没有对这些内容所依赖的信息来源作出要求。例如，其中规定"环境管理与监测计划"应当载有待达到的环境目标和标准，但是具体应当达到何种环境目标与标准仍然十分不清楚。因此，一方面中国可以提议"环境管理与监测计划"应当对标最佳环境实践标准；另一方面中国可以进一步提议"环境管理与监测计划"的具体信息来源应当严格遵循最佳可得科学证据和最佳可得信息原则。

---

① ISA, Environmental Management Plan, https://www.isa.org.jm/minerals/environmental-management-plan-clarion-clipperton-zone, 2020-12-20.

参考文献

一、中文论文

[1] 孙书贤：《国际海洋法的历史演进和海洋法公约存在的问题及其争议》，《中国法学》1989 年第 2 期。

[2] 郑艳：《论国际法中的无过错责任原则》，《法学论坛》1997 年第 4 期。

[3] 王曦：《论国际环境法的可持续发展原则》，《法学评论》1998 年第 3 期。

[4] 李金明：《南沙海域石油开发与主权纷争》，《南洋问题研究》2002 年第 4 期。

[5] 宁宏宇：《水底噪音会给海洋动物带来疾病》，《科技成果纵横》2002 年第 5 期。

[6] 何宗玉：《深海采矿的环境影响》，《海洋开发与管理》2003 年第 1 期。

[7] 邓超冰、廉雪琼：《广西北部湾珍稀海洋哺乳动物的保护及管理》，《广西科学院学报》2004 年第 4 期。

[8] 杨仁飞：《马六甲海峡问题的最新发展及对南海问题的沿示》，《东南亚纵横》2004 年第 9 期。

[9] 赵建文：《论〈联合海洋法公约〉缔约国关于军舰通过领海的解释性声明》，《中国海洋法学评论》2005 年第 2 期。

［10］彭信发：《海上搜救存在的主要问题与对策研究》，《珠江水运》2006 年 S1 期。

［11］古祖雪：《现代国际法的多样化、碎片化与有序化》，《法学研究》2007 年第 1 期。

［12］方琤：《海洋环境保护立法的过去和现在》，《上海海关学院学报》2008 年第 2 期。

［13］周秋麟、尹卫平、吴日升：《军事海洋生态学研究进展》，《海洋开发与管理》2008 年第 5 期。

［14］曾令良：《中国践行国际法治 30 年：成就与挑战》，《武大国际法评论》2011 年第 1 期。

［15］石莉、桂静、吴克勤：《海洋酸化及国际研究动态》，《海洋科学进展》2011 年（第 29 卷）第 1 期。

［16］刘中民：《国际海洋形势变革背景下的中国海洋安全战略——一种框架性的研究》，《国际观察》2011 年第 3 期。

［17］张义钧：《"欧盟海洋战略框架指令"评析》，《海洋信息》2011 年第 4 期。

［18］张辉：《国际海底区域制度发展中的若干争议问题》，《法学论坛》2011 年第 5 期。

［19］周忠海：《海洋应只用于和平目的》，《太平洋学报》2011 年第 9 期。

［20］罗亮、王娇：《影响南海海上溢油的因素分析与对策建议》，《新东方》2012 年第 2 期。

［21］杨泽伟：《联合国海洋法公约的主要缺陷及其完善》，《法学评论》2012 年第 5 期。

［22］刘锦红：《国际海洋法及领海制度的发展历史浅析》，《法治与社会》2012 年第 9 期。

［23］万鄂湘、高翔：《论海洋石油开发环境污染损害赔偿法律机制之

构建——以国际法和我国法为视角》，《武大国际法评论》2013 年第 1 期。

［24］张华武、胡以怀、张春林：《船舶水下噪声对海洋动物的影响及控制探讨》，《航海技术》2013 年第 3 期。

［25］龚向前、侯阳：《国际法"碎片化"与"问题联接"——基于气候变化与自然灾害协同治理的分析》，《甘肃政法学院学报》2013 年第 4 期。

［26］朱文龙、鲍禄：《国际软法的理论探析》，《天津大学学报》（社会科学版）2013 年第 4 期。

［27］马英杰、张红蕾、刘勃：《〈联合国海洋法公约〉退出机制及我国的考量》，《太平洋学报》2013 年第 5 期。

［28］王冠雄：《海洋环境与资源永续利用》，《比较法研究》2013 年第 6 期。

［29］于洪君：《树立人类命运共同体意识，推动中国与世界良性互动》，《当代世界》2013 年第 12 期。

［30］唐启升、陈镇东、余克服等：《海洋酸化及其与海洋生物及生态系统的关系》，《科学通报》2013 年第 14 期。

［31］金应忠：《试论人类命运共同体意识：兼论国际社会共生性》，《国际观察》2014 年第 1 期。

［32］沈雅梅：《美国与〈联合国海洋法公约〉的较量》，《美国问题研究》2014 年第 1 期。

［33］黄建平：《海洋石油污染的危害及防治对策》，《技术与市场》2014 年第 1 期。

［34］高翔：《论国际海洋石油开发环境污染法律救济机制的构建》，《中国海商法研究》2014 年第 2 期。

［35］史春林、史凯册：《马六甲海峡安全问题与中国对策》，《新东方》2014 年第 2 期。

［36］胡玉婷：《论软法与硬法在多维界分中的渐变——以〈巴塞尔协

议〉为视角》,《东方法学》2014年第2期。

[37] 刘江永:《钓鱼岛之争的历史脉络与中日关系》,《东北亚论坛》2014年第3期。

[38] 杨培举:《欧盟的海洋DNA》,《中国船检》2014年第4期。

[39] 贺仕昌、张远辉、陈立奇、林奇、李伟:《海洋酸化研究进展》,《海洋科学》2014年第6期。

[40] 徐祥民:《走出国际法范畴的海洋法——服务于我国海洋基本法建设的思考》,《山东大学学报》(哲学社会科学版)2015年第1期。

[41] 何志鹏:《走向国际法的强国》,《当代法学》2015年第1期。

[42] 郑志华:《中国崛起与海洋秩序的建构——包容性海洋秩序论纲》,《上海行政学院学报》2015年第3期。

[43] 莫世健:《国际法碎片化和国际法体系的效力》,《法学评论》2015年第4期。

[44] 张小虎:《海洋环境保护:国家利益与海洋战略的新要求》,《求索》2015年第6期。

[45] 曹静瑶:《公众参与海洋环境影响评价机制研究》,《哈尔滨师范大学社会科学学报》2015年第6期。

[46] 王勇:《中国在南沙群岛扩礁加固行为的国际法效力问题》,《太平洋学报》2015年第9期。

[47] 钟丽娟:《正在加速变酸的海洋》,《生态经济》2015年第11期。

[48] 王伟:《保护优先原则:一个亟待厘清的概念》,《法学杂志》2015年第12期。

[49] 姚莹:《南海环境保护区域合作:现实基础、价值目标与实现路径》,《学习与探索》2015年第12期。

[50] 张丹、吴继陆:《我国首部深海海底区域资源勘探开发法评析》,《边界与海洋研究》2016年第1期。

[51] 王金平、张波、鲁景亮、高峰:《美国海洋科技战略研究重点及

其对我国的启示》，《世界科技研究与发展》2016 年（第 38 卷）第 1 期。

　　[52] 李梦莹：《公海生物多样性养护的国际法律机制探析》，《北华航天工业学院学报》2016 年第 3 期。

　　[53] 李洁：《南大洋海洋保护区建设的最新发展与思考》，《中国海商法研究》2016 年第 4 期。

　　[54] 张晏瑲：《论海洋酸化对国际法的挑战》，《当代法学》2016 年第 4 期。

　　[55] 李赞：《建设人类命运共同体的国际法原理与路径》，《国际法研究》2016 年第 6 期。

　　[56] 徐雪梅：《中国海洋酸化及生态效应的研究进展》，《水产科学》2016 年（第 35 卷）第 6 期。

　　[57] 苏浩：《中国是维护南中国海和平稳定的负责任大国》，《太平洋学报》2016 年第 7 期。

　　[58] 彭建明、鞠成伟：《深海资源开发的全球治理形势体制与未来》，《国外理论动态》2016 年第 11 期。

　　[59] 史晓琪、张晏瑲：《公海保护区与公海自由制度的关系及发展进路研究》，《中国海商法研究》2017 年第 1 期。

　　[60] 王勇：《论南海仲裁案仲裁庭对于〈联合国海洋法公约〉解释权的滥用》，《国际观察》2017 年第 2 期。

　　[61] 王勇：《国际法视角下中国与东盟国家合作规制南海海洋噪音污染问题》，《东方法学》2017 年第 3 期。

　　[62] 洪农：《海洋法的国家实践：对南海地区法律文化共同体的思考》，《外交评论》2017 年第 5 期。

　　[63] 杨华：《海洋法权论》，《中国社会科学》2017 年第 9 期。

　　[64] 张涛、蒋成竹：《深海矿产资源潜力与全球治理探析》，《中国矿业》2017 年第 11 期。

　　[65] 胡祖武、刘玲：《微塑料：看不见的致命杀手》，《生态经济》2017

年第 12 期。

[66] 刘芳明、刘大海：《国际海底区域的全球治理和中国参与策略》，《海洋开发与管理》2017 年第 12 期。

[67] 张辉：《论国际海底区域开发担保国责任制度》，《人民论坛·学术前沿》2017 年第 18 期。

[68] 李莹莹：《海洋微塑料污染防治法律问题初探》，《西安电子科技大学学报》（社会科学版）2018 年第 1 期。

[69] 袁沙、郭芳翠：《全球海洋治理：主体合作的进化》，《世界经济与政治论坛》2018 年第 1 期。

[70] 魏妩媚：《国际海底区域担保国责任的可能发展及对中国的启示》，《当代法学》2018 年第 2 期。

[71] 杨泽伟：《国际海底区域"开采法典"的制定与中国的应有立场》，《当代法学》2018 年第 2 期。

[72] 王竞超：《近年来日本海洋政策决策机制的转型：背景、制度设计与局限》，《中国海洋大学学报》2018 年第 3 期。

[73] 王菊英、林新珍：《应对塑料及微塑料污染的海洋治理体系浅析》，《太平洋学报》2018 年第 4 期。

[74] 王超：《国际海底区域资源开发与海洋环境保护制度的新发展——〈"区域"内矿物资源开采规章草案〉评析》，《外交评论》2018 年第 4 期。

[75] 李汉玉：《人类共同继承财产原则在国际海底区域法律制度的适用和发展》，《海洋开发与管理》2018 年第 4 期。

[76] 张辉：《人类命运共同体：国际法社会基础理论的当代发展》，《中国社会科学》2018 年第 5 期。

[77] 庞中英：《在全球层次治理海洋问题关于全球海洋治理的理论与实践》，《社会科学》2018 年第 9 期。

[78] 张立雅：《浅析美国〈海洋哺乳动物保护法〉》，《现代交际》

2018 年第 13 期。

[79] 朱璇：《全球海洋治理背景下对蓝色伙伴关系的思考》，《太平洋学报》2019 年第 1 期。

[80] 肖永平：《论迈向人类命运共同体的国际法律共同体建设》，《武汉大学学报》（哲学社会科学版）2019 年第 1 期。

[81] 钭晓东、赵文萍：《深海塑料污染国际治理机制研究——人类命运共同体的深海落实》，《中国地质大学学报》（社会科学版）2019 年第 1 期。

[82] 徐正源：《构建"海上安全命运共同体"：中国推进海上安全治理的根本路径》，《教学与研究》2019 年第 2 期。

[83] 李道季：《海洋微塑料污染状况及其应对措施建议》，《环境科学研究》2019 年第 2 期。

[84] 陈秀武：《"海洋命运共同体"的相关理论问题探讨》，《亚太安全与海洋研究》2019 年第 3 期。

[85] 孟令浩、王勇：《BBNJ 谈判中海洋保护区与沿海国外大陆架权利的调适》，《中国海商法研究》2019 年第 3 期。

[86] 张晏瑲：《论国际航运温室气体排放的法律属性》，《北方法学》2019 年第 3 期。

[87] 牛秉儒：《国际法视野下海洋污染防治的国际立法建议》，《安阳师范学院学报》2019 年第 4 期。

[88] 王勇：《国际海底区域开发规章草案的发展演变与中国的因应》，《当代法学》2019 年第 4 期。

[89] 杨泽伟：《新中国国际法学 70 年：历程、贡献与发展方向》，《中国法学》2019 年第 5 期。

[90] 姚莹：《海洋命运共同体的国际法意涵理念创新与制度构建》，《当代法学》2019 年第 5 期。

[91] 朱雄：《"海洋命运共同体"建设理念与路径思考》，《浙江海洋大

学学报》（人文科学版）2019 年第 5 期。

[92] 黄高晓、洪靖雯：《从建设海洋强国到构建海洋命运共同体——习近平海洋建设战略思想体系发展的理论逻辑与行动指向》，《浙江海洋大学学报》（人文科学版）2019 年第 5 期。

[93] 刘画洁：《国际海底区域国家担保义务的履行研究》，《社会科学家》2019 年第 6 期。

[94] 孟令浩：《〈巴塞尔公约〉修正案的法律影响及中国的因应——以全球海洋塑料废物治理为视角》，《黑龙江省政法管理干部学院学报》2019 年第 6 期。

[95] 杨泽伟：《新时代中国深度参与全球海洋治理体系的变革理念与路径》，《法律科学》（西北政法大学学报）2019 年第 6 期。

[96] 白佳玉：《以构建海洋命运共同体为目标的海洋酸化国际法律规制研究》，《环境保护》2019 年第 22 期。

[97] 孙超、马明飞：《海洋命运共同体思想的内涵和实践路径》，《河北法学》2020 年第 1 期。

[98] 郑志华：《全球海洋治理碎片化挑战与因应之道》，《国际社会科学杂志》（中文版）2020 年第 1 期。

[99] 孟令浩：《论国际投资法在国际海底区域开发中的适用及对中国的启示》，《西安石油大学学报》（社会科学版）2020 年第 1 期。

[100] 曾文革、高颖：《国际海底区域采矿规章谈判：理念更新与制度完善》，《阅江学刊》2020 年第 2 期。

[101] 江河、胡梦达：《全球海洋治理与 BBNJ 协定：现实困境、法理建构与中国路径》，《中国地质大学学报》（社会科学版）2020 年（第 20 卷）第 3 期。

[102] 张丽娜、江婷烨：《BBNJ 国际协定供资机制研究》，《中国海洋大学学报》（社会科学版）2020 年第 4 期。

[103] 黄影：《比较法视野下我国〈深海法〉的立法缺失及其未来完

善》，《边界与海洋研究》2020年（第5卷）第4期。

[104] 冯梁：《构建海洋命运共同体的时代背景、理论价值与实践行动》，《学海》2020年第5期。

[105] 彭亚媛、马忠法：《〈世界环境公约（草案）〉制度创新及中国应对》，《太平洋学报》2020年第5期。

[106] 薛桂芳：《国际海底区域环境保护制度的发展趋势与中国的应对》，《法学杂志》2020年第5期。

[107] 崔野：《全球海洋塑料垃圾治理：进展、困境与中国的参与》，《太平洋学报》2020年第12期。

二、中文著作

[1] 习近平：《习近平谈治国理政》（第二卷），外文出版社2017年版。

[2] 李浩培：《条约法概论》，法律出版社1987年版。

[3] 吴士存：《南海问题文献汇编》，海南出版社2001年版。

[4] 李耀芳：《国际环境法的缘起》，中山大学出版社2002年版。

[5] 黄瑶：《论禁止使用武力原则——联合国宪章第二条第四项法理分析》，北京大学出版社2003年版。

[6] 王曦：《国际环境法》，法律出版社2005年版。

[7] 张海文：《联合国海洋法公约释义集》，海洋出版社2006年版。

[8] 吴士存：《南沙争端的起源与发展》，中国经济出版社2010年版。

[9] 危敬添：《国际海事条约的历史和现状概况》，人民交通出版社2010年版。

[10] 朱庆林、郭佩芳、张越美：《海洋环境保护》，中国海洋大学出版社2011年版。

[11] 郭渊：《地缘政治与南海争端》，中国社会科学出版社2011年版。

[12] 段洁龙主编：《中国国际法实践与案例》，法律出版社2011年版。

[13] 王勇：《完善我国条约保留制度研究》，法律出版社2014年版。

［14］王虎华主编：《国际公法学》（第四版），北京大学出版社 2015 年版。

［15］范晓婷：《公海保护区的法律与实践》，海洋出版社 2015 年版。

［16］吴士存：《国际海洋法最新案例精选》，中国民主法制出版社 2016 年版。

［17］庞中英：《全球治理的中国角色》，人民出版社 2016 年版。

［18］王国华：《海洋法规与国际石油合作》，石油工业出版社 2016 年版。

［19］中国国际法学会著：《南海仲裁案裁决之批判》，外文出版社 2018 年版。

［20］郑苗壮等编：《BBNJ 国际协定谈判中国代表团发言汇编（一）》，中国社会科学出版社 2019 年版。

三、中译版著作

［1］［苏］尼古拉耶夫：《国际法中的领水问题》，徐俊人等译，法律出版社 1956 年版。

［2］［英］希金斯和哥伦伯斯：《海上国际法》，王强生译，法律出版社 1957 年版。

［3］［英］詹宁斯·瓦茨修订：《奥本海国际法》，王铁崖等译，中国大百科全书出版社 1995 年版。

［4］［荷］格劳秀斯：《海洋自由论》，宇川译，上海三联书店 2005 年版。

［5］［美］路易斯·亨金：《国际法：政治与价值》，张乃根、马忠法、罗国强、叶玉、徐珊珊译，张乃根校，中国政法大学出版社 2005 年版。

［6］［英］伊恩·布朗利：《国际公法原理》，曾令良、余敏友等译，法律出版社 2007 年版。

［7］［美］国家研究理事会海洋环境噪声对海洋哺乳动物的潜在印象研究委员会：《海洋噪声与哺乳动物》，杨燕明译，海洋出版社 2010 年版。

[8][英]菲利普·桑斯：《无法无天的世界：当代国际法的产生与破灭》，单文华、赵宏、吴双全译，单文华校，人民出版社 2011 年版。

[9][以]尤瓦·沙尼：《国际法院与法庭的竞合管辖权》，韩秀丽译，法律出版社 2012 年版。

[10][英]杰弗里·蒂尔：《21 世纪海权指南》，师小芹译，上海人民出版社 2013 年版。

[11][美]路易斯·B. 宋恩等著：《海洋法精要》，傅崐成等译，上海交通大学出版社 2014 年版。

四、中文学位论文

[1]罗海珍：《南海争端解决模式比较研究——兼论台湾在南海问题上的立场蜕变及其原因分析》，北京大学 2005 年硕士学位论文。

[2]褚晓琳：《论海洋生物资源养护中的预警原则》，厦门大学 2008 年博士学位论文。

[3]吴春庆：《构建亚太地区海上通道安全合作的法律框架》，厦门大学 2009 年硕士学位论文。

[4]张璇：《公海生物多样性保护问题的探究》，山东科技大学 2011 年硕士学位论文。

[5]纪晓昕：《国家管辖范围外深海底生物多样性法律规制研究》，中国海洋大学 2011 年博士学位论文。

[6]孙畅：《海洋垃圾污染问题的国际法规制成就缺失与前路》，吉林大学 2013 年博士学位论文。

[7]李肖：《保护公海生物多样性的法律制度研究》，辽宁大学 2013 年硕士学位论文。

[8]丁若木：《欧盟公众参与环境影响评价法律制度研究》，中国政法大学 2013 年硕士学位论文。

[9]毛建杰：《海峡两岸在南海问题上的合作研究》，湖南大学 2014 年

硕士学位论文。

[10] 王晓艳：《南海海洋环境保护合作机制研究》，海南大学 2014 年硕士学位论文。

[11] 宋旭：《公海保护区对公海自由的影响》，大连海事大学 2016 年硕士学位论文。

[12] 王晓丽：《〈联合国海洋法公约〉纠纷解决机制研究》，武汉理工大学 2016 年硕士学位论文。

[13] 李如是：《国际海底区域海洋环保中的国际合作原则研究》，厦门大学 2018 年硕士学位论文。

[14] 于书笠：《公海生物多样性保护的国际法研究》，辽宁大学 2018 年硕士学位论文。

[15] 纪振全：《〈联合国海洋法公约〉强制仲裁管辖权研究——以中菲南海仲裁案为视角》，天津师范大学 2018 年硕士学位论文。

[16] 胡泽雯：《从南海仲裁案看〈联合国海洋法公约〉强制仲裁程序的完善》，湘潭大学 2018 年硕士学位论文。

[17] 彭洪达：《海洋塑料垃圾治理的国际法研究》，山东大学 2019 年硕士学位论文。

五、中文报纸资料

[1] 习近平：《决胜全面建成小康社会 夺取新时代中国特色社会主义伟大胜利——在中国共产党第十九次全国代表大会上的报告》，《人民日报》2017 年 10 月 28 日。

[2]《美地区法院作出裁决，禁止海军军演使用声呐仪器》，新华网洛杉矶 2007 年 8 月 6 日电。

[3]《美国法院限制海军在夏威夷海域使用声呐仪》，新华网洛杉矶 2008 年 3 月 1 日电。

[4] 黄作平：《美国监测船高强度声呐危害海洋生物》，《中国渔业报》

2009 年 6 月 1 日。

[5] 王丕屹：《请还南海一泓清水》，《人民日报海外版》2011 年 7 月 26 日。

[6] 众和：《声呐，使成群的鲸搁浅自杀?》，《中国海洋报》2016 年 2 月 18 日。

[7] 李家彪：《加快深海科学技术研究　促进深海科技快速发展》，《中国海洋报》2017 年 5 月 9 日。

[8] 程范淦、程思国：《搁浅陵水的领航鲸不幸死亡》，《海南日报》2016 年 5 月 19 日。

[9] 张涛：《参与全球海洋治理　体现大国责任担当——聚焦国际海底矿产资源开发规章的研究与建立》，《国土资源报》2017 年 5 月 17 日。

[10] 王政淇、崔东：《落实〈南海各方行为宣言〉第十四次高官会在贵阳举行》，《人民日报》2017 年 5 月 19 日。

[11] 国家发展改革委和国家海洋局：《"一带一路"建设海上合作设想》，《中国海洋报》2017 年 6 月 21 日。

[12] 胡学东：《围绕海洋生物多样性的国际较量》，《中国海洋报》2017 年 11 月 29 日。

[13] 佚名：《我国海洋经济稳中向好、提质增效取得实效》，《中国海洋报》2018 年 3 月 2 日。

[14] 袁沙：《倡导海洋命运共同体，凝聚全球海洋治理共识》，《中国海洋报》2018 年 7 月 26 日。

[15] 黄惠康：《关于国际海洋法的十大前沿问题》，《中国海洋报》2019 年 3 月 19 日。

[16] 何良：《以命运共同体促海洋发展繁荣》，《学习时报》2019 年 5 月 10 日。

[17] 孙凯：《海洋命运共同体理念内涵及其实现途径》，《中国社会科学报》2019 年 6 月 13 日。

［18］密晨曦：《海洋命运共同体与海洋法治建设》，《中国海洋报》
2019 年 9 月 17 日。

［19］众和：《声呐，使成群的鲸搁浅自杀?》,《中国海洋报》第 2963 期。

六、外文论文

［1］Alan E. Boyle，*Marine Pollution under the Law of the Sea Con-vention*，AM. J. Int'l. L. 347，349—350（1985）.

［2］Peet G. London Dumping Convention. *Marine Pollution Bulletin*，1991，22（2）.

［3］HYUN-SOO KIM，The 1992 Chinese territorial sea law in the light of the UN Convention，43 Int'l & Comp. L. Q. 894 1994（2）.

［4］National Research Council，*Low-frequency Sound and Marine Mammals*：*Current Knowledge and Research Trends*，report 1994.

［5］Peter Wallensteen and Margareta Sollenberg，Armed Conflicts，Conflict Termination and Peace Agreements，1989—1996，*Journal of Peace Research*，Vol. 34，No. 3，1997.

［6］Malanczuk P.，Akehurst M. B. Akehurst's Modem Introduction to International Law. *Routledge*，1997（4）.

［7］Zou Keyuan，Innocent Passage for Warships：The Chinese Doctrine and Practice，*Ocean Development and International Law*，29（3），1998.

［8］Stein Tonnesson，Introduction，Ocean Diplomacy and Pro-Activity in the South China Sea，*Contemporary Southeast Asia*，Vol. 20，No. 2，August 1998，p. 209.

［9］Paul Martin，Regional Efforts at Preventive Measures：Four Case Studies on the Development of Conflict-Prevention Capabilities，" *New York University journal of* " *International Law and Politics*，Vol. 30，No. 3—4，Spring/Summer 1998.

［10］Harm M. Dotinga & Alex G. Oude Elferink，Acoustic Pollution in the Oceans：The Search for Legal Standards，*Ocean Development and International Law*，2000.

［11］Djala，Indonesia and South China Sea Initiative，*Ocean Development and International Law* 32 （2），2001.

［12］Nguyen Hong Thao，Vietnam and the Code of Conduct for the South China Sea，*Ocean Development and International Law*，Vol. 32，2001.

［13］Elena M. McCarthy，International Regulation of Transboundary Pollutants：the Emerging Challenge of Ocean Noise，*6 Ocean & Coastal L. J.* 2001.

［14］United Nations Convention on the Law of the Sea 1982：*A Commentary*，Vol. 4 （M. Nordquist，et. al.，eds.，2002），para. 192. 11 （c），p. 43.

［15］Liselotte Odgaard，The South China Sea：ASEAN's Security Concerns about China，*Security Dialogue*，Vol. 34，No. 1，March 2003.

［16］Yann-Hue Song，The Overall Situation in the South China Sea in the New Millennium：Before and After the September 11 Terrorist Attacks，*Ocean Development & International Law*，Vol. 34，No. 3—4，2003.

［17］Yoshifumi Tanaka，Zonal and Integrated Management Approaches to Ocean Governance：Reflections on a Dual Approach in International Law of the Sea，*The International Journal of Marine and Coastal Law*，2004，19 （4）.

［18］Duncan B. Hollis，Why State Consent Still Matters：Non-State Actors，Treaties，and the Changing Sources of International Law，*Berkeley Journal of International Law*，Vol. 23，2005.

［19］L. S. Weilgart，The Impacts of Anthropogenic Noise on Cetaceans and Implications for Management, *Canadian J. of Zoology*, 2007.

[20] Dolman, S. Spatio-Temporal Restrictions as Best Practice Precautionary Response to Ocean Noise. *J. Int. Wildl. Law Pol.*, 2007.

[21] Elena McCarthy, Flora Lichtman, the Origin and Evolution of Ocean Noise. Regulation under the U. S. Marine Mammal Protection Act, *Ocean & Coastal L. J.*, 2007—2008.

[22] Joel R. Reynolds, Submarines, Sonar, and the Death of Whales: Enforcing the Delicate Balance of Environmental Compliance and National Security in Military Training, *Wm. & Mary Envtl. L. & Pol'y Rev.* 2007—2008.

[23] Pedrozo Raul, Preserving Navigating Rights and Freedoms: The Right to Conduct Military Activities in China's Exclusive Economic zone, *Chinese Journal of International Law*, Vol. 9, No. 1, 2010.

[24] Tran Truong Thuy, Recent Development in the South China Sea: from Declaration to the Code of Conduct, in Tran Truong Thuy ed., *The South China Sea: Towards a Region of Peace, Stability and Cooperation*, The Gioi Publishers, 2011.

[25] Thang Nguyen-Dang, The Code of Conduct in the South China Sea: The International Law Perspective, International Studies, *Publication of the Diplomatic Academy of Vietnam*, Vol. 24, pp. 97—132, June 2011.

[26] S. D. Pradhan, *Growing tension in South China Sea-Causes and Cures*. The 3rd International Workshop on The South China Sea: Cooperation for Regional Security and Development co-organized by the Diplomatic Academy of Vietnam and the Vietnam Lawyers' Association, 3—5 November, 2011, Hanoi, Vietnam.

[27] Koh Choong-suk and Yearn Hong Choi, Exclusive Economic Zone in Major Media and Academic Journals in 2010. *South China Sea and*

Other Seas，The 3rd International Workshop on The South China Sea：Cooperation for Regional Security and Development co-organized by the Diplomatic Academy of Vietnam and the Vietnam Lawyers' Association，3—5 November，2011，Hanoi，Vietnam.

[28] Nguyen Thi Lan Anh，*UNCLOS and maritime security of the South China Sea*. The 3rd International Workshop on The South China Sea：Cooperation for regional Security and Development co-organized by the Diplomatic Academy of Vietnam and the Vietnam Lawyers' Association，3—5 November，2011，Hanoi，Vietnam.

[29] Prof. Dr. Hasjim Djalal，MA，*the South China Sea：Cooperation for Regional Security and Development*，Hanoi，17 November，2011.

[30] Ian Storey，*Intra-ASEAN Dynamics and the South China Sea Dispute：Implications for the DOC/COC Process and ZOPFFC Proposal*，The 3rd International Workshop on The South China Sea：Cooperation for Regional Security and Development co-organized by the Diplomatic Academy of Vietnam and the Vietnam Lawyers' Association，3—5 November，2011，Hanoi，Vietnam.

[31] Carlyle A. Thayer，ASEAN's Code of Conduct in the South China Sea：A Litmus Test for Community-Building?，*The Asia-Pacific Journal*，Vol. 10，No. 4，1—2，2012.

[32] Rodolfo C. Severino，*The South China Sea：Ten Myths and Ten Realities*. The 4th International Workshop on The South China Sea：Cooperation for Regional Security and Development co-organized by the Diplomatic Academy of Vietnam and the Vietnam Lawyers' Association，19—21 November，2012，Ho Chi Minh City，Vietnam.

[33] Tun Hussein Onn，Rethinking Territorial Disputes in the South China Sea：Transforming Problem into opportunity，*RSIS Commentaries*，

September 5, 2012.

[34] Carlyle A. Thayer, *China's Naval Modernization and US Strategic Rebalancing : Implications for Stability in the South China Sea*, The 4th International Workshop on The South China Sea: Cooperation for Regional Security and Development co-organized by the Diplomatic Academy of Vietnam and the Vietnam Lawyers' Association, 19—21 November, 2012, Ho Chi Minh City, Vietnam.

[35] Carlyle A. Thayer, ASEAN, China and the Code of Conduct in the South China Sea, *SAIS Review*, Vol. 33, No. 2, 77, (2013).

[36] Mark J. Valencia, Navigating Differences: What the "Zero Draft" Code of Conduct for the South China Sea Says and Doesn't Say, *Global Asia*, Vol. 8, 74—77, spring 2013.

[37] Abraham D. Sofaer, The Philippine Law of the Sea Action against China: Relearning the Limits of International Adjudication, *Chinese Journal of International Law* Vol. 15, 2016.

[38] Joanna Vince, Britta Denise Hardesty, Plastic pollution challenges in marine and coastal environments: from local to global governance, *Restoration Ecology*, Vol. 25, No. 1, 2017.

[39] United Nations General Assembly, *Report of the Preparatory Committee established by General Assembly resolution 69/292: Development of an international legally binding instrument under the United Nations Convention on the Law of the Sea on the conservation and sustainable use of marine biological diversity of areas beyond national jurisdiction*, July 31, 2017, https://undocs.org/A/AC.287/2017/PC.4/2.

[40] Ian Storey, Assessing the ASEAN-China Framework for the Code of Conduct for the South China Sea, *ISEAS Perspective*, August 2017, No. 62.

［41］Carlyle Thayer，South China Sea：Pros and Cons of ASEAN'S code of conduct. *Thayer consultancy background brief*. August 15，2017.

［42］Peter Tzeng，The Peaceful Non-Settlement of Disputes：Article 4 of CMATS in Timor-Leste v Australia，*Melbourne Journal of International Law*，Vol. 18，No. 2，2017.

［43］Rosemary Rayfuse，Climate Change and Antarctic Fisheries：Ecosystem Management in CCAMLR，*45 Ecology L. Q.* 53，2018.

七、外文著作

［1］H. M. Cory，*Compulsory Arbitration of International Disputes*，Columbia University Press，1932.

［2］P. Jessup，*A Modern Law of Nations：An Introduction*，New York：The Macmillan Company，1948.

［3］T. O. Elias，*The Modern Law of treaties*，*Dobbs Ferry*，NY：Oceana Publications，1974.

［4］P. R. Churchill and A. V Lowe，*the Law of the Sea*，Manchester University Press，1983.

［5］Frank Horn，*Reservations and Interpretative Declarations to Multilateral Treaties*，Amsterdam Elsevier Science Publishers，1988.

［6］D. W. Laist，"Impacts of marine debris：entanglement of marine life in marine debris including a comprehensive list of species with entanglement and ingestion records," in Coe，J. M. Rogers，D. B. （eds），*Marine Debris：Sources，Impacts，and Solutions*：Springer-Verlag，New York，1997.

［7］Adalberto Vallega，*Sustainable Ocean Governance：A geographical perspective*，London：Routledge，2001.

［8］Nicholas M. Poulantzas，*The Right of Hot Pursuit in Interna-*

tional Law, 2nd edition. The Hague: M. Nijhoff, 2002.

[9] Harrison James, *Making the law of the sea: a study in the development of international law*, Cambridge University Press, 2011.

[10] Christian Tomuschat, Article 2 (3), in Bruno Simma et al., eds., *The Charter of the United Nations: A Commentary*, 3rd ed., Vol. I, Oxford, New York: Oxford University Press, 2012.

[11] Ashley Roach and Robert W. Smith, *Excessive Maritime Claims*, third edition, Martinus Nijhoff Publishers, 2012.

[12] Intergovernmental Panel on Climate Change, *Special Report on the Ocean and Cryosphere in a Changing Climate*, September 2019.

八、重要网址

[1] cpc.people.com.cn. 中国共产党官网

[2] www.xinhuanet.com. 新华网

[3] www.isa.org.jm. 国际海底管理局官网

[4] world.people.com.cn. 人民网国际

[5] www.cas.cn. 中国科学院官网

[6] www.comra.org. 中国大洋矿产资源研究开发协会

[7] www.un.org. 联合国官网

[8] www.jstor.org. 中国科学技术大学图书馆

[9] www.iucn.org. 国际自然保护联盟官网

[10] www.pkulaw.com. 北大法宝

[11] eur-lex.europa.eu. 欧盟官网

[12] www.savethehighseas.org. 深海保护联盟官网

[13] council.science. 国际科学理事会官网

[14] www.cms.int. 保护野生动物迁徙物种公约

[15] ha.hainanu.edu.cn. 海南大学官网

［16］china-isa.jm.china-embassy.org. 中华人民共和国常驻国际海底管理局代表处

［17］www.cbcgdf.org. 中国生物多样性保护与绿色发展基金会

［18］www.imo.org. 国际海事组织官网

［19］www.fio.org.cn. 国家海洋局海洋第一研究所

［20］aoc.ouc.edu.cn. 中国海洋发展研究中心

［21］legacy.ioc-unesco.org. 政府间海洋委员会官网

［22］www.fmprc.gov.cn. 外交部官网

［23］www.chinanews.com. 中国新闻网

［24］cn.ambafrance.org. 法国驻华使馆及总领事馆官网

后 记

　　占全世界海洋面积70％的"区域"是国际法研究的一个新疆域，在中国建设海洋强国以及提出构建海洋命运共同体的背景下具有特殊的重要意义。此著作既是本人五年多来致力于从国际法视角研究中国治理"区域"环境的一项成果，也是本人第一部关于海洋法研究的著作。本人期望以此为中国积极拓展海洋新疆域、展示负责任的大国形象、实现海洋强国战略以及构建海洋命运共同体贡献一些绵薄的力量。在本书的写作过程中，本人获得了潘鑫、孟令浩、许皓、王逸賫、陈曦冉、许紫荻、耿佳成、柳慧玲、易俊、陈迎迎、曹梦圆、朱瑞峰、刁漪茹、彭韵如等同学在资料搜集与整理方面的帮助，在此表示感谢！本人也非常感谢上海人民出版社与罗俊华编辑的辛苦工作与大力支持！限于本人的水平与能力，文中的错漏之处由本人自己负责。最后，仅以此作为本人推进海洋法研究并致力于我国海洋强国建设的一个新起点，从而继续前进！

图书在版编目(CIP)数据

中国参与的"区域"环境治理:以国际法为视角/
王勇著.—上海:上海人民出版社,2023
(国际法与涉外法治文库)
ISBN 978 - 7 - 208 - 18190 - 8

Ⅰ.①中⋯　Ⅱ.①王⋯　Ⅲ.①国际法-环境保护法-
研究　Ⅳ.①D996.9

中国国家版本馆 CIP 数据核字(2023)第 040782 号

责任编辑　罗俊华
封面设计　谢定莹

国际法与涉外法治文库
中国参与的"区域"环境治理:以国际法为视角
王　勇　著

出　　版　上海人民出版社
　　　　　　(201101　上海市闵行区号景路 159 弄 C 座)
发　　行　上海人民出版社发行中心
印　　刷　上海商务联西印刷有限公司
开　　本　720×1000　1/16
印　　张　15.5
插　　页　2
字　　数　209,000
版　　次　2023 年 7 月第 1 版
印　　次　2023 年 7 月第 1 次印刷
ISBN 978 - 7 - 208 - 18190 - 8/D・4097
定　　价　68.00 元